LES
ISRAÉLITES DE POLOGNE.

LES
ISRAÉLITES DE POLOGNE

(Édition ornée de gravures.)

PAR

LÉON HOLLAENDERSKI.

PARIS,
CHEZ DAGETAU ET Cⁱᵉ, LIBRAIRES,
place de la Bourse, 12.

1846.

Paris. — Imprimerie de Lacour et comp.,
rue St-Hyacinthe-St-Michel, 33.

TABLE DES MATIÈRES.

PREMIÈRE PARTIE.

	pages.
Introduction par M. J. Czynski,	ix-xiv
Lettre de M. A. Franck.	xv-xvi

CHAPITRE Ier.

Époque de l'établissement des Juifs en Pologne.	1
Opinion de l'historien Naruszewicz et autre à cet égard.	2
Protection accordée par Mieczyslas-le-Vieux aux Israélites.	4
Lettres-patentes du treizième siècle attestant le droit de propriété dont ils jouissaient alors.	4
Priviléges accordés aux Juifs par Boleslas et Casimir-le-Grand.	4
L'amour de Casimir-le-Grand pour Esterka. Leurs enfants naturels.	5
Les Juifs persécutés dans les autres États de l'Europe, trouvent un asile en Pologne, sous Casimir-le-Grand.	6
Le commerce et l'industrie, abandonnés aux Juifs, prennent de l'extension.	6
Fausses accusations des chrétiens contre les Juifs.	7
Extraits des statuts de Boleslas-le-Grand, concernant les Juifs et approuvés par Casimir-le-Grand.	7-9
Le fanatisme des chrétiens sur le crime que les Juifs massacraient les enfants chrétiens.	10

CHAPITRE II.

	page
Funeste influence de la mort de Casimir sur le sort des Israélites.	11
Nemir et Pelka.	13
Louis, roi de Hongrie, succède à Casimir.	id.
Fin tragique d'Esther.	id.
Vexations subies par les Juifs sous le règne de Louis de Hongrie.	id.
Massacre des Juifs, excité par le prêtre Budek.	14
Ordonnances imposées aux Juifs.	15
Nouveau massacre des Israélites.	id.
Les Juifs, persécutés en Bohême, viennent chercher un asile en Pologne, sous Sigismond Ier.	16
Appel du Synode à leurs coreligionnaires.	id.
Nouvelle cause de persécution contre les Juifs ; quelques uns vont s'établir en Valachie.	17
Lois et défenses imposées aux Juifs sous le règne de Sigismond.	18
Attributions législatives des rabbins après la mort de Casimir.	19
Ordonnances de Sigismond-Auguste concernant les Juifs.	20
Les persécutions contre les Juifs redoublent sous le règne de Henri de Valois jusqu'à l'avénement d'Etienne Batory au trône de Pologne.	21

CHAPITRE III.

Influence des Jésuites en Po-

	pages		pages
logne sous le règne d'Étienne Batory.	22	Autriche et en Russie, école de Mendelsohn.	id.

CHAPITRE VII.

Chiffre comparatif des marchands chrétiens et Juifs, autorités et fonctions judiciaires des rabbins et archirabbins sur leurs coreligionnaires.	24	Condition des Israélites et des habitants en général, sous la maison de Saxe (duché de Varsovie).	71
Narration du cardinal Commendoni sur les Juifs de Pologne.	id.	Adresse des Juifs au gouvernement pour l'exemption du service militaire.	72
		Koseher, impôt sur la viande.	73

CHAPITRE IV.

On avait admis la noblesse aux Juifs convertis.	27	Défense aux Juifs de tenir des cabarets et des auberges.	74
Sort des néophites.	28	Guerres de l'indépendance polonaise, Kilinski, Berek.	75
Les familles remarquables des néophites, leurs systèmes.	29, 30	Savants et littérateurs israélites en Pologne.	76-78
Carnage des Israélites par les paysans et les cosaques, sous Jean-Casimir et Ladislas IV.	30		

CHAPITRE VIII.

L'interdiction des sciences mathématiques chez les Juifs.	31	État des Juifs dans le royaume de Pologne sous l'empereur Alexandre, sa politique.	79
Actes de violence des paysans envers les Juifs.	33	Le grand-duc Constantin, les calamités des Israélites se renouvellent sous la dictature de ce prince.	80
Histoire du comte Potocki, sa conversion à la religion mosaïque et son martyre.	35	Zaïonczek et Lubecki.	81

CHAPITRE V.

Réforme apportée à la condition des Israélites en Pologne sous le règne de Stanislas-Auguste.	38	Monopole de la bière et de l'eau-de-vie.	id.
		Tyrannie et spoliation exercée envers les Juifs.	83
Abdication du pouvoir des rabbins.	id.	Création d'un comité chargé de l'examen et de l'amélioration des Juifs en Pologne.	id.
Czacki et son projet de réforme pour les Juifs.	39-53	L'abbé Chiarini et son ouvrage.	84
Opinion de M. Surowiecki.	54-63	École des rabbins.	id.

CHAPITRE VI.

CHAPITRE IX.

Le liberum veto, état anarchique de la nation, politique de la Russie, le sort des Israélites.	64-65	Esprit de civilisation apporté par l'armée en Russie après l'invasion en France.	86
Adresse des Juifs polonais aux représentants des villes de la Pologne.	66	Conspiration de Pestel, Bestuzewe, Kochowski, etc.	87
		L'empereur Nicolas, ses ukases.	88-89
Démembrement de la Pologne par les trois puissances voisines.	69	La police secrète, le général Rosnicki.	89
Sort des Juifs en Prusse, en		La révolution du 29 novembre 1830.	90

	Pages.
Le dictateur Chlopicki.	90-91

CHAPITRE X.

Le sort des Juifs pendant la dernière guerre, Krukowecki, Morawski.	92-94
La lettre du comte Ostrowski à M. Czynski.	95-97
Adresse des Juifs au général en chef de la garde nationale.	99
Opinion du comte Ostrowski sur cette adresse.	100
La décision du 30 mai 1831 sur l'impôt de recrutement, et le costume de la garde nationale.	103

CHAPITRE XI.

Opinion du général comte Ostrowski sur les soldats juifs.	105
Sous l'espionnage des Juifs en 1831, les martyres des Juifs innocents. Puszat, Szan, opinion du comte Ostrowski, Salomon Pozner.	106-108
Le sort des espions et des honnêtes Israélites qui sont restés fidèles au pays.	109
L'ordre du dictateur Chlopicki.	110

CHAPITRE XII.

L'émigration polonaise en France et dans d'autres pays.	

	Pages.
Czartoryski, Lelevel, comité national, Beniowski.	112-116
Appel aux Israélites polonais par le comité national.	117-131

CHAPITRE XIII.

Les partis dans l'émigration : la nouvelle Pologne, Mickiewicz, Gorecki, les journaux polonais, Czynski.	135-139
Sur les Juifs déserteurs de l'armée russe, leur sort.	140
La pétition des Juifs polonais à Nicolas restée sans résultat.	141

CHAPITRE XIV.

Le comte Suvarow publie un édit sur l'organisation d'une école juive, le Dr Lilienthal, la lettre de Catherine au gouverneur de Moscou.	143-144
L'ukase qui ordonne aux Juifs de s'éloigner de la frontière, les députés à Saint-Pétersbourg.	145-146
La société démocratique dans l'émigration, les jésuites, le trois mai, l'*Echo Miast.*,	146, 149

CHAPITRE XV.

Le sort des Juifs dans toute l'Europe, jusqu'au xviie siècle.	150-154

DEUXIÈME PARTIE.

CHAPITRE Ier.

Les Israélites en général, la loi de Moïse, du Talmud et des rabbins, etc.	157-162

CHAPITRE II.

Nouvelle étude du Talmud, du Zoar, de la Cabale, les préjugés des Juifs en Pologne, etc.	163-170

CHAPITRE III.

La vie rabbinique ou fanatique des Juifs en Pologne.	171-177

CHAPITRE IV.

Moïse Mendelsohn, les Juifs polonais contre sa philosophie, le système des rabbins, l'éducation primitive des enfants Juifs en Pologne.	178-187

CHAPITRE V.

Les Juifs polonais ne méritent pas d'être regardés comme citoyens, la cause; plusieurs preuves du Talmud contre les usages des Juifs polonais, etc.	188-198

CHAPITRE VI.
Encore sur le même sujet. 198-202

CHAPITRE VII.
Les Polonais ne seront pas injustes envers les Israélites. 203

Tableau statistique de l'état actuel des Israélites en Pologne.

CHAPITRE Ier.
Population. 205-207

CHAPITRE II.
Les Israélites sous le rapport du commerce et de l'industrie en Pologne. 208-210

CHAPITRE III.
Du mouvement commercial et industriel dans les villes de Pologne. 211-214

CHAPITRE IV.
De la moralité des Israélites. 215-223

CHAPITRE V.
Costumes des Israélites polonais. 224-225

Les sectes juives.

CHAPITRES I, II, III, IV, V.
La secte des Caraïtes. 226-242

CHAPITRES I, II.
La secte de Schabbéthy-Zévy. 243-253

CHAPITRES I, II, III.
La secte des Frankistes. 254-280

CHAPITRES I, II, III.
La secte des Chassidims. 281-296

La Réforme.

CHAPITRE Ier.
Dissertation sur les Juifs polonais, sur l'émancipation des Israélites dans les autres pays, sur l'esprit du xixe siècle, etc. 297-301

CHAPITRE II.
La raison sur l'émancipation des Juifs polonais d'après l'humanité et d'après l'opinion du comte Ostrowski. 302-307

CHAPITRE III.
Sur la religion en général, et en particulier des Juifs polonais, sur leur civilisation, etc. 308-312

CHAPITRE IV.
Plusieurs questions religieuses et talmudiques. 312-320

CHAPITRE V.
Opinion sur le Talmud, Medraschime et Hagadath. 321-332

CHAPITRE VI.
Sur les rabbins polonais, plan de réforme, appel aux Israélites étrangers, etc. 333-338
L'hospice israélite à Varsovie, la contribution des Israélites qui arrivent à Varsovie (TAGZETTEL). 85

FIN DE LA TABLE DES MATIÈRES.

« Renie la foi de tes pères, oublie à jamais ton glorieux passé, renonce aux lois auxquelles pendant des siècles obéissait toute ta race, cesse d'adresser tes prières à l'Être-Suprême dans ta langue maternelle, crois à ce que nous croyons, accepte nos mœurs et nos usages, ou meurs ! » Tel a été le langage, qu'au nom de la religion, tenaient les chrétiens du moyen-âge, en menaçant Israël du glaive de l'extermination.

La race qui a donné au monde *Moïse* et le *Christ*, dispersée après la chute de Jérusalem, demandait seulement aux nations civilisées l'hospitalité et une place au soleil, et les chrétiens, tout en proclamant pour base de leur croyance l'amour et la fraternité, repoussaient leur prochain, violentaient leur conscience, persécutaient leur foi et les livraient aux tortures des inquisiteurs et aux supplices des bourreaux.

Il n'y a pas un seul coin de l'Europe où le sang des Israélites n'ait laissé des traces de la tyrannie de leurs persécuteurs et de la persévérance des persécutés.

Bientôt une ignoble politique changea de système. Sous le masque d'une hypocrite compassion, elle résolut de spolier la population qu'elle n'avait pu dompter. On fit grâce aux condamnés, on retint la hache suspendue sur leurs têtes, on laissa vivre les *maudits*, on promit même de tolérer leur présence, mais à la condition qu'ils paieraient l'impôt de l'air qu'ils respireraient. Si les Juifs voulaient élever un temple à l'Éternel, une école pour leurs pauvres enfants, un cimetière pour leurs morts; s'ils voulaient prier, travailler, il fallait qu'ils payassent une contribution qui leur arrachait jusqu'à leur dernière obole.

Enfin, lorsque la victime n'eût plus rien, lorsqu'elle

eût rendu tout ce qu'elle possédait, on la chassa. Les enfants, à peine sortis du sein maternel, les femmes affaiblies, les vieillards courbés par l'âge ne trouvèrent ni grâce ni merci. Toute la race proscrite devait abandonner les endroits où reposaient les cendres de leurs ancêtres. Telle fut la conduite de l'Espagne, de la France, de la Germanie.

Les exilés, en masse, traversèrent les pays européens, passèrent de ville en ville, et partout la voix accusatrice insultait à leurs malheurs. « Soyez maudits, vous qui avez empoisonné les puits, vous qui avez besoin du sang des enfants chrétiens pour vos cérémonies obscènes. » Le peuple égaré n'eût aucune compassion pour les martyrs.

Il s'est trouvé une seule nation qui n'a pas suivi cet exemple. La Pologne, digne gardienne de l'antique hospitalité slave, offrit un asile aux bannis, une protection aux persécutés, des moyens d'existence à ceux qui, spoliés, arrivaient sans aucune ressource. Tous les Juifs échappés au glaive de la persécution, tous ceux qui purent supporter la faim ou la misère; enfin, les débris de toute la race juive, s'établirent aux bords de la Vistule. Casimir-le-Grand leur donna des terres, leur bâtit des villes. Ce grand monarque fit plus, il les mit sous la protection des lois. Les Israélites élevèrent des temples au Seigneur, et personne ne put interrompre leurs prières. Les enfants rendaient les derniers devoirs à leurs parents morts, et personne n'allait troubler leur repos. Les enfants apprenaient la loi de Moïse dans les synagogues, et personne ne contrariait leurs pieuses études. Bientôt, au milieu des champs incultes apparurent soixante-dix villes. Le peuple d'Israël développa toute son activité. La Pologne devint libre, riche et puissante. A côté des églises s'élevèrent des synagogues. Les rois polonais, suivant la sage politique de Casimir-le-Grand, en montant au trône prêtaient serment de faire respecter les croyances sincères, et de ne souffrir aucune persécution religieuse. Alors Dieu bénissait la Pologne, heureuse et puissante sous le règne des *Jagellons*.

Mais à peine le premier jésuite eût-il mis le pied sur le sol polonais, que tout changea. Le cardinal Commandoni ne pouvait en croire ses yeux, il voyait les Juifs polonais habillés comme les nobles catholiques, le sabre au côté. Ils étaient riches et respectés. Son indignation réveilla la superstition et toutes les passions. Bientôt on défendit aux Juifs de porter des armes, on les relégua dans les coins sales des villes, on les força de porter une marque sur leurs habits pour les distinguer des autres habitants. Les extorsions de toutes sortes suivirent les persécutions; l'anarchie remplaça la monarchie; les villes, jadis puissantes, commerciales, foyers de l'industrie nationale et des richesses, s'écroulèrent, et avec elles, la puissance de la Pologne, qui, envahie, partagée, expia les abus de la noblesse anarchique et tomba victime des jésuites.

Sur la frontière de la Pologne s'élevait une nation rivale, issue de la même race, jalouse, ambitieuse, entreprenante. Les princes de Moscou enviaient aux rois polonais leurs richesses et leur puissance. Par esprit d'opposition, ils adoptaient toujours un système et des principes opposés. La Pologne était catholique, la Russie embrassa le schisme; la Pologne était libérale et monarchique, les princes de Moscou introduisirent un despotisme militaire. Casimir accueillit les Juifs, c'en fut assez pour que Wladimir et Ivan les repoussassent à jamais, leur interdissent l'entrée de leurs États. Aujourd'hui les princes de Moscou sont devenus maîtres absolus de la Pologne. Deux millions et demi d'Israélites sont tombés sous la domination des princes qui les regardent comme des maudits.

La politique d'Ivan-le-Terrible reparaît sous le règne de l'empereur Nicolas. Les Juifs spoliés, persécutés, méprisés, ne peuvent plus respirer l'air où ils sont nés, ne peuvent pas même pleurer sur la tombe de ceux qu'ils ont aimés. Comparés à un vil bétail, ils paient un droit en entrant dans les villes où il leur est permis de résider. Chassés, transplantés, ils paient l'impôt de leur fortune, de leur sang, et pour prix de leurs sacrifices, ils ne recueillent que haine et mépris. La tyrannie barbare, aveugle, haineuse, sévit sur les enfants. Dans une nuit, trente mille furent arrachés du sein de leurs mères, pour quitter la Pologne, pour fournir, un jour, à la Russie des matelots capables, ou plutôt pour mourir en route de froid et de misère.

La persécution n'a épargné ni l'âge, ni le sexe, ni la condition. Quelquefois la victime parvient à changer de route, et au lieu de suivre le chemin de la Sibérie, échappe au bourreau, traverse vingt pays et arrive sur le sol qu'il suffit de toucher pour respirer l'air de la liberté. Quelquefois aussi un membre de cette grande famille ne vient pas en France seulement pour se soustraire aux tortures, mais pour raconter le sort affreux de toute sa race malheureuse. Il en fut ainsi avec M. Léon Hollaenderski, l'auteur de cet ouvrage.

. . . .

Catholique, suivant les préceptes bien compris de ma religion, depuis quinze ans, je consacre ma plume et mes faibles moyens à la cause israélite, à l'émancipation complète de deux millions et demi de mes compatriotes de la religion de *Moïse*. Si mon nom est parvenu jusqu'à eux, si l'auteur de ce livre est venu me raconter leurs malheurs, je ne l'attribue pas à mes faibles talents, mais à la persévérance avec laquelle je me suis dévoué à cette sainte cause. C'est sur l'insistance de M. Hollaenderski que j'écris ces quelques lignes. Il aurait dû faire un meilleur choix. Celui qui a besoin lui-même de toute l'indulgence des lecteurs n'aurait pas dû être appelé à les bien disposer en faveur de l'auteur de cet ouvrage.

Mais l'auteur ne se recommande-t-il pas assez par sa propre position. Après avoir perdu sa fortune confisquée par le czar, après avoir quitté ses parents et sa patrie, à force de travail, il gagne son pain quotidien, élève ses petits enfants et a trouvé encore assez de temps pour recueillir les matériaux de l'histoire et de la statistique de ses coreligionnaires. Il résolut de déchirer le voile qui couvre, aux yeux des nations occidentales, le hideux tableau dont la barbarie moderne offre un douloureux spectacle dans le nord-est de l'Europe; que d'obstacles n'a-t-il pas eu à vaincre?

N'ayant d'autre fortune que son travail, comment a-t-il pu trouver les ressources indispensables à une publication? Etranger, comment traduire ses sentiments dans une langue qu'il commence à peine à étudier? Brisé par les adversités et les persécutions, comment pourra-t-il donner à son œuvre cette forme attrayante, ce charme qui distinguent les productions des auteurs français? Mais rien ne l'a arrêté pour atteindre le noble but qu'il s'était proposé. Souvent je soutins son courage, je lui parlai de la bienveillance de la nation libre qui étudie avec patience et sympathie les souffrances des peuples opprimés. Je suis heureux si mes faibles encouragements ont été pour quelque chose dans sa persévérance. L'auteur connaît bien tout ce qui manque à son œuvre sous le rapport du style. S'il avait ambitionné la palme d'un écrivain, il aurait attendu encore, ou peut-être il aurait confié son manuscrit à une main plus capable. Mais son ouvrage n'est pas une œuvre littéraire, ce n'est que le cri d'une victime, l'écho de la douleur de toute une race persécutée. Quel est l'homme de cœur qui refuserait de venir au secours des martyrs, parce que la voix de leur douleur n'est pas étudiée ou harmonieuse.

M. Hollaenderski en offrant à la France les fruits de ses veilles, en traçant l'histoire de ses coreligionnaires, leur état actuel, a travaillé pour l'avenir, espérant que les éléments préparés par lui inspireront quelques hommes de cœur puissants par leur talent, à plaider la cause d'un peuple destiné à jouer un rôle dans un avenir peu éloigné. C'est un drame palpitant d'intérêt, jusqu'à ce jour inconnu, qu'il présente aux regards de l'Europe. Le génie français saura, de ces éléments réunis, créer une œuvre capable de réveiller la population opprimée, et châtier, comme il le mérite, l'absolutisme barbare qui nage dans les larmes et le sang de deux millions et demi d'Israélites polonais.

C'est un travail utile qu'a accompli M. Hollaenderski. Au nom de mes compatriotes chrétiens, je lui rends grâce pour les lumières qu'il a jetées en nous traçant les mœurs, les usages, les défauts et les qualités des différentes sectes dont les Juifs polonais se composent. Il a bien fait d'avoir voué au mépris les misérables qui, sortis de la race juive, jettent la pierre sur leurs anciens coreligionnaires pour se faire pardonner l'origine dont ils rougissent, et il a encore mieux agi en signalant tout ce qu'il y a de beau et de grand dans le caractère des Israélites polonais.

L'auteur peut être tranquille sur l'avenir de son œuvre. Il paraît devant le public français avec l'approbation d'un homme qui, par son savoir et ses mérites, s'est élevé au sommet des désirs de ceux qui consacrent leur vie à la science et à l'étude. M. Franck, de l'Académie française, celui dont le style coule clair et limpide comme les eaux d'une rivière pendant un jour calme et serein, a reconnu l'utilité de son œuvre, lui qui avait le droit d'être difficile, a oublié la forme, préoccupé de l'importance du sujet.

Les lecteurs généreux imiteront cet exemple et porteront toute leur attention sur le sort de ces parias qui, avec l'aide de la presse française, échapperont aux tortures et aideront un jour la Pologne à relever au bord de la Vistule, l'industrie, les arts, les sciences et la vraie liberté.

Jean CZYNSKI.

25 décembre 1845.

A M. Léon Hollaendershi.

Monsieur,

J'ai lu avec intérêt, souvent avec émotion, votre ouvrage sur les *Israélites de Pologne*. Il sera utile, je n'en doute pas, à cette population de deux millions et demi de *parias*, dont on n'a guère parlé jusqu'à présent que pour insulter à son abandon et à sa misère. Vous, monsieur, vous avez voulu, avant tout, la faire connaître, persuadé que la vérité est sa meilleure défense. Vous racontez avec impartialité son histoire, si ignorée encore parmi nous et dans le pays même qui en est le théâtre. Vous tracez, d'après vos souvenirs et votre expérience, le tableau de ses mœurs, de ses usages, de sa vie intérieure et extérieure, sans exagérer ses qualités, sans déguiser ses vices, son fanatisme et son abaissement moral, car ce n'est pas l'esprit de caste qui vous inspire, c'est la cause de l'humanité que vous plaidez; et, pour réussir dans cette noble entreprise, vous deviez signaler, dans toute leur étendue, les effets dévastateurs d'une oppression séculaire.

Vous avez su aussi, en les résumant, enrichir de détails nouveaux les savantes recherches de *Peter-Beer* et les spirituelles révélations de votre compatriote *Salomon maimon* sur les sectes religieuses qui divisent les Juifs polonais.

Enfin, monsieur, j'espère que le public accordera

à votre œuvre l'attention dont elle est digne et qu'elle aura le genre de succès que vous ambitionnez avant tous les autres, mais qui ne les exclut pas.

Recevez, monsieur, etc.

Signé : Ad. FRANCK.

Paris, 12 décembre 1845.

Esther.

PREMIÈRE PARTIE.

Origine des Israélites de Pologne, leur histoire, leur état actuel, etc.

I

> « Jésus-Christ n'a pas dit mon sang lavera celui-ci et non celui-là. Il est mort pour les Juifs et les Gentils, et il n'a vu dans tous les hommes que des frères. »
>
> (*Atala*, Chateaubriand, 1805, page 106.)

Les chroniques polonaises ne s'accordent pas sur l'époque où les Israélites arrivèrent dans ce pays. Après l'introduction du christianisme en Pologne, les seigneurs polonais et le nouveau clergé rivalisèrent de zèle pour détruire toutes les traditions, ainsi que tous les monuments du paganisme, et effacèrent ainsi jusqu'aux traces du temps passé. Les plus anciennes traditions nationales commencent avec le prince Mieczyslas, c'est-à-dire au milieu du neuvième siècle[1].

---

[1] La dispersion (an 997) (Ganz, Zémach David, pag. 184) arrivée en Orient contribua à les multiplier en ce pays-là, et dans les royaumes voisins, comme la Hongrie et la Pologne. Villalpand (in Ezech. tom. 2,

L'historien Naruszewicz soutient que l'établissement des Juifs en Pologne a précédé de beaucoup les chroniques les plus anciennes de ce pays. D'autres historiens prétendent qu'au temps des persécutions des chevaliers Porte-Glaives en Allemagne, un grand nombre de Juifs cherchèrent et trouvèrent un asile et une hospitalité en Pologne [1]. Nous croyons pouvoir concilier ces deux opinions qui semblent se contredire au premier abord. Nous pensons que les Israélites établis au nord de la Pologne y arrivèrent au commencement du onzième siècle d'Allemagne où régnaient alors d'affreuses persécutions contre eux [2], tandis que dans les provinces méridionales, les Israélites semblent avoir été établis à une époque beaucoup plus éloignée. Il y a une grande apparence qu'ils y arrivèrent au temps des

---

c. 58, pag. 543) les fait beaucoup plus anciens dans ce dernier royaume, parce qu'il avait appris de l'ambassadeur de Pologne à Naples qu'on y avait ouvert un tombeau, dans lequel on avait trouvé un corps d'une si prodigieuse grandeur, que l'anneau qu'il portait au doigt pouvait servir de bracelet, et entrer dans le bras d'un juif qui reposait là depuis les temps heureux, où la république d'Israël florissait; car on y trouva un grand nombre de sicles d'argent, comme sont ordinairement ceux des Juifs, et puis qu'Agrippa assurait que cette nation avait pénétré fort avant dans le pont, on ne doit pas douter qu'elle n'eut passé en Pologne longtemps avant la naissance du christianisme. (Basnage, histoire des Juifs, 1706, t. 4, pag. 1089).

[1] W. Grabowski rapporte dans son ouvrage sur les Juifs polonais (Ad. de 1611; § 4), que ce fut vers l'an 1096 que l'on vit les premiers Juifs en Pologne.

[2] Leur arrivée des pays de l'Allemagne est encore prouvée par l'analogie qu'on trouve dans leurs cérémonies et leurs prières avec celle des Juifs allemands (*). Leur idiome, qui est un allemand très vieux, montre également leur origine commune dans les temps très anciens.

* Les rituels (*Minhaguim*) sont les mêmes chez les Juifs polonais, lithuaniens, bohémiens et allemands, et diffèrent beaucoup de ceux des Juifs portugais et espagnols, ainsi que de ceux de Jérusalem.

invasions des hordes barbares qui se poussaient alors de l'Orient à l'Occident. Dans une lettre au ministre Abd-el-Rahman au roi des Khazars, il est fait mention de deux Israélites polonais : Marc Saoul et Marc Joseph, venus à Cordoue avec les envoyés de ce prince[1]. M. Carmoly dit dans son ouvrage : que l'existence des Israélites en Pologne remonte à une époque peut-être fort rapprochée de la fondation de cette monarchie, puisque on en comptait déjà un grand nombre sous Zimomislas. Sur le sommet du Caucase, la religion de Moïse est adoptée et professée par le roi de Khazars, ce qui donne lieu de croire que les Israélites n'y étaient pas en petit nombre et qu'ils y exerçaient une grande influence. De là, ils s'introduisirent dans les provinces russes et polonaises, où ils s'occupaient du commerce, de l'échange des produits agricoles et servaient d'intermédiaires entre le nord et le midi.

Czacki, dans son estimable ouvrage (Dissertation sur les Juifs, *Rozprawa o Zydach*), semble confirmer ce que nous venons d'avancer. Il dit aussi (pag. 69) : qu'un géographe arabe, Ebn Haukel, vivant au commencement du dixième siècle, atteste qu'il existait un royaume, réputé pour son agriculture sur les bords du Menod-Atel ou Volga, dont le roi était un Juif. Il avait 9 cadis et 4,200 soldats; dans sa capitale nommée Bat, les habitants de diverses croyances jouissaient des mêmes priviléges.

Massandi, un autre géographe arabe, contemporain d'Ebn Hankel, affirme que dans la capitale des Khazars se trouvaient également des Juifs, que leur roi était un Israélite et que leur capitale s'appelait *Amot*.

Ici, nous ne devons pas omettre que Karamsin, histo-

---

[1] État des Israélites en Pologne, par M. Carmoly.

rien, et tous les chroniqueurs russes s'accordent que les Juifs s'établirent dans ce pays avant le dixième siècle.

Nestor raconte que les Juifs du royaume des Khazars voulaient entraîner par leurs discours, Wladimir, grand duc de Moscovie, à adopter leur religion [1].

Dans la bibliothèque du Vatican, on trouve des livres publiés par les Israélites de la Russie, de l'an 1094.

Vincent Kadlubek, chr. polon., fait mention pour la première fois, des Juifs, l'an 1176. Les chrétiens, d'après son récit, par manière de passe-temps, attaquèrent les Juifs; Mieczyslas le Vieux, prince de Pologne, et les autorités d'alors les prirent sous leur protection. Les chrétiens furent punis comme étant les agresseurs.

Des lettres patentes du treizième siècle (de l'année 1203 et 1207) attestent que les Juifs pouvaient acquérir des propriétés territoriales; car il y est fait mention de villages qu'ils possédèrent par droit d'*hérédité*.

Boleslas, prince de la grande Pologne, accorda, en 1264, aux Israélites quelques privilèges que Casimir-le-Grand étendit à toutes les autres provinces.

Ce grand monarque était souvent obligé de punir avec sévérité les moines et les nobles qui cherchaient à contrarier ses vœux paternels. Sensible aux malheurs des paysans et de tous ceux qui, gagnant un morceau de pain bis à la sueur de leur front, étaient exposés à la barbarie de leurs seigneurs inhumains; il était empressé à les protéger et chercha à relever les villes en y faisant fleurir le commerce et l'industrie, ce qui lui valut, de la part de la noblesse, d'être appelé par dérision *le roi des paysans*

---

[1] An arabian traveller of the tenth century translated from a manucript in his aeon possession. Londre, 1800.

(kròl chlopòw). Ils ne s'aperçurent pas qu'en lui donnant le surnom de roi des paysans, ils l'honorèrent sans le vouloir, du plus beau titre qu'un grand prince puisse ambitionner.

Casimir-le-Grand avait reçu aussi le surnom d'*Assuérus*, pour insinuer que malgré ses grandes qualités et ses sublimes vertus, il n'était pas exempt des passions humaines. Impressionable et sensible aux charmes des femmes, et aussi inconstant qu'il était vif, il changeait souvent de maîtresse jusqu'à admettre dans sa couche royale une juive d'une beauté ravissante, nommé Esterka, née à Opoczno. Il la préféra à Adélaïde, fille du Landgraf de Hesse, et il éloigna également de son palais la belle Rokiczana, princesse de Bohëme. Il eut d'Esther deux fils: Nemir et Pelka[1]. Ceux qui analysaient mal les choses, attribuaient à ses passions sa bienveillance royale envers les Juifs, émus par la jalousie et les préjugés, ils le comparèrent à l'*Assuerus* de la Bible. Mais quand on réfléchit sérieusement, on voit que la Pologne d'alors étant couverte de forêts immenses et ayant peu d'habitants et manquant de villes, l'industrie et le commerce étant à créer, Casimir-le-Grand ne pouvait rien faire de mieux que de protéger les Juifs. Qu'on considère qu'il bâtit 70 villes et que ce fut lui qui dota la Pologne d'écoles et de lois, cela seul suffit à prouver que son esprit était trop élevé et trop

---

[1] Les amours de Casimir pour Esterka ont inspiré plusieurs littérateurs polonais. Bronikowski et Bernatowicz firent des romans historiques d'un grand mérite littéraire. M. Czynski publia *Le roi des paysans*, ouvrage qui, dans un drame palpitant d'intérêt, plaide la cause des Israélites. Ce roman est traduit en Allemand. Un jeune poète en fit un drame et M. Cock le traduit en Anglais.

noble pour attribuer des motifs si bas aux actes de sa haute politique.

Les sages lois de ce grand prince, à l'exécution desquelles il veillait lui-même, ont produit pour résultat que les Juifs, décimés en Allemagne et persécutés dans toute l'Europe, vinrent chercher un asile sur les bords de la Vistule. Ils y fondèrent des colonies et des villes, établirent des ateliers et s'enrichirent en enrichissant le pays. L'ordre équestre polonais avait de la répugnance pour le commerce; ce furent donc les Juifs qui s'en occupèrent exclusivement et qui élevaient des fabriques et exerçaient tous les métiers. La monnaie et les matières premières passaient toutes par leurs mains.

C'est à cette époque qu'ils établirent des greniers immenses appelés du nom de leur bienfaiteur : *Kazimierz*, dont on voit encore aujourd'hui les ruines entre Cracovie et Lublin. A Cracovie le bâtiment monstre *Sukiennica*, ainsi nommé parce qu'on y fabriquait les draps pour tout le royaume, étonne les voyageurs par sa magnificence, et témoigne de la noble bienveillance du sage roi.

Czacki soutient avec raison que ce n'étaient pas seulement les Juifs polonais mais aussi des Juifs étrangers qui fournirent à ce roi les capitaux nécessaires pour élever les 70 villes dont nous avons parlé plus haut. « Sous ce digne roi, dit Czacki, les chrétiens ne méprisaient point les juifs; comme il prospéraient tous à l'ombre de la liberté, ils bénissaient et remerciaient le ciel, le chrétien dans son église et l'israélite dans sa synagogue, du bonheur de vivre dans la même patrie et de jouir d'une justice égale. »

Ici nous ne devons pas omettre de dire un mot du reproche qu'inventèrent les fanatiques et les ennemis des

Juifs pour accabler ces derniers et leur attirer, au lieu de la sympathie royale, la haine universelle.

Ce peuple, qui apportait en Pologne ses capitaux, y élevait des fabriques et donna par là une nouvelle vie à l'industrie polonaise, on osa l'accuser du crime aussi absurde qu'il serait atroce, d'employer du sang d'un enfant chrétien dans leurs cérémonies religieuses. Le roi ordonna de faire des recherches sur ce prétendu crime, et s'étant convaincu de l'innocence des Israélites, il publia un édit, où il disculpa les Juifs de cette accusation aussi barbare que ridicule, et en commémoration de ce fait, il fit bâtir une église à Cracovie, sous le nom *des chanoines réguliers*.

Nous ne pouvons pas nous dispenser de donner ici quelques extraits des *statuts* de Boleslas, approuvés par Casimir-le-Grand et mis en exécution dans tout son royaume.

Ces statuts feront connaître deux choses :

1° La justice des rois de Pologne ;

2° L'esprit étroit et barbare de l'Europe à cette époque, qui reprochait au grand roi de Pologne son excès de bienveillance pour les Israélites.

1. « Lorsqu'il se trouve une affaire contre un Israélite, où il faut des témoins, le juif doit être confronté avec ces témoins, dont deux doivent être catholiques et le troisième un juif connaissant bien les lois israélites. »

En se rappelant que dans ce siècle on accusait encore les Juifs d'empoisonner les puits et de verser le sang des enfants, on ne sera pas étonné que pour les mettre à couvert de ces injustices, le législateur ait trouvé nécessaire de faire cette loi dont la noblessse réunie en diète, en 1543, s'est plainte, comme étant trop favorable aux Juifs.

2. « Il est permis aux Israélites de prendre toutes sortes de gages excepté les effets des églises. Si l'effet se trouve être un objet volé, le juif est forcé de déclarer avec serment qu'il n'en savait rien et doit rendre en argent la moitié de la valeur de cet effet engagé. »

3. « Dans l'affaire du dégagement d'un objet appartenant à un chrétien, le juif a le privilége de plus que le chrétien de nier l'objet engagé ou de soutenir qu'il l'a pris pour telle ou telle somme, etc. »

4. « Les amendes provenant des querelles entre Juifs n'appartiennent pas au juge de la ville, mais doivent être versées dans le trésor du prince régnant. Le noble doit payer pour des blessures faites à un juif, la même amende que pour celles faites à un noble. »

5. « Aucun droit ne sera perçu pour le transport des morts. Le chrétien, qui dégradera un cimetière juif, sera puni de la confiscation de ses biens. »

6. « Celui qui jettera des pierres sur une synagogue sera condamné à payer au staroste une amende de 2 livres de poivre. »

Le poivre était alors une offre très précieuse, parce qu'il était très recherché et rare. Aujourd'hui encore, pour conserver la mémoire de la levée de l'octroi, les négociants de Worms et de Bomberg envoient les jours anniversaires de ce privilége, une livre de poivre au bourgmestre de Francfort. »

7. « Les serments sur les dix commandements ne doivent être exigés qu'en cas où la valeur du différend surpasse la somme de 50 marcs d'argent, ou dans les affaires dont l'inscription avait été faite devant le prince régnant. Dans les affaires de moindre importance, le juif doit prêter serment devant la synagogue. »

8. « Si on n'a pas de preuves positives contre des personnes accusées d'avoir assassiné un juif, on doit en avertir le prince régnant. »

9. « Dans la procédure contre des Juifs, touchant l'assassinat d'un enfant chrétien, il faut trois témoins chrétiens et autant de juifs. L'accusateur qui ne prouvera pas le crime subira le même châtiment qu'aurait subi l'accusé s'il en avait été convaincu [1]. »

10. « Il n'est pas permis aux Juifs de voler des enfants; celui qui en volera un, sera puni comme un voleur. »

11. « Il est permis aux juifs d'acheter toutes sortes de marchandises, de toucher au pain et à d'autres productions. »

Quand on réfléchit que le fanatisme et la superstition de ces temps-là répandaient partout cette calomnie que les Juifs avaient besoin du sang d'un enfant chrétien [2], et qu'on se rappelle qu'on ne se faisait point de scrupule de les en accuser injustement, on comprendra pourquoi

---

[1] On aurait tort de s'étonner que quelques fanatiques de ce temps-là aient eu ces idées chimériques sur l'emploi du sang d'enfants chrétiens dans les cérémonies des Juifs, puisque même aujourd'hui, dans ce siècle si éclairé, un illustre comte polonais, le général Ostrowski, se permet de dire, dans son ouvrage sur la réforme des Juifs, page 16 : « On ne peut aucunement nier la possibilité du crime du massacre des enfants chrétiens; car les procédures judiciaires nous ont conservé des témoignages de ces crimes et de leur punition. »
Nous regrettons vivement que cet auteur ne se soit pas formé une opinion sur ce sujet. S'il s'était seulement donné la peine de lire ce que J. Tugendhold en dit, dans ses écrits (Obróna Izraelitów), il y aurait trouvé des preuves dignes de foi de sénateurs et d'inquisiteurs contre l'imputation injuste de ce genre de crime.

[2] M. Stanislas Hugo a bien raison de dire, dans son ouvrage *Tu Chazy*: « J'envie la récompense qui doit échoir en partage aux Juifs à cause de leur innocence dans l'accusation des massacres des enfants chrétiens. »

la loi exigeait des témoins Israélites aussi bien que des témoins chrétiens avant de punir ce crime. Le superstitieux chanoine Zukowski prétend que dans l'espace de 300 ans les Juifs massacrèrent 86 enfants chrétiens. Il est vrai qu'on trouve deux décrets qui condamnent les juifs pour ce prétendu crime; cela est pénible sans doute, mais ces décrets s'appuyaient sur des aveux arrachés par la torture. (Voyez, à ce sujet, l'aveu de M. Tugendhold dans son ouvrage : *Défense des Juifs*, Varsovie, 1834 [1].

---

[1] Le fanatisme ridicule n'est pas encore tout à fait éteint dans les Cours chrétiennes, même de nos jours, comme nous n'en avons que trop souvent des exemples. Outre l'affaire récente de Damas, en voici un autre :

« Notre ville (Tarnow en Galicie) vient d'être le théâtre d'une émeute contre les Juifs, semblable à celle qui eut lieu, il y a quelques années, à Damas en Syrie.

» Un petit garçon âgé de neuf ans disparut subitement de chez un sieur Dellemba, son tuteur, peu de jours avant la Pâque des Israélites ; et en même temps le bruit se répandit que cet enfant aurait été enlevé par les Juifs de notre ville, qui l'auraient égorgé et employé son sang comme ingrédient dans les pains azymes qu'ils venaient de fabriquer. Aussitôt, toute la population s'ameuta et envahit le quartier des Juifs, qu'elle parcourut en tous sens, en vociférant des imprécations contre ceux-ci.

» Déjà plusieurs voies de fait avaient été commises contre les Israélites, et contre leurs propriétés, lorsque enfin, la police jugea à propos d'intervenir, mais au lieu d'agir comme elle aurait dû le faire, c'est-à-dire, de protéger les Juifs contre les injustes attaques dont ils étaient l'objet, et au lieu de faire comprendre aux fanatiques l'absurdité de leur accusation, elle fit tout le contraire; elle donna raison aux adversaires et sévit contre es Juifs. Toutes les troupes de la garnison de Tarnow et celles qui se trouvaient dans les environs, furent réunies dans cette ville.

» Des détachements de cavalerie et d'infanterie occupèrent les issues de toutes les rues du quartier des Israélites. Des agents de police, escortés de militaires, pénétrèrent dans toutes les maisons des Juifs et y firent du haut en bas les investigations les plus minutieuses, et cela jusque dans les lieux d'aisance. Dans le local du cercle des Juifs, dit *les Chassidim*, ces

II

La mort du grand roi, fait époque pour la décadence des villes en Pologne et pour le changement du sort des israélites. Une destinée fatale pour la Pologne, a voulu que

---

agents poussèrent leurs recherches encore plus loin ; ils levèrent les parquets de toutes les pièces et brisèrent les lambris de revêtement. A la boulangerie juive, ils saisirent tous les pains azymes et toutes les cendres qui furent soumises les uns et les autres à de nombreuses analyses chimiques.

» Comme, malgré tous les efforts, la police ne put découvrir aucune trace de l'enfant qui avait disparu, elle fit arrêter plusieurs israélites auxquels on fit subir de nombreux interrogatoires. On se disposait, peut-être, à mettre ces infortunés à la question, comme cela se pratiqua à Damas, lorsque, heureusement, la municipalité reçut la nouvelle que le pupille du sieur Dellemba venait d'être découvert et arrêté dans un village situé près de Tarnow, où il s'était réfugié pour éviter les mauvais traite-

Casimir-le-Grand ne laissât pas d'héritier légitime. Il avait deux fils d'Esther, ce qui, sans doute, augmentait son amour pour cette belle israélite ; mais tout ce qui, de son

ment que lui faisait subir son tuteur. Aussitôt, le blocus des rues du quartier des Juifs fut levé, et les Israélites détenus furent mis en liberté. On ramena processionnellement, et comme en triomphe, l'enfant à Tarnow, et alors il se passa dans les rues de cette ville une scène à la fois touchante et grotesque. Toute la nombreuse population juive se précipita sur le passage de l'enfant, et chanta à pleine voix des hymnes hébraïques, pour rendre grâce à Dieu de l'avoir délivrée de l'affliction et des périls où elle se trouvait naguère.

» Le pupille du sieur Dellemba a été interrogé par un juge d'instruction et voici, s'il faut ajouter foi aux paroles de cet enfant, ce qui aurait eu lieu. M. Dellemba avait depuis longtemps une grande animosité contre les Israélites, et il avait conçu le projet de leur jouer un mauvais tour. A cet effet, il engagea son pupille à aller déclarer à la police que les Juifs voulaient l'enlever, et comme l'enfant refusait obstinément de le faire, M. Dellemba l'enferma dans une petite chambre, et lui dit qu'il ne serait remis en liberté que lorsqu'il lui aurait obéi.

» L'enfant parvint à s'évader et se réfugia chez un de ses parents, demeurant dans un village près de Tarnow, où bientôt M. Dellemba le découvrit et voulut le forcer à s'embarquer sur le Dniester ; mais dans le moment même où ils allaient monter sur un navire, quelques Israélites de ceux qui parcouraient le pays pour rechercher le pupille de M. Dellemba, survinrent, s'emparèrent de l'enfant et le ramenèrent à Tarnow.

» Immédiatement après que M. Dellemba eut enfermé chez lui son pupille, il courut déclarer à la police que cet enfant avait disparu, et qu'il soupçonnait les Juifs de l'avoir enlevé, pour l'égorger et mêler son sang à la pâte des pains azymes. Aussitôt après, le conseil du cercle de Tarnow se réunit, et après avoir pris connaissance de la déclaration du sieur Dellemba, il fit inviter l'archevêque de Tarnow à assister à sa séance. Le prélat se rendit à cette invitation et émit l'avis qu'il faudrait faire les perquisitions les plus minutieuses chez les Israélites. Cet avis fut partagé par le conseil, qui sur-le-champ, fit prendre les mesures rigoureuses que l'on sait.

» Les Israélites ont adressé au gouverneur-général du royaume de Galicie, l'archiduc Ferdinand d'Este, une pétition où ils réclament contre les persécutions dont ils ont été l'objet. S. A. I. a accueilli cette pétition vivant, causait le respect pour sa maîtresse, devint, après sa mort, un motif de haine et de vengeance. Nemir et Pelka, enfants naturels du roi, disparurent comme victimes de la noblesse jalouse et peut-être des prêtres courroucés. On craignait que ces deux bâtards du grand roi et de la juive n'exerçassent une influence dangereuse sur le pays, la couronne et la religion. Appelé sur le trône, Louis, roi de Hongrie, fit connaître bientôt, ce que la Pologne devait espérer des rois étrangers. Louis, plus attaché à la Hongrie qu'à la Pologne, gouverna cette dernière par ses lieutenants. Pour conserver le pouvoir, il devait flatter les évêques et la noblesse; mais les habitants des villes et particulièrement les Juifs aussi bien que les paysans, furent livrés de nouveau au despotisme des seigneurs, fiers, oisifs et sans pitié. Les Juifs durent quitter les villes. Certains bruits circulaient alors qu'Esther, qui naguère était au faîte des grandeurs et répandait les faveurs à pleines mains, ne pouvant supporter son humiliation et le mépris d'anciens flatteurs, avait terminé sa vie, en se jetant par une fenêtre. D'autres soutenaient qu'elle était morte de chagrin et de misère. Cependant tous ces bruits ne sont pas fondés. Les habitants de Cracovie, montrent encore, dans le jardin royal de Lobzow, l'endroit où fut enterrée cette femme célèbre.

Les Juifs qui, sous la protection de Casimir-le-Grand, avaient adopté le costume national polonais, qui bâtissaient de grandes villes, faisaient venir de grands trésors, après sa mort furent obligés de porter des bonnets jaunes

---

avec une grande bienveillance, et tout porte à croire que justice sera faite *.

* Gazette des Trib. du 30 avril et 5 mai 1844.

pour être reconnus au premier coup d'œil. Et c'est ici que commence une longue chaîne de machinations fanatiques de quelques prêtres, pour faire haïr par le peuple polonais toute la race juive.

En 1407, le prêtre Budek, monté en chaire, abusa de la crédulité de ses ouailles, en se mettant à dire et répéter, qu'il venait de recevoir une horrible nouvelle, mais qu'il n'osait pas la publier de peur que la vengeance toujours juste du peuple, ne le conduisit trop loin. Cette discrétion feinte, redouble la curiosité de la foule, elle presse le prêtre de révéler le secret; elle hurle et menace, enfin le prêtre s'écrie : les Juifs ont craché sur la sainte hostie! Et sur le champ le peuple fanatisé se rue sur les Juifs : les femmes, les vieillards, les enfants, rien n'est épargné, et un carnage effroyable dure à Cracovie jusqu'à la nuit.

Stanislas de Kazimierz prêchait devant Ladislas Jagellon, roi de Pologne, qui s'était nouvellement converti, et cherchait à inspirer à ce monarque une haine implacable contre les Israélites. Du reste on les accusait assez généralement de ne pas cacher leur haine pour les saints sacrements et surtout de percer de coups de couteau la sainte hostie.

C'est sans doute de pareilles impostures, systématiquement mûries, propagées, qui furent cause, qu'aujourd'hui encore, dans les villes polonaises, pendant les processions, les Israélites se cachent et ferment portes et fenêtres, de peur que le peuple, induit en erreur, ne se porte à quelque violence envers eux. Chez les Juifs superstitieux, ce fait a occasionné une défense au nom de la religion, de ne jamais regarder les saintes cérémonies des Chrétiens sous peine de quarante jours d'excommunication (*chaïrim*).

---

[1] Voyez Dlugosz et Czacki.

Ceux qui ne veulent pas approfondir la vie historique des Israélites, disent que ce sont eux qui se tiennent à l'écart des Chrétiens, constituent toujours un peuple à part et ne reconnaissent aucun pays pour leur patrie. L'histoire des villes de Pologne, prouve que cette démarcation et le manque de fusion avec les autres peuples doivent être attribués aux gouvernements chrétiens. Tant que les Israélites vécurent sous le roi Casimir-le-Grand, ils ont adopté volontiers le costume polonais, et les usages du pays, ils se contentaient des tribunaux et des lois des Chrétiens. Mais lorsque la noblesse et le clergé se sont laissés influencer par les préjugés et ont employé toute la violence que le fanatisme religieux leur dictait, les Israélites furent réduits à la condition la plus misérable. D'abord on leur ordonna : 1° de porter des bonnets jaunes; et des pièces rondes, en drap rouge, sur leurs habits; 2° il fut défendu aux Chrétiens de manger et de se trouver en compagnie avec eux; 3° ils étaient exempts du service militaire et exclus du service civil; 4° on leur désigna pour séjour des quartiers séparés des Chrétiens; 5° on les surchargea d'impôts que le peuple polonais ne supportait pas. Toutes ces mesures, prises ensemble, ont exclu les Juifs du droit commun. Le mépris, les préjugés, la haine sont les résultats inévitables d'une conduite aussi injuste et aussi impolitique.

Nous devons faire mention ici, que souvent le pouvoir royal, plus éclairé que la noblesse, se posait en défenseur des bourgeois en général et des Israélites en particulier. En 1464, lorsque le peuple s'assemblait pour une expédition contre les Turcs, poussé par le fanatisme, il se jeta d'abord sur les Juifs de Cracovie et en massacra un grand nombre. Le roi Casimir Jagellon, indigné contre ce désordre sanglant, punit tous ceux qui permirent au peuple de le commettre [1].

Sous Sigismond Ier, les Juifs persécutés et dépouillés en Bohême, ont reçu la permission de venir chercher un asile en Pologne, pour s'y ranger sous les mêmes lois. Le synode, c'est-à-dire les notables israélites polonais adressèrent à leur co-religionnaires l'appel suivant :

« Jehova a de nombreux *Sephirothes* [1]. Adam nous donna la preuve des différentes perfections. Un israélite donc ne doit pas se borner à une seule science. La première science est sainte, mais les autres sciences ne doivent pas être omises pour cela. Le meilleur des fruits est la pomme du paradis, mais faut-il pour cela ne point gouter d'autres pommes? Toutes les sciences sont de l'invention de nos pères, et celui, qui n'est pas impie, trouvera l'origine de tout notre savoir dans les livres de Moïse. Ce qui a été la gloire de nos pères, ne peut pas tourner maintenant en honte. Il y avait des juifs à la cour des rois. Mardehey fut savant. Esther fut sage. Néhémie fut conseiller persan et sauva le peuple de l'esclavage. Appliquez vous aux sciences, soyez utiles aux rois et aux seigneurs, et tout le monde vous estimera. Il y a autant de juifs sur la terre que d'étoiles au ciel, et de grains de sable dans la mer, mais chez nous, ils ne luisent pas comme les étoiles et tout le monde nous foule aux pieds,

---

[1] Les *sephirothes* sont la partie la plus secrète de la cabale. On ne parvient à la connaissance de ces émanations et splendeurs divines qu'avec beaucoup d'étude et de travail. C'est là le haut degré de la théologie contemplative qui charme et qui enchante ceux qui y sont initiés. Il y a dix sephirots : la *couronne*, la *sagesse*, l'*intelligence*, la *force* ou la *sévérité*, la *miséricorde* ou la *magnificence*, la *beauté*, la *victoire* ou l'*éternité*, la *gloire*, le *fondement* et le *royaume*.

comme le sable. Notre roi est aussi sage que Salomon, aussi saint que David, il a auprès de lui un autre Samuel presque prophète (il est question ici du célèbre chancelier polonais Samuel Maciejowski). Il regarde son peuple comme une forêt immense. Les vents jettent la semence de tous les arbres et personne ne demande d'où viennent les plus belles plantes. Pourquoi donc notre cèdre du Liban ne s'élèverait-il pas au milieu des gazons. »

Si nous croyons Jacques Zaborowski, le roi Alexandre, se soumettant aux remontrances du clergé, aurait voulu chasser tous les Israélites de la Pologne. Przyluski loue Alexandre d'avoir refusé les offres d'argent que lui faisaient les Israélites menacés. Czacki fait observer que ce roi aurait mieux fait d'accepter ces offres volontaires, d'enrichir son trésor et de protéger les innocents.

Nous croyons utile de citer ici une circonstance dont nous trouvons les traces dans l'histoire :

Pendant les discordes religieuses, les Chrétiens voulurent faire des Israélites leurs prosélytes. On prétend que ceux-ci, au contraire, en indiquant les erreurs des différentes sectes, avaient pour but de leur faire adopter la religion de Moïse. Cette tentative fut cause de nouvelles persécutions. Le clergé, non-seulement en chaire, mais par des publications de tout genre, excitait la haine publique contre eux. Les Juifs, menacés et effrayés s'adressèrent au sultan de Turquie pour obtenir un asile dans ses états. Il est connu qu'un grand nombre d'Israélites de cette époque, victime des persécutions, quitta la Pologne et s'établit en Valachie, d'autres furent arrêtés [1].

---

[1] Cette circonstance est exprimée dans une lettre de Sigismond I à Pierre Kmitta, le 9 juillet 1640, qui plaidait fortement la cause des Juifs.

Parmi les écrits dont les traces sont restées jusqu'à ce jour, nous citerons : *De stupendis criminibus Judæorum*, 1541, *Cracoviæ*. Là, l'auteur inconnu exige que les synagogues israélites soient abolies. Entre les crimes particuliers que l'on imputait aux Juifs, il y en a qui réellement portent le cachet d'une ignorance surprenante : les Juifs achetaient des bœufs en Valachie et les vendaient à l'étranger : on a dit tout de suite que c'était pour affamer le pays. On leur a défendu, sous peine de mort, de faire le commerce des chevaux, sans doute parce que les guerriers polonais trouvaient leur compte en les prenant gratis, ou à un prix bien minime chez les paysans qui n'en connaissaient pas la véritable valeur.

Dans la diète polonaise, les uns voulaient les chasser, d'autres leur interdire le commerce. Un petit nombre seulement voulait les admettre à la jouissance de tous les droits [1].

Jetons un coup d'œil sur la loi qui concerne les Juifs sous le règne de Sigismond. Il leur était défendu de prendre en bail des revenus de l'octroi, ils ne pouvaient exercer des emplois quelconques et faire le commerce dans les villages. Les Juifs qui habitent les villes et les villages appartenant au roi, ne doivent pas compter sur sa protection. Ils payeront un double impôt pendant la guerre [2].

Ordinairement les hommes supérieurs par leurs lumières, leurs sentiments généreux et leurs positions, sont au dessus des préjugés et de l'obscurantisme. Cependant, en vain nous

---

[1] Czacki.
[2] Ils étaient imposés deux fois autant que les chrétiens. Voyez les lettres circulaires (Uniwersały poborowe), sur les inscriptions, 1503, 1511, 1519, 1513, 1528, 1523, 1538, 1543, 1545, et Czacki.

parcourons les livres des savants polonais, des écrivains catholiques, aussi bien que protestants, ont quelque chose de commun dans leur haine contre les Israélites; souvent même, le pape et les évêques se montraient plus justes envers les Juifs que l'école protestante.

Rey de Naglowic foudroie les Juifs dans ses écrits, Przyluski également ; professant les doctrines d'Augsbourg, les attaque avec plus de frénésie que l'illustre Hosius, évêque et cardinal catholique. Kamieniecki, évêque de Bialobrzez, fait appel aux chrétiens pour qu'ils massacrent les Juifs, s'ils ne veulent pas être massacrés par eux.

Les Israélites étant repoussés de toute communauté avec les Chrétiens, depuis que le statut de Casimir-le-Grand avait cessé de les protéger, se gouvernaient de la manière suivante : les constitutions de temps à autre s'occupant des Juifs, forment une longue chaîne de lois exceptionnelles, d'impositions, de punitions, de prohibitions contre eux ; mais nous n'y trouvons point de lois qui règlent les procès et les différends entre eux et les Chrétiens, ni entre eux mêmes. Il paraît que cette exclusion des Juifs de toute protection, a fait qu'ils durent adopter les livres du Talmud et de Moïse pour leurs lois, et les rabbins pour leurs juges. Notre supposition à cet égard se trouve justifiée par la décision ultérieure du roi Sigismond-Auguste, qui permet à l'autorité des Juifs de Posen, d'appliquer leurs lois de Moïse à tout crime et même la peine capitale, et il ordonne au grand-général de la Grande-Pologne, de faire exécuter ses sentences[1]. Sous le règne du même roi, on forçait

---

[1] Waclaw Grabowski (sur les Juifs de la couronne) 1611, et en 1571 le metr. kor. ks. 110, fol. 61. On a permis aux supérieurs des Juifs : « in

les Juifs à fournir l'argent à très bas prix à la monnaie, tandis que l'on retrécissait leur commerce et que l'on défendait aux Chrétiens de servir et travailler chez les Juifs. Le même monarque ordonne aux Juifs de Lithuanie d'obéir à leurs propres autorités religieuses, et il leur défend de porter des chaînes en or et de riches métaux ou pierreries sur leurs ceintures et armes ; quant à leurs femmes, elles ne pouvaient s'habiller selon leur fortune et leur bon plaisir on leur permit seulement de porter des bagues avec l'inscription du nom de Jérusalem ou sabbation [1]. Cette dernière permission de porter des bagues n'était pas peu importante dans l'esprit des Chrétiens polonais de ce temps-là. Pendant longtemps, les débats durèrent à ce sujet, enfin le roi permit de porter ces bagues avec le nom de Jérusalem, qui devait rappeler la colère de Dieu et la punition du péché des Juifs.

Cette faible protection que les Israélites éprouvaient encore sous le règne des rois de la race des Jagellons, a disparu presque tout à fait sous les rois électifs. La noblesse n'aimant que l'excès et l'anarchie partout, arrachait aux rois des concessions, se déchargeait elle-même de toute contribution pour les besoins de l'Etat et renvoyait le fardeau tout entier aux villes et aux serfs. C'est alors que les paysans, les bourgeois et particulièrement les Juifs, eurent à souf-

---

omnibus criminibus et excessibus, Judæos vel urbe pellere, vel etiam vita privare, et ut nulla pro hoc difficultas a moderno palatino, et pro tempore existenti non inferatur.»

[1] Aloïse Navarinus, Electa sacra ed. 1629, fol. 442, Observatum est plerosque hebræos in annulis figuram Jerusalem gestavisse idane præcipue præstitisse, cum a patria Babyloniæ exules essent, ut saltem patriæ memoria ruraventur eam in annulus quod assidue ad illam cogitarent adeo, ut corpore quidam ipsi a patria excelarent; patria vero ab eorum mentibus exularet nunquam, ad hunc ritum plerumque non insulte vocant illa regi prophete verba, ps. 136.

frir et à se dépouiller de tout, car on ne les regardait même pas comme des créatures de Dieu. Il est pénible d'ajouter ici qu'à l'arrivée d'Henri de Valois en Pologne, les persécutions religieuses contre les Juifs redoublèrent. Ce prince, qui joua un si triste rôle dans la nuit de la saint Barthelémy, en France, devait prêter serment en montant sur le trône de Pologne, qu'il observerait la tolérance envers toutes les religions du royaume, car c'était un point principal de sa constitution.

Les confédérés, après la mort du dernier Jagellon, décrétèrent la liberté de conscience, mais Henri ne voulut point y souscrire, et ne se prêta que malgré lui à la volonté de la nation polonaise, et c'est sous son court règne qu'on accusa de nouveau les Juifs du massacre des enfants chrétiens, et on les persécuta plus que jamais, jusqu'à ce qu'Etienne Batory, roi aussi grand et généreux que Casimir, renouvela le statut de ce dernier et mit fin aux plus sanglantes persécutions.

III

A ce grand monarque, que l'histoire a dû placer au premier rang des princes, qui ont jamais porté le sceptre, on peut adresser un reproche, malgré cette admiration universelle, que la supériorité de son courage, de son éloquence, de sa justice et de ses lumières lui ont attirée. Ce reproche pour une faute, qu'il avait d'ailleurs expiée de son vivant, peut lui être adressé aujourd'hui encore ; car il avait autorisé l'introduction des *Jésuites* en Pologne ; tandis qu'il disait et répétait, que *Dieu seul peut régir les consciences*. Il est vrai, qu'à cette époque, les Jésuites se distinguaient par leur amour pour les sciences et comptaient parmi eux un grand nombre de savants, mais c'est eux qui y ont amené aussi l'intolérance, les anathèmes, les persécutions, et toutes sortes d'intrigues couronnées par une guerre civile et les guerres avec la *Suède* et les *Cosaques*. A l'admission des jésuites sur le sol polonais, on peut justement attribuer la cause de la décadence de ce beau royaume, le désordre et l'anarchie parmi ses habitants, enfin la destruction presque complète d'une nation grande, belle et généreuse.

Cependant, nous ne pouvons pas passer sous silence, que souvent, dans les débats des représentants de la noblesse, la voix de l'humanité se faisait entendre. Les fastes des diètes de 1532 et 1534, recueillies par *Tomicki*, prouvent assez qu'il y avait des Polonais, sachant estimer la gloire de la patrie et le bien public. Ils demandaient que justice fût rendue aux Juifs, que la liberté leur fût accordée comme aux autres habitants du pays; mais, hélas! leur voix fut regardée comme achetée. Ces défenseurs des opprimés n'ont pas eu assez de courage civique pour persévérer dans leur tâche. Les jésuites les en détournaient et faisaient d'eux des hommes qui, après avoir lutté à mort, au moment de remporter la victoire, y renoncent, crainte d'une scandaleuse accusation.

Les juifs eux-mêmes se défendaient aussi. Il y avait, à cette époque, un ouvrage imprimé par un auteur anonyme, mais bien écrit et bien fondé, sous le titre : *Ad quærelam mercatorum Cracoviæ, responsum judæorum declaratum* 1539, etc.

Ils démontrent dans ce livre que les religions changent, (ce livre a paru lors de la propagande de Luther), mais que les hommes ne doivent pas s'entre-persécuter ; que les juifs font le commerce des produits de la terre, et par conséquent, fournissent au pays de l'argent sans l'emporter ; qu'il vaut mieux tolérer la religion connue des juifs, que de les forcer à l'hypocrisie. Il y est dit en outre, qu'en

Pologne il n'y a pas d'ouvriers et que l'on y trouve 500 marchands chrétiens seulement, sur 2,200 marchands juifs et trois fois autant d'ouvriers juifs. Enfin ils ajoutent, qu'ils ne doivent pas dépendre du pouvoir de l'église, étant sous celui des rois dont la protection les a attirés et les a fait établir sur le sol polonais.

Il paraît des lettres circulaires pour les impôts, qu'avant la guerre, les juifs étaient soumis à une double perception, et lorsqu'il s'agissait de payer pour un remplaçant, on exigeait d'eux deux fois autant que des chrétiens.

L'autorité parmi les juifs était exercée par des rabbins, et il y avait un chef de ces derniers. Le premier, qui remplissait ces hautes fonctions, était *Michel de Brzesc*. Dans un matricul lithuanien, tome VII, se trouve l'ordre de Sigismond I, de l'année 1506, appelant Michel à cette dignité. Les archi-rabbins dans les villes royales et seigneuriales exerçaient les fonctions de juges. Ce pouvoir était bien grand parmi les juifs, car les condamnations à la peine de mort et à l'exil, selon les lois israélites, étaient dans leurs attributions.

Nous ne pouvons pas omettre ici ce que le *cardinal Commandoni*, nonce du pape à la cour de Sigismond-Auguste a dit des Juifs, bien que l'on ne puisse l'accuser de les avoir favorisés. Voici ses propres mots :

«On trouve encore en ces provinces une grande quantité de Juifs qui n'y sont pas méprisés, comme en plusieurs autres endroits. Ils n'y vivent pas misérablement de lâches profits, des usures et de leurs services, bien qu'ils ne refusent pas ces sortes de gains, mais ils possèdent des terres, s'occupent du commerce et s'appliquent même à l'étude des belles-lettres, particulièrement à la médecine et à l'astrologie; ils ont presque partout eu la commission de lever le droit des entrées et du transport des marchandises. Ils peuvent prétendre à une fortune assez considérable, et non-seulement ils sont au rang des honnêtes gens, mais quelquefois ils leur commandent. Ils n'ont même aucune marque qui les distingue des chrétiens ; il leur est même permis de porter l'épée et d'aller armés. Enfin, ils jouissent du droit des autres citoyens₁. »

Nous faisons observer que Commandoni parle des Juifs des provinces méridionales, où il a voyagé, en adressant des reproches aux Polonais d'avoir accordé de pareilles libertés aux infidèles.

Les persécutions religieuses ont été introduites en Pologne par l'influence étrangère. Commandoni prodigue des louanges singulières aux Juifs de l'Ukraïne : il dit, qu'il confiait ses lettres aux Juifs et que l'un d'eux qui était docteur (assurément Simon de Gintzbourg), avait son entrée chez le roi.

Malgré la censure, nous trouvons quelques traces de la littérature israélite en Pologne. Il paraît que les censeurs ne savaient pas ce qu'ils lisaient, car il y a des livres autorisés par eux, dans lesquels les Juifs se moquaient des cérémonies chrétiennes. Nous citerons ici l'ouvrage « *Jad Chazaka* » d'Aron de Kazimierz, dont la publication était permise par le Consistoire archidiocésal de Gniezno en l'année 1557. Il ne manquait pas aussi d'écrits malicieux de la part des chrétiens. Czacki dit : que Przeclas Mojecki, en 1598, et Mierzynski, en 1618, ont publié tout ce que l'animosité fanatique a pu dicter au zèle religieux. L'un d'eux

---

₁ Vie du cardinal Commandoni, par Gratien, traduit par Fléchier. Paris, 1614, pag. 190.

accusait les Juifs de sortilége ! A Cracovie parut un ouvrage, en 1648, sous le titre : *Libertinage effréné des Juifs.* Un autre, sous celui : *Lamentation des enfants égorgés par les Juifs.* Et beaucoup d'autres, dont le titre seul prouve ou le manque de bon sens, ou la perversité des *Jésuites.*

Le médecin Sleszkowski, jaloux des Juifs qui avaient le bonheur de guérir les malades, écrivait contre eux et exigeait qu'il leur fût défendu de visiter les patients. Il mit à la tête d'un écrit ces mots étranges :

« Preuve évidente que tous ceux qui ont recours aux médecins juifs et tartares, livrent non seulement leur ame, mais aussi leur corps à la destruction et à la damnation. Cette preuve est écrite par un moine et éditée par le docteur Sleszkowski en l'année 1623. » Ce lâche opuscule était réimprimé à Cracovie en l'année 1649. Cet infâme auteur, dans son dernier écrit, n'avait pas de honte de soutenir que la peste et la famine sont l'effet de la colère divine contre les Polonais qui donnent asile aux Juifs.

IV

Nous devons maintenant parler des efforts que l'on faisait pour changer les Juifs en Polonais. Nous avons vu qu'en s'écartant de la politique de Casimir-le-Grand, en persécutant les Israélites, en permettant aux écrivains fanatiques de livrer au mépris toute une race d'hommes innocents et d'exciter la population superstitieuse contre eux ; nous avons vu, qu'au lieu d'attirer, d'éclairer, de moraliser, enfin changer en bons citoyens, les uns, et par conséquent les rendre agréables et utiles aux autres, une haine implacable et réciproque s'en suivit.

Au commencement du règne de Sigismond-Auguste, le *Statut lithuanien* a admis à la noblesse[1] les Juifs convertis que Czacki appelle *Néophites*.

---

[1] Statut lithuanien, art. 8-12.

« Aveugles sont ces Juifs du grand-duché de Lithuanie, qui ne veulent accepter ni les priviléges de noblesse, ni la véritable foi en Dieu ! » s'écrie Grabowski dans son ouvrage sur les Israélites, publié à Cracovie, en 1611. Donc le titre de noble, ou la plus haute prérogative du citoyen, ne suffisait pas pour que les Juifs, méprisés, persécutés, abjurassent la religion de leurs ancêtres et sacrifiassent à l'*intérêt* leurs convictions intimes. Il nous semble qu'il faudrait plutôt admirer leur persistance que de la condamner, car la foi ne se vend pas ; personne ne l'achète : c'est un trésor de la conscience, auquel Dieu seul a le droit de toucher. Aussi, y avait-il peu d'Israélites qui profitèrent de cette loi ; quelques familles seulement abjurèrent la religion de Moïse et se firent chrétiens. Mais la conduite des catholiques envers les néophytes était atroce. Ils les appelaient avec mépris *przekszty*, *wykszty*. Ce mépris atteignait et enveloppait jusqu'à leurs neveux et arrière-neveux, et même se faisait jour dans les débats et les décisions des Diètes.

Lorsque les enfants de néophytes avaient acquis des biens et acheté des terres, l'envie des nobles obtint une loi, en 1764, qui leur ordonnait de vendre ces terres sous peine de confiscation. La Constitution de 1768 a aboli cette loi barbare. Cependant, le sort des néophytes est resté tel, que, repoussés par leurs nouveaux co-religionaires, méprisés et haïs par les nobles, ils ne faisaient plus que le rebut de la société. Aussi, leurs enfants ou petits-enfants, dès qu'ils entendent prononcer le seul nom de Juif rougissent-ils en frémissant. Au résumé, ils font semblant d'être ennemis des co-religionnaires de leurs ancêtres pour flatter la noblesse qui les méprise eux-mêmes.

Il existe encore jusqu'aujourd'hui des familles de néophytes, annoblies par cette loi. Parmi les plus remarquables sont celles de Lelewel et de Malachowski[1]. Le premier de Lelewel[2], était, dit-on médecin du roi, et, pour avoir heureusement réussi à guérir son nain (fou), on lui donna un village, des armoiries, et on le fit *chrétien*. D'autres soutiennent qu'il est venu de Hollande comme chrétien et qu'il avait obtenu seulement la noblesse et la fortune en Pologne.

Dans toutes les positions sociales, dans toutes les opinions politiques, parmi les savants et les littérateurs, on trouve des familles et des noms honorables qui tirent leur origine de la race israélite, il serait trop long de les énumérer ici, et le cadre de notre livre n'y suffirait pas, quelques uns se trahissent par la terminaison de leur nom, d'autres ne diffèrent en rien de la dénomination des familles nobiliaires. Presque tous, vu la réprobation générale qui s'attache en Pologne au nom de juif, cachent soigneusement leur origine. D'autres se distinguent dans leurs écrits et dans leurs paroles, par la haine qu'ils portent

---

[1] Ce mot *Malach* est un mot hébreu qui signifie *ange*. La terminaison *ski* se trouve dans presque tous les noms de famille de Pologne, elle équivaut à la particule *de* qu'on trouve avant les noms français d'origine nobiliaire. Pan Tarnowski veut dire seigneur de Tarnow. Pan Zamoiski, seigneur de Zamosc. Il est possible que le premier des *Malachowski*, en adoptant la religion catholique, se nomma *Malach*. Malachowski par son nom, voulait sans doute indiquer qu'il remplissait une mission de *Malach*, une mission évangélique.

[2] *Lelewel*. Ce mot dérive de deux expressions hébraïques *Lo-lehewel*, ce qui veut dire: *ce n'est pas en vain*, comme si l'on voulait dire, qu'en adoptant la religion catholique il n'a pas fait une chose *stérile*.

Que les nobles familles polonaises ne s'offusquent pas de ce que nous rappelons ici leur origine. Nous remplissons un devoir, en écrivant l'histoire des Israélites polonais, de mentionner les noms des patriotes distingués et des hommes capables qui sortirent de cette race.

à leurs anciens co-religionnaires, comme s'ils voulaient, par cette triste politique, se faire pardonner la tache de leur naissance. Nous nous étonnons que quelques hommes d'un talent remarquable, d'une position plus élevée, n'aient pas le courage de lutter contre les préjugés et de prendre la défense des Israélites méprisés et persécutés.

La France leur offrait cependant un tableau qui aurait dû les consoler. Ici les Israélites sont arrivés aux positions sociales les plus élevées. Il ne manque pas parmi eux de noms illustres qui honorent les arts et les sciences. Ce n'est une honte, ni un malheur que de tirer son origine d'une race qui a tant souffert, et dont les destinées ne sont pas encore accomplies.

Le reproche que nous faisons aux chrétiens polonais qui tirent leur origine de la race israélite, ne sont pas sans quelques nobles exceptions ; nous en parlerons et nous reviendrons à ce sujet losque nous traiterons des efforts de l'émigration et des sectes religieuses.

Néanmoins, les efforts des Jésuites, les écrits, les imprimés, les prônes et les différents moyens que le fanatisme poussé jusqu'à la frénésie, avait dictés, excitaient la haine publique contre les Juifs, au plus haut degré.

Sous Ladislas IV et sous Jean-Casimir qui lui-même avait été jésuite, et ne savait pas remplir ses propres serments, comme Ladislas ses engagements envers les Turcs, cette haine implacable, produisit des carnages inouïs Les paysans et les cosaques massacraient les Juifs par milliers[1]. Il est vrai que quelques Israélites, en louant les

---

[1] La supplique au roi, le 12 mai 1670, imprimée par les Juifs à Varsovie : « Nous avons déjà lavé nos yeux, nos bourses sont déjà vides, tout « le monde nous écorche, beaucoup de nous sont morts de faim, etc. »

propriétés des nobles, en se permettant d'opprimer par cupidité les paysans, avaient mérité la punition, mais fallait-il se venger sur une race tout entière, assez malheureuse déjà? fallait-il massacrer les ouvriers innocents et inoffensifs, ainsi que les savants et d'honnêtes artisans?

Ainsi, les Juifs, réduits à gémir dans le plus grand malheur, attendaient un *Messie*. Sous Jean Casimir, un certain juif nommé Sabbatha Zewy, s'est donné pour Messie à Constantinople. Quelques Polonais de l'Ukraine et d'autres pays voisins, avertis de cet événement (voyez plus loin le chap. sur les sectes), avaient fait des visites jusqu'en prison, où ce prophète se trouvait. Cependant Nechemi, l'un des Juifs polonais, avait prouvé au gouvernement de la Turquie la fausseté de l'imposteur, et le ridicule dont les Turcs se couvraient en le protégeant[1].

A la même époque, avait lieu l'interdiction des sciences *mathématiques* chez les Juifs. La cause de cette ridicule mesure n'était autre que parce que Baruch Spinosa, dans ses théories, employait la géométrie à l'appui de ses doctrines[2].

---

[1] Ce fait est mentionné dans la bibliothèque *Zaluski*.

[2] Les Juifs se soulevèrent contre *Spinoza*. *Orobio*[*], qui vivait alors, écrivit contre son système plein d'impiété. On ne se tint pas aux écrits; car il fut excommunié, et un Juif zélé lui donna un coup de couteau en sortant de la comédie[**]. Voilà les systèmes principaux de Spinoza : il enseigne qu'il n'y a dans l'univers qu'une substance unique ; que Dieu est cette substance, et que tous les autres êtres qui existent, n'en sont que des modifications. Ce système est fondé premièrement sur cette maxime qu'une substance ne peut engendrer une autre substance, et que *rien ne peut être créé de rien*. Il implique contradiction que Dieu *travaille sur le néant*. Il est impossible que le *néant soit le sujet*, et la matière sur

[*] Isaac Orobio certamen philosophicum adv. Joh. Broedenb. principia Amstact, 1703.

[**] Bosnage, Histoire des Juifs, tome III, page 87.

En l'année 1670, il était défendu aux fabricants israélites d'avoir des chrétiens pour ouvriers. Il ne leur était pas permis d'affermer aucune branche de revenu public, ni de prendre pour l'argent prêté plus de 20 pour 100 d'intérêt. Il n'y aurait rien à reprocher, quant à cette dernière disposition, si, dans ce temps-là, elle était appliquée à tous les habitants du pays et non pas aux Juifs seuls.

---

laquelle Dieu a travaillé. Il est donc impossible et contradictoire que le monde ait pu être créé. Ce premier principe est emprunté des Cabbalistes et des anciens philosophes. Le second principe de Spinoza est qu'il n'y a qu'*une seule substance*, parce qu'on ne peut appeler substance que ce qui *est éternel, indépendant de toute cause supérieure, qui existe toujours par soi-même et nécessairement*; Comme il n'y a que Dieu qui existe de toute éternité, par lui même, indépendamment de tout autre cause, il faut avouer que si la définition est bonne, il n'y a point d'autre substance dans l'univers que Dieu. Les cabalistes disent comme lui que c'est le vulgaire des philosophes et théologiens qui a imaginé un monde matériel composé de substances différentes, et distingué de Dieu, car il vaudrait autant dire *que Dieu a produit les ténèbres, le péché et la mort*, que de soutenir que Dieu a créé des substances sensibles et matérielles, différentes de sa nature et de son essence ; car la matière n'est qu'une privation de la spiritualité, comme les ténèbres sont une privation de la lumière, comme le péché est une privation de sainteté, et la mort une extinction de la vie. Les cabalistes s'accordent encore avec Spinoza, en ne reconnaissant qu'une seule et unique substance ; mais cet impie fait cette substance matérielle, afin de faire un Dieu corporel, et anéantir la spiritualité de cet être qu'on ne conçoit qu'avec peine, et que bien des gens ont rejetée avant lui. Enfin, qu'il en soit, on trouve les fondements du *spinozisme* dans la théologie des *cabalistes*, que Spinoza a seulement revêtue de ce que le *Carthésianisme* a pû lui fournir, pour étançonner un édifice qui menace ruine de toutes parts. Les uns et les autres reconnaissent qu'il n'y a qu'une seule substance, laquelle est éternelle, indépendante. Les uns et les autres disent que cette substance n'a point créé le monde, parce que *rien ne peut se faire de rien*, mais qu'elle s'est seulement modifiée d'une manière différente dans les corps et dans les esprits; et que ces trois principes, qui leur sont communs, sont le caractère du *spinozisme.*

C'est à tort qu'on imputait aux Israélites la trahison dans les guerres avec la Turquie. Nous croyons que cette accusation, contre toute la race, est absolument injuste, car s'il se trouve un individu assez lâche pour être espion, faut-il en rendre responsable tous ses coréligionnaires?

On portait envie à tous les Israélites qui avaient accès chez le roi. Les jésuites surtout s'efforçaient de les en écarter. Il y avait des panégyristes parmi les Juifs. Ils appelaient les rois, *Fils du soleil*, *Rois des rois*, *Sauveurs de la nation*, etc. Cela prouve que les Israélites, en général, cherchaient, dans le pouvoir de la couronne, un abri contre les intrigues et les persécutions des jésuites et de la noblesse insensée.

Sous Jean III, un Juif, favori du roi, a fourni l'occasion à la circulation de quelques anecdotes, qui prouvent son influence et ses capacités.

Les décisions de la Diète de 1717, qu'on peut lire dans le *Volumine legum*, attestent que les paysans, excités par les prêtres fanatiques, se livraient à toutes sortes d'injustices contre les Israélites, vu que ces lois les prennent sous leur protection. Et, en effet, en considérant que ces pauvres paysans, épuisés par les exactions et la corvée sous le gouvernement de la noblesse frivole, républicaine et anarchique, étaient eux-mêmes de malheureux esclaves, on concevra que les Juifs, pourchassés par eux, n'étaient alors que les *esclaves des esclaves*.

L'autorité supérieure de l'église catholique envoyait, vers cette époque, des missionnaires aux synagogues. Ils y discutaient avec des rabbins et savants. Quelquefois, les prêtres entraient par force dans les synagogues. A Lemberg, en l'année 1721, l'évêque Szamowski, accompagné de la force armée, y avait pénétré, malgré les prières

3

des Juifs qui ne voulaient pas écouter les prônes. Les traces de cette violence morale se trouvent dans la bibliothèque de Czacki et dans les actes du chancelier Szembek.

Souvent, pour se sauver des dangers, les Juifs portaient leurs plaintes aux autorités de l'église. En l'année 1759, ils adressèrent une pétition collective au primat du royaume...

A cette époque, parut un certain *Franck* qui adopta la religion chrétienne. Voici les propres paroles de Czacki à ce sujet (page 103, dissert. sur les Juifs) :

« C'est alors (sous Auguste III) que surgit parmi les Juifs le célèbre personnage, nommé Franck, qui passa à la religion chrétienne, tout en conservant les préjugés des Juifs et en se proclamant chef d'une nouvelle secte.

» Environ l'an 1750, ce néophite arriva de Moldavie avec quelques prosélytes. Les prêtres chrétiens ont eu des disputes religieuses avec lui. Il prenait le changement de sa religion pour l'instrument de la grandeur à laquelle il voulait s'élever. Il voulait bien croire à la divinité de Jésus-Christ, mais trouvant bonnes, beaucoup de cérémonies juives, il conseillait aux chrétiens de les adopter ; enfin, il se donnait pour médiateur entre ces deux religions. Ensuite, il fut enfermé dans la forteresse de Czenstochow, d'où, élargi par les Moscovites, ils se rendit en Moravie et à Vienne. L'empereur Joseph II, le chassa de sa capitale, et il mourut à Offenbach [1], où on l'enterra avec une pompe étrange. Ses disciples laissèrent à Varsovie des germes

---

[1] Quelques sectaires polonais chaque année viennent visiter le tombeau de Franck, à Offenbach.

d'une secte à part. » (Dans la partie sur les sectes, nous en parlerons amplement.)

Nous allons donner ici le récit de la conversion d'un certain comte Potocki, appelé *Guèr-Zédéck*, qui vivait dans le dix-septième siècle.

Le comte Potocki, né dans le département de Wilna, se distingua dès sa tendre jeunesse dans les études théologiques ; il examinait les dogmes de toutes les religions connues, et fit des recherches sur chacune d'elles ; il discuta avec les ministres de toutes les sectes, fit des voyages dans divers pays de l'Europe, pour avoir occasion de discuter avec les hommes les plus instruits. A Rome, il feignit d'être zélé partisan de la religion catholique, pour pouvoir obtenir l'entrée chez le pape ; il y vit des cérémonies qui lui déplurent, mais il se garda bien d'en dire un mot.

Enfin il s'éloigna secrètement de la cour de Rome, et alla examiner la religion de Moïse, il s'entretint avec les grands-rabbins de l'Italie, et après beaucoup d'examens et de recherches, il trouva que la religion juive était la plus pure et la plus raisonnable. Il voulut de suite se faire israélite en Italie, mais les rabbins, craignant le pape, s'opposèrent à son désir.

Il partit donc avec son camarade d'école pour Amsterdam où, après de nouvelles recherches et de nouveaux examens, ils se firent tous deux circoncire et adoptèrent la religion juive ; on leur donna le nom d'*Abraham* (d'après l'usage des Juifs, parce que le patriarche Abraham fut aussi le premier prosélyte hébreu). Ils y restèrent encore quelques années, qu'ils employèrent à l'étude de la loi et du talmud. Alors, le comte Potocki voulut faire pénitence des fautes de sa jeunesse, et, habillé en juif polonais, il prit le bâton de pélerin, laissa son collègue à Amsterdam, et erra de pays en pays, de ville en ville, jusqu'à ce qu'il revint à Wilna, sa ville natale, où on le reconnut et le dénonça à la justice. On l'arrêta, et, bien qu'il protestât qu'il n'était pas le comte Potocki, on le martyrisa tant, en lui brûlant les talons avec un fer chaud qu'il fut forcé d'avouer tout ce qui s'était passé.

Étant en prison, chargé de lourdes chaînes, il employa tout son temps à vouloir convertir à la religion juive ses amis et ses parents qui venaient le voir souvent, mais qui se moquaient de lui comme d'un fou.

Enfin, ses juges le condamnèrent, d'après la loi, à être brûlé[1]. Amené devant le bûcher, où il devait trouver une mort horrible. Le courageux Potocki eut encore la force d'adresser ces paroles aux nombreux spectateurs : « Ne croyez point, que c'est une vengeance ou une justice que vous exercez ici, non ! ne le croyez pas ; je meurs volontiers pour l'amour de la vérité, je me fais martyriser par vos mains, trempées du sang innocent, pour l'amour d'une religion, la seule vraie et la seule juste. » Et, après avoir prononcé : *Schemah Israël* (écoute Israël, notre Dieu est le Dieu unique, etc.), il se précipita sur le bûcher. Les Juifs de Wilna ramassèrent ses cendres et les enterrèrent à leur cimetière. Le Gaon Elias, grand-rabbin de Wilna, prit le deuil pour ce martyr, pendant une année entière, de plus, il fit prier tous les jours, dix des plus pieux Israélites, pour l'âme de ce noble défunt, et encore à présent, on fait une prière tous les ans à l'anniversaire

---

[1]. Au temps de Gornicki, on faisait brûler de même les catholiques qui devinrent prosélytes juifs, sur la place publique à Cracovie. (Voy. l'*Histoire des Slaves*, par Maciejowski, 1. 3, p. 207 ; et les œuvres de Gornicki, 1. 4, p. 7.)

de sa mort dans toutes les grandes synagogues de la Pologne[1].

Le condisciple de Potocki pensant que sa conversion au judaïsme rendait désormais impossible son mariage avec une catholique, avait presque complètement oublié sa jeune fiancée; celle-ci lui donna la plus grande preuve de son amour, en lui écrivant ce qui suit : « Deux amis erraient dans un bois; enfin, l'un d'eux découvrant le chemin droit, n'en fit point part à son ami et le laissa errer. C'est ainsi que tu fais avec moi. »

Alors le jeune homme la fit venir à Amsterdam, où elle adopta également la religion juive, et ils y célébrèrent leur union[2].

---

[1] Cette prière s'appelle en hébreu : *El malé rachemim*.
[2] Voyez la biographie du comte Potocki (*Guér-Zedéck*); éd. Wilna, 1805.

V

Sous Stanislas-Auguste, l'attention publique a été attirée par la question des Israélites. On a pensé à des réformes. On a aboli le pouvoir pernicieux des rabbins fanatiques. On a promis à ceux qui s'adonneraient à l'agriculture de les libérer de l'impôt personnel. « Et déjà j'ai eu, dit Czacki, la satisfaction de voir quelques familles, lors de mes fonctions dans le comité des finances, jouir de la liberté. » Cet honorable citoyen, ce Polonais éclairé, cet homme, dont la mémoire doit être à jamais chère, et que nous indiquons comme un modèle aux hommes d'État, qui devront s'occuper de la *question des Israélites*, était appelé à la commission législative, et, après avoir murement pesé la condition des Juifs, il avait élaboré une œuvre qui est destinée à servir de base et de guide à tous les esprits éclairés et à tous les cœurs généreux dans cette importante question. Ce même homme, étant membre de la grande Diète, avait publié un *projet de réforme pour les Israélites*, qui serait sans nul doute adopté, si la Pologne n'était pas envahie et partagée par ses perfides voisins.

Ce plan ou projet est tellement important que nous le donnons en entier :

CHAPITRE Ier.

LOIS GÉNÉRALES POUR LES JUIFS.

§ 1. La loi reconnaît les Juifs pour des hommes libres; ils peuvent posséder des biens, revendiquer leurs droits et créances. Ils ne peuvent pas s'inscrire parmi les serfs.

§ 2. Dans les communes auxquelles ils appartiennent, ils ont une voix active. Ils peuvent être élus pour les emplois et être électeurs, d'après le droit de tous en général.

§ 3. La commission de la police décidera, combien de Juifs doivent être admis à la magistrature, en proportion de la population.

§ 4. Il est permis aux Juifs de solliciter et d'obtenir tout emploi et toute distinction propre à la classe de la société où ils appartiennent. Les lois du pays accordent la même récompense et infligent la même peine aux Juifs comme aux Chrétiens.

§ 5. Il est permis aux Juifs d'acquérir et d'hériter des terres, des moulins, etc., selon la règle commune.

§ 6. L'autorité supérieure de la police permettra aux Juifs, qui l'aideront dans l'exécution de la présente loi (particulièrement pour les assujettir à l'agriculture), d'acheter des fermes. Après vingt ans, cette liberté sera donnée à tous. Si cependant, dans cet espace de temps, les Juifs ne devenaient pas citoyens, comme la présente loi veut qu'ils le soient, le pouvoir législatif retardera ce bienfait de dix ans.

§ 7. On suspend pour cinquante ans d'ici, la permission de faire l'eau-de-vie et de débiter toutes sortes de boissons et liqueurs. Avant l'expiration de ce terme, le pouvoir législatif statuera, si cette liberté d'avoir des débits de boissons, doit être interdite pour plus longtemps.

§ 8. Le même impôt sera perçu sur les Juifs que sur les Chrétiens.

§ 9. Toutes les dettes, appartenant aux débitants de boissons, lorsque, selon cette loi, ils ne seront plus dans leurs maisons de débits, seront regardées comme non avenues.

§ 10. Tous ces droits serviront seulement à ceux d'entre les Juifs qui se conduiront d'après la règle que la présente loi prescrit.

§ 11 La religion des Juifs sera respectée. Ceux qui appartiennent aux différentes sectes de leur culte, peuvent avoir leurs écoles.

§ 12. Aucun juif ne sera admis au baptême, un homme avant l'âge de 20 ans, une femme avant 18; et encore ce ne sera qu'après un an d'épreuve.

§ 13. Les Juifs choisissent leur autorité religieuse d'après les règles indiquées dans le chapitre 5.

§ 14. Ces choix se feront sous la protection de la police.

§ 15. Les lois civiles des Juifs, même parmi eux, sont

abrogées. Ils seront jugés d'après celles qui seront à toutes les classes du pays.

§ 16. La même chose se comprend, quant aux lois criminelles.

§ 17. Les réglements de la police, relatifs aux enterrements et autres sujets, sont les mêmes pour tous les habitants (610).

CHAPITRE II.

DES ACTES DE NAISSANCE, DE DÉCÈS, DE MARIAGE ET DE DIVORCE.

§ 1. Les livres de naissance, de décès et de mariage doivent se trouver dans chaque commune. Un modèle uniforme en sera prescrit par la police.

§ 2. Le même pouvoir donnera le modèle pour les tables de différentes maladies et morts.

§ 3. Ces tables seront envoyées exactement tous les semestres aux autorités du district.

§ 4. Personne ne peut se marier, un garçon avant l'âge de 20 ans et une fille avant 18 ans.

§ 5. La bénédiction nuptiale ne sera donnée qu'à ceux et celles qui se connaissent au moins depuis six semaines, et leur consentement mutuel de s'appartenir sera inscrit dans l'acte de mariage.

§ 6. Cette bénédiction ne sera pas donnée à ceux qui n'ont pas de quoi vivre. Et pour éviter toutes sortes d'incertitudes à cet égard, l'autorité publiera cette clause.

§ 7. Le pouvoir législatif statuera plus tard sur le divorce parmi les Juifs; mais dès à présent il est arrêté :

1° Chaque divorce sera inscrit, par la commune, sur une table (registre) en y exprimant la cause de ce divorce;

2° Celui qui se divorcera ne pourra contracter d'autre mariage qu'après deux ans.

CHAPITRE III.

CLASSIFICATION DES JUIFS. — LIBERTÉS ACCORDÉES A CEUX QUI S'OCCUPENT DE L'AGRICULTURE.

§ 1. Les Juifs doivent s'inscrire dans une de ces trois classes : agriculteurs, ouvriers ou marchands.

§ 2. Dans le courant d'une année, ils doivent eux-mêmes déclarer à l'autorité du district, à laquelle de ces trois classes ils veulent appartenir.

§ 3. Ceux qui ne se déclareront point, cessent de jouir de la protection du gouvernement, et ils seront traités, selon les règlements de la police, comme des parasites (vagabonds).

§ 4. Un juif quelconque, se faisant agriculteur, est libre pendant dix ans de tout impôt.

§ 5. Des commissions du gouvernement, conjointement avec la police, s'entendront sur les endroits dans lesquels on pourra donner des terres aux Juifs, dans la même proportion qu'aux paysans, et sur le prix des fermages. Outre cela, dans les provinces méridionales, on établira des colonies toutes composées de Juifs. Dans les biens nationaux, ils seront libres de tout impôt pour dix ans.

§ 6. Les autorités des districts s'entendront avec les citoyens (propriétaires) pour que, sans égard au moindre avantage, ils puissent affermer leurs terres aux Juifs, en échange d'une certaine quantité de blé que fourniront ces derniers. Tout propriétaire qui, au bout de dix ans, aura établi, de cette manière, dans ses terres vingt familles israélites, recevra la remise d'impôt que ces familles auraient dû payer au trésor, pendant cinq ans.

§ 7. Là, où se formeront les colonies particulières de Juifs, les autorités des districts feront :

1° Bâtir les maisons d'après le plan général fait par la police, qui fera aussi un contrat avec ceux qui entreprendront les travaux pour le moindre prix.

2° On donnera à chaque colon une somme pour achat de bétail ;

3° Dans chaque colonie il sera élu un chef (maire), pour six ans, qui sera responsable en cas d'abus.

§ 8. Tous les cinq ans, l'autorité suprême de la police fera aux colonies juives les mieux cultivées, une remise de l'impôt annuel, comme récompense. Il peut y avoir quatre colonies à la fois pour recevoir cette récompense.

§ 9. Le juif, travaillant avec le plus d'assiduité à l'agriculture, dans le même espace de temps, recevra dix mesures de seigle *gratis*. Il y aura vingt récompenses pareilles.

§ 10. L'autorité du district dans lequel il y aura une colonie de Juifs remplissant le mieux le but de la présente loi, recevra aussi une récompense.

§ 11. Tout ouvrier ou artiste juif est soumis aux lois générales, et inscrit dans la classe.

§ 12. Toutes les récompenses, tous les encouragements et secours, destinés aux fabricants et ouvriers chrétiens seront les mêmes pour les Juifs. Et outre de cela, on fera d'autres avances et récompenses aux Juifs qui, nécessairement seront obligés de changer leur manière de vivre.

§ 13. Les marchands juifs jouiront des mêmes droits que les marchands chrétiens et aucune loi exceptionnelle ne pourra être faite en faveur ou défaveur des uns ou des autres.

CHAPITRE IV.

§ 1. Le gouvernement, après avoir garanti le libre exercice du culte israélite, et après leur avoir accordé les droits des citoyens, sera obligé de hâter leur instruction, à mesure des besoins de cette classe du peuple et de la nation entière.

§ 2. La langue hébraïque sera reconnue comme une langue savante et religieuse; mais la polonaise comme nationale; l'allemande et la russe, comme voisines [1].

§ 3. Les écoles paroissiales, celles du district, et les écoles générales sont ouvertes aux Juifs. Sous aucun prétexte, les enfants des Juifs ne seront contraints à assister aux cérémonies chrétiennes. Au contraire, lors des prières des enfants chrétiens, les Juifs s'en éloigneront.

§ 4. Il sera permis à chaque communauté des Juifs d'avoir son école, pourvu que :

1° Cette école soit bâtie selon le plan général et entretenue d'après les règlements du comité de l'éducation publique du royaume.

---

[1] Il faut se rappeler que ce plan était fait lors de l'existence de la Pologne.

2° L'instituteur devra avoir fait ses études dans les écoles publiques d'instruction;

3° L'instruction devra se faire selon la règle générale;

4° Toutes ces petites écoles seront comptées dans le rang des écoles paroissiales. Le comité d'éducation pourra avoir un inspecteur juif, et en exercera la direction lui-même.

§ 5. Le comité de l'éducation indiquera le nombre de candidats juifs, pour l'état d'instituteur. Ils seront choisis parmi les écoliers les plus avancés en instruction.

§ 6. Lorsque l'école d'institutrices paroissiales sera établie, on choisira les Juives pour remplir ces emplois dans leurs communautés.

§ 7. Le comité d'éducation indiquera le nombre d'écoliers à envoyer aux écoles de chirurgie.

§ 8. Le même comité fera choisir les Juives pour leur enseigner l'état de sage-femmes.

§ 9. Quand les écoles de l'industrie et de l'agriculture seront établies, les Juifs y seront admis aussi.

§ 10. Le comité d'éducation publique ordonnera de faire un cours de morale, pour les Juifs, non seulement dans la langue nationale et succursale, mais il le fera imprimer en hébreux. Il fera employer tous les moyens possibles pour persuader aux Juifs, que la morale est la même dans les lois de l'ancienne religion.

§ 11. L'instruction prescrite aux écoles paroissiales sera de la première nécessité pour les Juifs. Quiconque n'en passera l'examen et n'en aura le certificat:

1° N'aura pas une voix active dans la communauté:

2° Aucun secours de la part du gouvernement ne lui sera accordé;

3° Il payera l'impôt double ;

4° Il ne pourra s'instruire de la théologie juive, en la langue hébraïque ;

5° Il ne pourra acquérir des terres ni d'autres propriétés ;

6° Il ne pourra pas être nommé rabbin ni supérieur.

§ 12. A partir de l'an N... commencera l'exécution de cette loi. Les parents seront punis des mêmes peines que les enfants, qui ne voudront pas s'y soumettre. Ceux donc qui ont déjà atteint dix-huit ans, n'y seront point forcés, mais ils n'auront droit à aucun secours de la part du gouvernement.

§ 13. Les livres juifs sont soumis à la censure. Tout ce qui s'oppose à la tolérance et ce qui perpétue les préjugés ne sera pas imprimé. Le comité de l'éducation, publiera un réglement à cet égard, et le modifiera ou changera, selon la nécessité de l'opinion, tous les vingt ans.

§ 14. Celui qui ne produira pas un certificat d'avoir fait ses études à l'école paroissiale, ne pourra point étudier la théologie, n'importe sous quel titre. L'instituteur, l'écolier et ses parents, seront sévèrement punis. Les instituteurs enverront les tables circonstanciées avec la liste d'écoliers, d'après le modèle donné, par le comité, aux autorités du district.

§ 15. L'autorité du district avec la police, pourront indiquer le nombre de Juifs à admettre aux écoles paroissiales, aux écoles du district ou gymnases.

§ 16. Les prix seront accordés à ceux qui excelleront dans les études.

CHAPITRE V.

DE L'AUTORITÉ PARMI LES JUIFS ET DE LEUR POUVOIR.

§ 1. L'autorité gouvernementale sur les Juifs est celle du pouvoir national.

§ 2. Pour percevoir les impôts, il sera choisi, à la majorité des voix, dans chaque ville, un percepteur juif et deux aides. Ils s'occuperont aussi des villages, où sont les Juifs, jusqu'à ce que la présente loi, étant en exécution, occasionne des changements. Plus tard, les impôts seront perçus comme sur les autres habitants nationaux.

§ 3. Le pouvoir de la police, dans chaque district, partagera les Juifs en communautés. Chacune d'elles, tous les trois ans, choisira ou confirmera son rabbin et désignera à chacun deux conseillers. Les droits et les devoirs des rabbins sont les suivants :

1º Vaquer aux cérémonies religieuses ;

2º Réprimander tous les scandales et en avertir ;

3º Juger les questions religieuses, et, en cas de désobéissance, en instruire l'autorité de son district ;

4º Veiller à la stricte exécution des lois dans le cercle de son pouvoir ;

5º Tenir les registres des naissances, des décès et des mariages, les envoyer au contre seing des autorités du district, tous les ans, et en recevoir les matricules, comme il est dit dans le § …;

6º Les procès et les différends, entre les maris et les femmes, arranger à l'amiable, et n'accorder le divorce qu'après s'être bien convaincu de l'impossibilité de l'éviter ;

7° Dans les procès où l'arbitrage ne peut point avoir lieu, chercher à accorder les parties, sans délai, selon les moyens indiqués ci-dessous;

8° Surveiller les hôpitaux;

9° Faire exécuter toutes les mesures sanitaires d'après l'ordre établi par l'autorité supérieure.

§ 4. Il est permis au pouvoir de la police, dans les grandes villes, de faire choisir un vice-rabbin et deux autres conseillers.

§ 5. Dans les colonies agricoles des Juifs, la synagogue ou école religieuse pourra être établie, pourvu que l'autorité en soit prévenue, consultée et convaincue de la pureté des intentions.

§ 6. Le rabbin, avant de pouvoir exercer ses fonctions, sera justiciable devant les autorités :

1° S'il était légalement élu;

2° S'il a rempli toutes les conditions de cette loi, et s'il a fait ses études dans son école paroissiale, d'après le chapitre 4.

§ 7. Les émoluments des rabbins seront fixés par l'autorité supérieure. Ils ne pourront, sous aucun prétexte, recevoir des Juifs d'autre paye ou cotisation.

§ 8. Il y aura trois récompenses ou prix établis pour les rabbins, dans les communautés desquelles, on verra le plus d'écoliers dans les écoles, et le plus d'individus s'adonnant à l'agriculture.

§ 9. Lors des inspections des communautés juives, s'il paraissait que quelques Juifs avaient contribué directement ou indirectement à entraver l'exécution de la présente loi, ou à la prendre en haine, ils seront non seulement exclus de toutes les prérogatives, mais sévèrement punis.

§ 10. Les Conseils provinciaux se composeront des rabbins de districts et de communautés, élus à la majorité des voix.

§ 11. Le président de ce conseil sera nommé par l'autorité supérieure, et appelé Rabbin territorial.

§ 12. Le Conseil aura à s'occuper :

1° Des différends en question religieuse, qui lui seront soumis;

2° De la révision des livres à imprimer, pour l'utilité des Juifs, selon le réglement donné par le comité de l'éducation publique;

3° Des projets du progrès et de l'avancement de l'instruction d'après les principes de cette loi.

§ 13. Le pouvoir suprême de police aura son procureur au nombre des membres de ce conseil. Aucune décision ne pourra être publiée sans la signature de ce procureur.

§ 14. Le trésor public payera à chacun de ces conseillers une pension.

§ 15. Si ces conseillers, siégeant en leur temps, parvenaient à constater les effets salutaires de l'instruction parmi les Juifs et l'amoindrissement des préjugés, ils auront droit à une récompense spéciale.

§ 16. Les peines ou amendes en argent ne pourront être infligées aux Juifs et leur exclusion de la communauté devra être confirmée par le pouvoir de la police ou du comité de l'éducation.

§ 17. Il est permis aux Juifs différant dans leurs opinions religieuses, d'avoir leurs écoles ou synagogues, et leurs supérieurs n'auront cette qualité qu'aux yeux de leur propre conscience. Ils seront soumis au pouvoir ordinaire du pays. Mais en proportion de leur nombre, la police pourra leur permettre d'avoir leur rabbin dans le district.

CHAPITRE VI.

SUR LES TRIBUNAUX DES FAMILLES ET DES ARBITRAGES.

§ 1. Toutes les formalités de procédure parmi les Juifs en dehors de la présente loi, étant nuisibles à la tranquillité des familles et détachant leur attention des travaux utiles, il est arrêté donc ce qui suit :

§ 2. Tout contrat, entre les Juifs, ou entre le Juif et le Chrétien, est non valide, s'il n'est pas approuvé par un juge choisi par la communauté, ou par deux arbitres, en cas où le juge serait absent, mort ou en voyage à distance de six milles.

§ 3. Aucun testament ne sera valide sans la signature du juge ou de ses remplaçants, comme ci-dessus.

§ 4. S'il y a contestation au sujet du partage, et si le testateur n'a pas désigné le juge ou ses remplaçants parmi les successeurs, alors, dans une communauté, composée entièrement de Juifs, leurs maires, et dans les communautés mixtes leurs rabbins, appelleront devant eux les partis en contestation pour juger leurs intérêts.

Le nombre de pareilles affaires arrangées par le rabbin, lui sera compté comme un mérite. En cas donc de non arrangement, les parties choisiront des arbitres parmi les candidats désignés par le maire ou le rabbin. Et si les parties ne trouvaient pas parmi ces candidats en qui placer leur confiance, le sort en décidera, ainsi que pour le président d'un pareil tribunal.

§ 5. Personne ne pourra refuser de faire partie de ce tribunal, à moins que :

1° Il ne soit obligé de s'éloigner pour une affaire importante ;

2° S'il est déjà membre de quelque autre commission de compromis ou arbitrage.

§ 6. La décision de ce tribunal, prise à la majorité des voix et à l'unanimité, est irrévocable.

§ 7. Un protocole de ses décrets sera tenu dans chaque colonie ou communauté. Et la police du royaume, sera informée de leur nombre, tous les ans.

CHAPITRE VII.

DU CHANGEMENT DE COSTUME. — DE LA LANGUE NATIONALE DANS LA PROCÉDURE, etc.

§ 1. A l'expiration de deux ans d'ici, aucun fonctionnaire et aucun écolier ne pourra plus porter les vêtements juifs. Les marchands et ouvriers, après trois ans, et les agriculteurs, après six ans, seront assujétis au costume national polonais ou allemand. Le rabbin, dans la synagogue, peut s'habiller comme il lui plaira ; mais en public, il se vêtira comme les autres.

§ 2. Les femmes et les filles juives, s'habilleront comme les chrétiennes.

§ 3. La langue nationale sera en usage dans toutes les transactions, dans les lettres de change et dans la comptabilité, sous peine de non-validité. Le temps pour ce changement est fixé, comme pour le costume de toutes les classes (§ 1, chap. 7).

§ 4. Tous les cinq ans, l'autorité suprême, recevra les tableaux comparatifs sur les sujets suivants :

1° Naissance, décès, mariage, divorce ;
2° Écoliers des deux sexes ;
3° Instituteurs et institutrices ;
4° Ouvriers et marchands ;
5° Exportations et importations dans le commerce ;
6° Accroissement ou décroissement du nombre d'agriculteurs, avec observations sur leurs travaux ;
7° Maladies et leur genre parmi les Juifs ;
8° Accroissement ou décroissement du nombre de crimes.

Ces tableaux seront imprimés. La bienveillance du gouvernement statuera ensuite sur les améliorations ou changements à introduire parmi les Juifs.

CHAPITRE VII.

SUR LES DETTES DES COMMUNAUTÉS, AVEC FONDS D'AMORTISSEMENT

§ 1. Ces dettes seulement sont exigibles des communautés de Juifs, qui seront judiciairement constatées.

§ 2. Les tribunaux des territoires auront à appeler les créanciers, et jugeront définitivement leurs prétentions dans l'espace de six mois.

§ 3. Les créanciers auront à choisir un juge ; et les Juifs un autre. Le maréchal de la noblesse du district les présidera, et ce tribunal sera la deuxième et dernière instance en cette matière.

§ 4. Le jugement des affaires mêlées d'un district à l'autre, se fera comme dans les tribunaux ordinaires en ce cas.

§ 5. Les tableaux des dettes déterminées judiciairement

ou à l'amiable, seront envoyés au comité des finances.

§ 6. Comme il existe, chez les Juifs, un impôt sur la viande, le comité des finances ordonnera le paiement des dettes avec les fonds de cette source.

§ 7. Ces dettes seront ainsi plus vite amorties. Les autorités tâcheront d'arranger les affaires de ce genre.

§ 8. La perception de ce genre d'impôt durera autant que l'amortissement des dettes ne sera pas accompli.

Ainsi, d'après ce plan de réforme, les Juifs qui jusqu'alors n'étaient pas tolérés, devenaient citoyens. Leurs devoirs envers le pays se conciliaient avec la liberté de la conscience. L'état exigeait que tous les habitants apprissent la langue du pays, qu'ils envoyassent leurs enfants aux écoles nationales, mais en même temps, on faisait respecter la religion des Israélites. On leur ouvrait les carrières honorables. On appelait à la défense du pays ceux qui jusqu'alors étaient regardés comme des êtres maudits, qui étaient traités comme des Parias. Une nouvelle ère allait commencer pour les Juifs en Pologne. Un illustre historien Allemand, en appréciant ces sages réformes de la nation polonaise, s'anime d'une noble indignation contre les cabinets qui ont envahi et démembré la Pologne, au moment même où elle méritait le plus de servir d'exemple à tous les pays libres et éclairés.

Aussi les Israélites, en devinant un meilleur avenir, se montraient-ils reconnaissants. Lors du siège de Varsovie, ils défendirent cette ville au prix de leur sang. Les écrits publics l'attestent. Czacki aussi en parle : « Lorsqu'en 1794, le désespoir arma la capitale, les Juifs surent braver la mort, mêlés avec le peuple et les troupes, ils ont prouvé que le danger ne les épouvante point et que la cause de la patrie commune leur est chère. »

De cet exposé succinct mais basé sur des preuves, résultent les vérités suivantes :

1° Que la Pologne ouvrait aux Israélites un séjour libre, un asyle sûr et quelques protections, alors que l'Europe entière et particulièrement l'Espagne, la France, l'Allemagne, la Hongrie et la Bohême, persécutaient et massacraient toute cette malheureuse race ;

2° Que sous le règne des *rois héréditaires*, depuis Casimir-le-Grand et sous la race des Jagellons, les Israélites jouissant de la protection éclairée, contribuaient à la prospérité du pays et surtout des villes. Les propriétaires de la terre y gagnaient également, car leurs produits trouvaient un débouché et se changeaient en argent. Les paysans étaient plus riches et moins opprimés ;

3° Qu'aussitôt après la chute de la *monarchie héréditaire*, lorsque l'anarchie, ou plutôt le gouvernement de la noblesse, présidait aux destinées de la malheureuse Pologne, les villes tombaient en ruines, le commerce languissait, les paysans devenaient esclaves et les Israélites les victimes de la soldatesque, des jésuites et des paysans ;

4° Qu'enfin, la Pologne menacée d'un grand danger, expiant les abus anarchiques de sa noblesse, a offert, mais trop tard, une réforme et une protection aux Israélites, qui n'hésitèrent pas de s'en montrer reconnaissants, en prenant les armes pour défendre la patrie commune.

Quant à l'opinion générale sur les Juifs polonais, nous nous rapportons à l'ouvrage d'un écrivain polonais, M. Surowiecki, dont le mérite ne saurait être contesté. Voici ses propres paroles :

« D'après l'opinion publique, ce peuple, d'un côté, aurait ôté aux chrétiens qui y étaient établis, tous moyens d'existence, et de l'autre, les aurait privés du reste des biens sauvés après un échec général. Cette opinion est seulement juste en partie ; car ceux qui la soutiennent, oublient qu'ils prennent l'effet pour la cause. Nous avons pu nous convaincre par les considérations énoncées ci-dessus, que la situation dans laquelle les villes et l'industrie se trouvaient, depuis plus d'un siècle et demi, sans l'influence d'aucune autre cause, devait les anéantir et les entraîner vers leur chute, et que, par conséquent, sans les Juifs, le même sort les aurait atteints.

» Quiconque appréciera convenablement ce lien serré qui caractérise ce peuple dans l'ensemble de son activité, de son économie, de son habileté et de sa vocation, se convaincra facilement qu'après la ruine de tous les autres habitants des villes, les Juifs devaient se maintenir le plus longtemps en Pologne. Ce peuple a pour vertu instinctive de considérer l'intérêt individuel comme l'intérêt commun ; ainsi, il lui est facile de s'entr'aider et de sauver l'un et l'autre dans les plus fâcheuses positions. Personne ne saurait plus habilement échapper à un danger menaçant, personne ne pourrait supporter plus de charges que les Juifs.

» Après les ravages du pays par les guerres de tous genres, après la décadence des villes et la ruine de leurs habitants, lorsque les capitaux et le numéraire avaient disparu, les manufactures et le commerce étaient restés en Pologne, sans aucun moyen de prospérité. L'ouvrier chrétien, abandonné à lui-même, sans protection et sans ressources, devait quitter son établissement ; le marchand sans fonds et sans crédit, ne pouvant avoir de marchandises, cherchait d'autres moyens d'existence ; ainsi, dans tout le pays, l'industrie disparaissait ; excepté dans quelques villes considérables, où les seigneurs, de temps en en temps, semaient leurs revenus, mais c'est aux Juifs presque partout que la Pologne doit le salut de son faible commerce et de ses manufactures.

» Comme la plus petite somme, en leurs mains, devient une source inépuisable d'existence, de même en cas de besoin, une vingtaine de Juifs, composant un petit capital, soutiennent les mouvements de l'industrie du pays. Quand ces moyens leur manquent, ils savent en trouver d'autres ; actifs, clairvoyants, infatigables dans l'adversité, indifférents au ridicule ; là où l'humanité et l'intérêt ne peuvent attendrir le cœur d'un avare, ils savent trouver l'accès et le crédit, et tirer ainsi les trésors inutilement enfouis. A leur activité, l'agriculteur de Pologne doit être sûr de la vente de ses produits ; ce sont eux, qui en tout temps, lui rendent des services et avancent les frais, en parcourant continuellement le pays entier, ils achètent et payent ces produits qui, en apparence, n'ont aucune valeur. On peut donc dire hardiment que sans cette classe du peuple, sans cette activité qui la caractérise, notre pays aurait beaucoup plus perdu de son industrie et de ses richesses.

» Celui qui examine sans préventions les Juifs, doit avouer que leur aptitude et leur industrie ont été jusqu'ici la source véritable des richesses de la Pologne, ainsi, leurs défauts, en majeure partie, proviennent de l'incurie et de l'inconséquence du gouvernement. Exerçant n'importe quel état, personne n'est plus actif que le juif ; personne ne travaille avec plus de zèle et d'économie que lui ; Il se contente de mauvais vêtements et d'une faible nourriture, il parcourt le pays, il cherche partout jusqu'aux plus vils produits, les paye et les utilise ; ainsi, avec les chiffons et les restes des autres habitants moins économes, il paye un lourd impôt, vit lui-même et fait vivre quelquefois une nombreuse famille. Dans les travaux de métier, personne ne peut justement contester son habileté. Dans ses ouvrages, on remarque le même goût et la même perfection que l'on trouve ailleurs. La pauvreté, le mépris, la prévention contre les ouvrages des Juifs et l'envie d'avoir tout ce que l'on a besoin à bon marché, sont les causes principales qui tiennent leur industrie en mauvais état. Et comme ce sont eux seulement qui peuvent vivre aussi économiquement et exercer l'industrie sans en absorber le fruit, le pays sans eux, en beaucoup d'endroits, serait privé d'ouvriers et de producteurs.

Mais si le peuple juif est utile à notre pays par son industrie, il l'est beaucoup plus par le commerce qu'il y exerce. Le pays ne peut pas se passer de la circulation de ses produits, de leur exportation, ni de l'importation des produits étrangers. Et ce sont les Juifs qui jusqu'ici ont soutenu, en Pologne, le commerce. Sans eux, toute l'industrie ou serait anéantie, ou aurait ruiné tous les habitants. Personne ne cherche avec plus de zèle à faire valoir les produits de la terre et les marchandises, personne ne les connait mieux, personne ne les fait venir et circuler avec plus d'économie et personne ne se contente de moins de bénéfices que ce peuple. Qui profite de son travail infatigable et de son économie? Ce sont : le trésor, le consommateur et toutes les industries du pays. Pour le marchand et l'ouvrier reste seulement l'avantage de s'attirer un plus grand nombre de concurrents, et de vendre plus vite ses marchandises. Le bon marché ménage les dépenses des consommateurs en augmentant le nombre; car il y a toujours plus de familles qui peuvent se pourvoir à bon marché que de celles qui sont en état de payer plus cher. Le trésor gagne par les droits multipliés de douane, l'ouvrier ne manque pas de pain, le cultivateur profite de la hausse du prix de ses produits, et le pays entier voit s'accroître ses richesses et le bien-être de sa population.

» Ces avantages découlent dans le pays de l'industrie des Juifs, et, quoiqu'ils soient indubitables, beaucoup d'hommes veulent y trouver un certain préjudice. Selon eux, ce peuple, en propageant dans le pays de vils produits, ne contribue point à l'économie et devient nuisible à ceux qui voudraient lui en fournir de meilleurs. Cette objection tombe d'elle-même, lorsqu'on examine profondément notre situation.

» Dans la plus grande détresse et dans le plus misérable état de l'industrie, aucun pays, à coup sûr, ne peut se passer des produits nationaux et étrangers. L'ouvrier le plus pauvre, le journalier ou le cultivateur, outre leur nourriture et leurs vêtements, ont besoin d'outils qu'ils ne peuvent faire eux-mêmes. Chacun d'eux possède plus ou moins d'argent; s'il veut conserver son état, il doit dépenser pour ses besoins. Dans les pays riches, ces hommes ont plus de fonds, dépensent plus et se procurent des objets plus parfaits, tandis que là où la détresse est générale, on doit se borner au meilleur marché. Ces marchandises, comme on le pense bien, ne peuvent être que mauvaises et chétives, mais ce n'est point la faute du marchand ni de l'ouvrier qui les fournissent et les emploient c'est bien la pauvreté générale du pays qui en est la cause.

» Si notre opinion manquait de justesse, les Juifs dans notre pays seraient déjà ruinés depuis longtemps par leurs viles marchandises. Personne n'est forcé de s'adresser à eux, ni à leurs magasins. Dans les villes considérables, on trouve chez les chrétiens des marchandises de meilleure qualité, chacun donc devrait acheter chez eux. Cependant, le contraire se pratique, à l'exception d'un petit nombre de riches, tout le monde s'adresse aux Juifs par économie.

» A ces causes qui obligent notre pays de se contenter de la mauvaise qualité des marchandises, on doit ajouter le manque de toutes sortes d'industries intérieures. L'ouvrier dans la misère est obligé de faire avec ses propres mains ce qu'il pourrait faire facilement, sans perte de temps, à l'aide d'instruments perfectionnés. Un pauvre marchand, ayant amassé un petit capital, souvent payé cher par l'usure, ne peut se procurer que des marchandises à bas prix. Dans une pareille situation, les mêmes résultats auraient lieu dans tous pays où même les Juifs n'existent pas.

» Mais on pourra nous dire encore que le peuple juif a un caractère immoral, qu'il possède beaucoup d'adresse pour nuire aux habitants, que plein de préjugés, d'astuce, de mauvaise foi, il devient nuisible à la société. Il faut avouer que la plupart de ces défauts étant réels, aucun gouvernement ne devrait le souffrir. Mais jugeons impartialement ce peuple malheureux. Qui sait si ce n'est pas nous-mêmes qui contribuons à avilir son caractère, ou si ce n'est pas nous qui négligeons d'employer tous les moyens pour le moraliser et le faire honnête? Personne ne naît méchant, c'est l'éducation, l'exemple et les circonstances par lesquelles l'homme passe, qui font son caractère, ses qualités ou ses défauts. Dans aucun pays il n'y a eu et il n'y a autant de Juifs qu'en Pologne, et nulle part on ne s'occupe moins de leur sort.

» Depuis bien longtemps les Juifs s'occupent en Pologne

de la partie utile de l'industrie : sous les Piastes déjà ils exerçaient le commerce intérieur et extérieur. Mais ces services de leur part, comme aujourd'hui encore, étaient regardés comme nuls. Exposés à l'avidité, à l'envie et au fanatisme des temps passés, ils devaient craindre à chaque instant un anéantissement complet. Dans cette position, il ne leur restait qu'à acheter chèrement quelques privilèges chez les princes et les riches seigneurs. Ces privilèges, ne les garantissant que faiblement des dangers, irritaient l'esprit jaloux et envieux du reste des habitants du pays. Plus le nombre de ces privilèges augmentait, plus la haine du peuple s'accroissait. C'est dans une telle lutte que les Juifs ont vécu jusqu'à nos temps, toujours persécutés, toujours payant, même l'air qu'ils respiraient.

» Une telle situation est capable de corrompre le caractère du peuple le plus vertueux. Entouré continuellement de la haine, repoussé avec mépris de la protection des lois, écorché sans pitié du fruit de son travail, exposé à toutes sortes d'opprobres et d'humiliations, plongé dans la misère, ce malheureux peuple pouvait-il élever son esprit à l'image des vertus sociales? Pouvait-il aimer cette patrie qui n'était pour lui qu'une impitoyable marâtre? Pouvait-il enfin s'incorporer et fraterniser avec la nation qui foulait ainsi aux pieds les lois de l'hospitalité?

» Si l'on ajoute à ces considérations, que le gouvernement n'a jamais pensé à utiliser les capacités de ce peuple, à l'éclairer, et à corriger ses mœurs corrompues, on se convaincra que le mauvais effet de cette incurie, devait exister jusqu'à nos jours. Livré aux inspirations occultes et fanatiques des rabbins, aux ignorants interprètes des écritures religieuses, ce peuple a puisé sa morale, ses actions dans une source trouble en se réglant d'après elle. Le gouvernement punissait sévèrement les écarts, la nation les réprouvait hautement, mais personne n'a cherché à tarir la source du mal. Le plus grand nombre de Juifs ont toujours vécu et vivent encore dans la plus grande pauvreté. La misère, comme nous apprend l'expérience, est mère de l'ignorance et du crime. Celui qui en luttant contre la faim, veut conserver sa vie, oublie facilement ses devoirs. Le gouvernement ne s'occupait des Juifs qu'alors seulement qu'il fallait comprimer leur industrie ou leur arracher de l'or ; malgré cela, il voulait les voir utiles au pays, tout en coupant toujours les racines de l'arbre qui devait vivre pour produire. Mais, si à la place des moyens d'existence prohibés, on leur en avait indiqué d'autres, compatibles avec leur état ; si on avait cherché à les éclairer et les admettre sous la protection des lois, comme les chrétiens, il est certain qu'ils seraient aujourd'hui en Pologne ce que sont les Juifs dans les autres pays civilisés de l'Europe.

» La Diète de 1775 s'est occupée avec un peu plus de sollicitude de ce peuple délaissé ; elle l'avait admis et encouragé à l'agriculture, mais cette loi, comme beaucoup d'autres, ne fut pas mise à exécution, et d'un autre côté, en considérant l'état abject du cultivateur, le juif devait nécessairement s'y refuser ; il devait craindre, en outre, de changer sa liberté, quoique méprisée en servitude et en esclavage. Le gouvernement inspirant très peu de confiance, ne pouvait attirer personne par ses promesses. Cependant, les Juifs ont prouvé leurs inclinations pour l'agriculture, en s'y livrant anciennement et présentement dans les provinces de la Russie et de la Lithuanie. Je suis fortement convaincu, qu'à de bonnes conditions, ils pourraient s'établir dans notre pays comme cultivateurs et rendre la terre plus productive que d'autres colons que le gouvernement a fait venir à grands frais.

» Parmi les défauts que nous attribuons au peuple juif, sont ceux aussi que le métier impose. La mauvaise foi, la tromperie, l'avidité et l'égoïsme sont communs à tous les commerçants; car étant accoutumés à peser leurs actions dans la balance du gain, ces hommes ne font rien sans calculer et s'assurer du profit avec usure. Dans la lutte continuelle de leur propre intérêt avec celui des autres, ils se créent une morale à part et opposée à la morale générale. Il faudrait atteindre à un degré considérable de richesses et de civilisation pour qu'un peuple industriel et commerçant pût être libre de pareils reproches.

» Un homme civilisé connaît mieux ses devoirs envers la société et préfère le profit durable à l'usure ou au gain extorqué.

» Ces mauvaises qualités que nous voyons dans les Israélites de Pologne étant seulement l'effet de leur malheureuse position, peuvent être indubitablement extirpées par les mesures sages que le gouvernement devrait prendre, tandis que leur activité, leur aptitude à tout, leur économie, leur industrie, resteraient à jamais comme une source salutaire pour le bien-être du pays.

» Le manque de population en Pologne, d'ailleurs, doit nous conseiller de respecter cette nombreuse classe d'habitants et de nous en occuper sérieusement : c'est avec son concours que nous pourrions repeupler nos villes désertes, y ranimer les manufactures et le commerce. Les mesures bien prises l'attireraient même à changer nos steppes sauvages en champs fertiles.

Après tant de malheurs supportés, notre patrie peut encore trouver dans ce peuple un remède pour guérir ses plaies profondes. Cependant il faut s'apprêter d'avance à une attente, longue peut-être, des effets de la réforme; car celui qui plante un arbre espère n'en manger les fruits que longtemps après[1].

C'est avec une joie sincère que nous avons rapporté l'opinon de M. Surowiecki, noble et catholique. Ses observations justes, profondes, bienveillantes doivent attirer l'examen sérieux des hommes qui s'occcupent de l'avenir des Israélites. Le livre de M. Surowiecki, dont nous n'avons cité qu'un petit chapitre, contient de graves enseignements et des conseils salutaires. Nous souhaiterions, pour le bien de la cause que nous défendons, qu'il se trouvât dans les mains de tous les hommes qui s'occupent de l'émancipation des Israélites.

---

[1] De la décadence des villes et de l'industrie en Pologne, par W. Surowiecki, fol. 230 (*o upadku przemysłu i miast*).

VI

Nous n'avons pas pour but, de tracer ici l'histoire des guerres que la Pologne eut à soutenir pour se défendre contre les trois puissances voisines. Nous dirons seulement que le *liberum veto*, cette loi insensée qui donnait le droit à un seul noble de rompre et d'anéantir les travaux de toute une assemblée de représentants du pays, avait produit et jeté dans une anarchie effroyable la nation toute entière. L'influence des jésuites ne fut pas moins fatale. Excitant les catholiques contre les dissidents, ils allumèrent la guerre civile, alors que la nation avait besoin de toutes ses ressources, de tous ses enfants. Voilà pourquoi la Pologne succomba malgré les victoires que ses armées ont remportées.

C'est en vain que les patriotes éclairés voulaient porter

remède à la dissension, aux guerres civiles et religieuses, par de sages réformes. La Russie s'y opposa; elle voulut s'emparer du territoire qu'elle convoitait; aussi, par une politique aussi astucieuse qu'habile, elle se déclara protectrice de la forme républicaine, du *liberum veto*, afin d'amener la division et de s'emparer plus facilement du pays.

Le sort des Israélites pendant tout ce temps était bien à plaindre. Ils étaient également persécutés par les chrétiens vainqueurs et par les chrétiens vaincus. Le soldat n'épargnait pas le Juif qu'il maudissait. Il faisait son butin de tout ce qui lui appartenait. La bourgeoisie seule supportait tout le fardeau de la guerre et l'armée n'étant pas soldée, se livrait au pillage. De là, la décadence des villes, l'anéantissement de l'industrie et du commerce. Aussi, les Juifs, privés de leur unique moyen d'existence, perdirent les produits de leurs épargnes. Leurs familles, leurs femmes et leurs enfants furent exposés à tous les abus des militaires sans discipline. Souvent le préjugé, le fanatisme et, sans doute, les intrigues jésuitiques leur attribuaient les malheurs dont ils n'étaient pas coupables. La bourgeoisie elle-même, humiliée par les nobles, exclue de la jouissance des droits politiques, séparait sa cause de celle des Israélites[a]. Aussi, toutes les classes de la société,

---

[a] Nous avons dit que la bourgeoisie séparait sa cause de celle des Israélites; nous pouvons en donner une preuve historique. La bourgeoisie s'adressait aux états confédérés, en réclamant la jouissance des droits politiques. Dans cette adresse, elle ne faisait aucune mention des Israélites. Les Juifs, de leur côté, présentèrent aussi leurs griefs, et il est pénible de rappeler que dans cet acte ils ne demandaient pas l'égalité des droits; ils réclamaient seulement un asile, un libre séjour dans la ville de *Praga*. Voici ce document important:

celles qui gouvernaient et celles qui obéissaient, s'unissaient contre eux. Aussi, l'histoire du partage de la Po-

---

Adresse des Juifs polonais, aux représentants des villes de la Pologne.

15 mai 1790.

Homo sum, nihil humanum a me alienum esse puto.

Messieurs,

« Le mémoire plein d'éloquence que vous avez présenté aux états confédérés, y a été reçu avec une estime qui prouvait que l'on était depuis long-temps disposé à vous écouter. Il a fait une égale sensation en France, où les droits de l'homme sont devenus une espèce de catéchisme, et l'on y a vu avec plaisir que vous en avouiez les principes.

Nous croyons donc ne pouvoir trouver de meilleurs défenseurs que vous, et nous croyons même avoir des droits à vous choisir : car premièrement, quoi qu'on en dise, il est certain que nous sommes des hommes, et en second lieu, il paraît certain que nous appartenons à ce *tiers* dont vous embrassez la défense.

En effet, ce n'est point la religion mais les occupations d'un homme qui constituent son état : or, vous exercez les arts mécaniques, et vous faites le commerce comme nous. Vous en craignez les pertes, et vous en aimez les gains comme nous. Enfin, vous avez pour les marchandises des prix différents, que vous présentez les uns après les autres et dont le dernier est de beaucoup le plus bas, et nous faisons précisément de même.

Enfin, une dernière preuve que nous appartenons à ce tiers-état, c'est que le même mémoire pourra nous servir, si vous voulez seulement y faire de légères additions que nous prendrons la liberté de vous indiquer.

Vous commencez votre mémoire par ces mots : « Quand la Pologne entière se félicite de voir les opérations de la diète présente, tendre directement au bonheur de la patrie, etc., etc. » Or, Messieurs, si vous voulez faire un mémoire en notre faveur, il faudra ajouter que nous sommes loin de prétendre avoir une patrie, et que notre ambition se borne seulement à vivre. Il faudra même s'écarter un peu des intentions de vos autres commettants, qui paraissent vouloir nous disputer ce droit : mais nous en appelons à vos propres maximes, car vous dites, au second paragraphe « Le siècle de la vérité et de la justice est enfin arrivé... » Pleins de confiance en vos lumières, en votre équité, nous sommes intimement persuadés que vous n'hésiterez pas à sanctionner ce que la loi naturelle accorde à chaque individu. Messieurs, daignez croire qu'ici chacun de nous est homme aussi, et qu'il semble par conséquent, pouvoir légalement prétendre à ces droits.

logne n'est qu'un triste tableau des continus martyres des Israélites.

Plus loin vous dites : « Les révolutions étrangères ont retenti à nos oreilles » Hélas! il arrive souvent que le son des cloches retentit aux oreilles, de bien des gens sans qu'ils sachent précisément d'où il leur arrive. Dans la révolution de France, par exemple, les Juifs ont obtenu le droit de citoyens, et vous ne vous en apercevez pas.

Daignez, Messieurs, insister surtout sur les reproches que l'on peut nous faire, qu'on nous les fasse voir et nous tâcherons d'y répondre. On dit que nos ouvriers ont peu de bonne foi, et que nos marchands font de fréquentes banqueroutes ; cela peut-être, mais il est certain que tout le monde aime à se servir des premiers, et que les marchands de Leipzig continuent à faire crédit aux autres.

On dit que notre sordide économie nous met à même de donner à meilleur marché, et que nos ouvriers n'ayant pas l'habitude de boire le dimanche et le lundi, les ouvriers bourgeois de Varsovie qui ont toutes les vertus opposées à nos vices, ne sauraient soutenir notre concurrence. Mais nous répondrons à cela, que si jamais nous parvenons à une sorte d'aisance, excepté la boisson qui semble contraire à nos mœurs, nous parviendrons au reste de ces vertus dont l'exercice ne nous semble pas difficile.

Enfin, on dit qu'à Varsovie nous ne payons point d'impôts. Mais Dieu d'Abraham et de Jacob ! quel nom donnera-t-on donc à ces vexations de tout genre auxquelles nous sommes exposés !

Voilà, Messieurs, les raisons que nous vous prions de présenter avec la même force et la même éloquence que vous avez déployées en faveur du tiers-état chrétien. Pardonnez-nous si en vous les exposant nous avons usé de cette figure de rhétorique que l'on appelle ironie, mais elle est dans le style de nos livres saints, et Dieu lui-même n'a pas dédaigné de s'en servir en parlant à Job, qui n'était guère plus pauvre et plus malheureux que nous. D'ailleurs, vous sentez bien que cette ironie n'est ici que pour donner plus de force à nos raisons, et que l'état où nous sommes ne saurait en aucune manière nous porter aux plaisanteries. Vous conviendrez au moins, que l'offense de celle-ci est bien légère auprès des insultes que vos commettants ajoutent tous les jours aux traitements les plus cruels.

Vos commettants parlent de priviléges, et pour les faire valoir ils ont chassé des milliers de familles, qui, errantes autour de cette capitale, ont vu périr leurs enfants par les influences de la saison encore rigoureuse alors. Quelques Juifs cachaient encore leur misère dans d'obscurs

Quand La Pologne fut démembrée par les trois puissances voisines, une partie de la population juive échut

réduits, l'on en fit une recherche sévère, et ils étaient chargés de coups et conduits ainsi jusque hors des portes, à la vue de la populace qui applaudissait à ces cruautés. Enfin, quelques familles qui se croyaient aussi sous l'abri d'un privilége, ont vu sous les yeux de la puissance suprême, leurs maisons attaquées, leurs biens livrés au pillage, des femmes en couche arrachées de leur lit et battues.

Nos maux sont à leur comble, et c'est pour cela même que nous espérons en voir la fin. — Vous avez placé votre espoir dans la sagesse des états assemblés, et nous y avons mis aussi nos espérances.

Leur justice prendra en considération les temps présents, qui déjà n'aggravent que trop notre sort.

Nous ne parlons point des bornes, que dans diverses provinces l'on met à notre industrie concernant la fabrication et le débit des boissons : les profits n'en étaient pas pour nous, et comme dans autre chose, nous n'y pouvions gagner que l'existence. Mais nous sentons que cette manière d'exister était pernicieuse pour le peuple et nous n'appuierons pas sur cet article.

Mais lorsqu'une nouvelle forme de gouvernement éloigne l'industrie des provinces, le tiers-état chrétien nous a fermé le chemin de la capitale.

Cependant, les besoins pressants de l'armée occassionnent des demandes fréquentes auxquelles les ouvriers du tiers-état chrétien sont loin de pouvoir fournir.

Il est même arrivé que tant de barbarie n'a point tourné au profit de ceux dont le cœur était déchiré par la cruelle passion appelée jalousie de métier ; car les apprentis et les compagnons voyant l'extrême besoin que les maîtres avaient d'eux, ont mis leur travail à un prix exhorbitant et déraisonnable.

Ainsi nous avons souffert sans aucun avantage pour ceux qui nous faisaient souffrir, et nos maux sont tels, qu'il est difficile d'y trouver un remède. Car nous demandons à revenir dans la capitale, et cependant nous ne sommes jamais sûrs d'en traverser les rues sans être insultés.

Vous-mêmes, Messieurs, que le tiers-état chrétien à choisis pour le représenter, vous qui parlez avec tant d'éloquence des droits imprescriptibles de l'homme, vous, aux oreilles de qui ont retenti les révolutions étrangères, vous mêmes peut-être, vous nous souffrez avec peine parmi vous, et vous croyez voir la fumée de vos foyers souillée par le voisinage des nôtres.

Ecoutez donc notre dernière demande, la Vistule peut nous séparer. Les habitants de Praga recevront sans doute avec plaisir des hôtes qui en partage à la Prusse, l'autre, à l'Autriche l'autre enfin à la Russie.

C'est en Prusse que leur sort était le moins à plaindre. Ils y ont adopté le costume du pays, et au moins, ils pouvaient avec toute sécurité exercer leurs cérémonies religieuses. S'ils ne jouissaient pas des mêmes droits que la bourgeoisie d'autre croyance, au moins, un grand pas y était fait pour amener un jour ce résultat. L'école de l'illustre Mendelsohn y a exercé une grande influence. Les Israélites de la Prusse n'attendaient qu'un rayon de liberté et de justice pour suivre la noble impulsion que leur donnaient les Israélites de la France et de la Hollande.

En Autriche, l'influence des jésuites se faisait souvent sentir. Quelques prêtres fanatiques déterraient parfois des vieux préjugés, des calomnies insensées pour exciter la haine du bas peuple contre les Juifs.

Mais c'est surtout sous la domination moscovite que les Israélites souffrirent le plus. En Pologne, en Prusse, en Autriche au moins, les lois protégeaient les malheureux, mais en Russie tout fut laissé aux caprices des gouverneurs, des officiers, de fonctionnaires ignorants, barbares, avides. Tous voulaient faire fortune en spoliant les Juifs qu'ils croyaient riches. Si la victime refusait l'or qu'elle n'avait pas, le tyran la mettait aux tortures pour lui arracher par la douleur le trésor qu'elle ne possédait pas. Les officiers inférieurs imitaient l'exemple qui leur

---

hausseront le prix de leurs loyers, et y porteront une industrie nouvelle. Le péage du pont montera considérablement ; ce péage et l'éloignement donneront toujours un avantage assez grand aux bourgeois de Varsovie, et les Juifs pourront vivre, c'est là l'objet de toute leur ambition. »

(Tiré des actes de la diète constituante de 1788 à 1792, recueilli par Léonard Chodzko.)

venait d'en haut; les soldats eux-mêmes, ces malheureux esclaves, étaient maîtres pour un moment quand ils rencontraient des Juifs. Il n'était pas rare de voir un vieillard, un savant, un honnête père de famille porter le fardeau d'un soldat, lui servir de guide, trop heureux s'il ne recevait pas quelques coups pour récompense. En un mot, en Russie, le gouvernement se servait du moindre prétexte pour arracher l'argent aux Juifs, soit par des monopoles, soit par des impôts, soit par des persécutions injustes. En revanche, il ne leur accordait aucun droit. Tous les emplois honorables, toutes les carrières respectées leur furent interdites. Ils ne pouvaient fréquenter les écoles, l'entrée même de la capitale de l'empire leur était défendue. Ils ne pouvaient séjourner dans les grandes villes, ni posséder des propriétés.

Quand on examine toute la série des malheurs qui accabla les Israélites depuis que la Pologne fut partagée, on s'étonne qu'il en existe encore un nombre si considérable.

VII

En 1807 le duché de Varsovie fut constitué. La maison de Saxe était appelée à régner sur une portion de la Pologne. Tous les habitants et, par conséquent, les Israélites comptaient sur un meilleur avenir. En effet, le principe de l'égalité devant la loi fut proclamé. Les paysans ne pouvaient profiter de ce bienfait, pauvres, ignorants, ne connaissant aucun métier, aucune industrie, ils restèrent dans les terres de leurs anciens maîtres. Ce qui prouve qu'il ne suffit pas de proclamer une loi juste, mais qu'il faut encore veiller à son exécution, préparer l'éducation des masses, offrir des moyens d'existence, afin que les habitants éclairés et laborieux puissent jouir du droit de citoyen. L'égalité devant la loi fut proclamée aussi en faveur des Israélites. Cependant, leur sort n'en fut pas amélioré. L'impôt exceptionnel les frappait toujours. Les ordonnances administratives les privaient de ce que la loi organique leur accordait. Loin de suivre le plan de réforme, préparé par l'illustre Czacki, on ne pensait qu'à accroître le trésor à leur dépens. On institua même un impôt que payaient les Israélites étrangers en arrivant en Pologne, impôt (8 florins ou 6 fr. chaque mois pour chaque personne) que le gouvernement russe fit renaître et qui dure encore aujourd'hui.

On s'éloignait de plus en plus de la route nationale qui tendait à transformer les Juifs en citoyens polonais. On suivait la politique des jésuites de Rome. On regardait les Israélites comme des pestiférés et les séparait des autres habitants. On leur défendait d'habiter les rues principales, et malgré les garanties de la Charte, on les relégua dans les coins les plus retirés. Nous sommes étonnés que les Juifs aient subi cette injustice et cette humiliation sans aucune protestation. Mais pendant dix siècles de persécution, ils ont tant souffert, qu'ils ont perdu toute énergie et regardent comme une punition divine et légitime tout le mal qui leur arrive.

A la même époque, les Juifs polonais s'adressèrent au gouvernement en sollicitant l'exemption du service militaire, offrant en échange un impôt de 700,000 florins polonais[1]. C'était là une grande faute de la part des Israélites. Il faut défendre la patrie commune et lui offrir l'impôt du sang. Il fallait seulement réclamer l'exécution de la Charte, octroyée en vertu du traité de Tilsit. — Mais le sort d'un Juif conscrit parmi les soldats chrétiens était si pitoyable, sa position si pénible, la brutalité des soldats si cruelle, qu'il ne faut pas s'étonner des efforts qu'on ait faits pour l'éviter. Mais si l'Israélite est tenu à remplir

---

[1] Voyez le *Bulletin des lois*, tom. IV, p. 159.

les devoirs de citoyen, n'est-il pas juste qu'il en acquière aussi les droits.

Pendant les guerres de l'empire contre la Russie, exposés plus que les autres habitants à la vengeance du vainqueur, les Israélites restèrent neutres. Cette conduite est justifiée par les fautes que l'Empereur a commises. Il s'appuyait sur la noblesse, oubliant entièrement les villes et la bourgeoisie, les Juifs et leurs intérêts. Six millions d'habitants humiliés pendant des siècles, tenant dans leurs mains toutes les ressources du pays, pouvaient devenir d'un grand poids dans la balance des événements, si un meilleur avenir leur avait été montré.

Ici, nous devons faire observer à tout lecteur judicieux que sous le règne des rois étrangers, la condition du peuple ne reçut aucune modification. Un monarque dont la dynastie n'a pas de racines dans le pays pour consolider son trône, est forcé de s'appuyer sur la noblesse et sur le clergé. Nous avons vu que Louis, roi de Hongrie, a commencé cette longue série de concessions qui finirent par le *veto*, l'anéantissement des villes, la servitude des paysans et la persécution des Juifs. Henri de Valois, s'il lui avait été permis, aurait introduit en Pologne la persécution qui ensanglanta les rues de Paris. Les Saxons ont laissé les malheureux paysans dans le même état, et les Juifs leur doivent un impôt humiliant et onéreux nommé *kocher*[1], impôt qui rapporte au gouvernement plus de deux millions par an, et qui pèse surtout sur les pauvres, en les forçant de payer une contribution sur la viande qu'ils consomment.

La perception de cet impôt écrasant est affermée chaque

---

[1] Le mot *kocher* signifie la nourriture permise.

année, dans toutes les villes, aux enchères publiques. Des spéculateurs juifs n'ont pas honte de se faire adjuger cette perception et de coopérer ainsi à la misère de leurs coreligionnaires ; en retour, il n'est pas rare non plus de les voir faire banqueroute. Ce monopole, d'une faible importance pour les riches, devient, comme nous l'avons déjà dit, très onéreux pour les pauvres et les travailleurs, qui, n'étant pas en état de payer la viande au prix élevé par l'enchère, sont obligés de se refuser cette nourriture substantielle. La perception de cet impôt était confiée, pendant les dix premières années, aux rabbins et aux membres d'une assemblée composée d'Israélites notables, assemblée nommée *kahal*. Souvent l'autorité se servait de ces rabbins et de ce *kahal* pour faire exécuter les mesures les plus vexatoires. Il arrivait quelquefois alors que les Juifs pauvres se coalisaient pour résister aux abus dont ils étaient victimes. Dans une petite ville de Lithuanie, où l'on voulut prélever un impôt trop onéreux sur la viande, les Juifs s'abstinrent d'en manger pendant six mois, et celui qui se rendit adjudicataire de cet impôt odieux, fit faillite.

Nous devons ajouter que cet impôt, introduit par l'ordonnance du 22 mai 1810, avait pour but ou pour prétexte d'amortir la somme que les Israélites devaient à l'État, en échange de l'exemption du service militaire. Une fois la somme arriérée acquittée, l'impôt devait être supprimé. Il n'en fut rien. La somme due est payée depuis longtemps et cet impôt injuste ne cesse de peser sur toute la population israélite.

C'est à la même époque que l'on défendit aux Juifs de tenir des cabarets et des auberges dans les campagnes : cette mesure aurait été juste et prudente, si le gouvernement avait pourvu en même temps à leur procurer d'autres moyens d'existence.

Nous ne pouvons terminer le tableau de cette époque sans appeler l'attention du lecteur sur les nobles efforts qu'ont faits quelques Israélites pour gagner l'estime de leurs compatriotes et du monde entier.

Pendant les guerres de l'indépendance polonaise, les Juifs, comptant sur un meilleur avenir, défendirent la capitale et s'enrôlèrent dans l'armée, quelques uns d'entre eux même se distinguèrent sur le champ de bataille.

Aux ouvriers et aux bourgeois de Varsovie, conduits par le vaillant Kilinski, se joignirent également les Juifs qui contribuèrent avec eux à chasser une armée de 11,000 Russes de la capitale, dont les trois quarts restèrent morts.

Plus tard, nous voyons Berek commander un détachement de volontaires juifs. La bravoure de cet israélite lui mérita l'estime du chef et de toute la nation. C'est sur le champ de bataille qu'il gagna les épaulettes de colonel et la croix polonaise de l'ordre militaire. Il mourut en 1809, en combattant contre les Autrichiens. Le comte Stanislas Potocki, ministre de l'instruction publique, en prononçant l'éloge en l'honneur des Polonais qui s'illustrèrent par leur dévouement et leur bravoure, cita aussi le colonel Berek. La mort glorieuse de cet israélite et le dévouement du corps qu'il commanda imposent un devoir mutuel aux Polonais et aux Juifs : aux Polonais, en leur apprenant que sous un chef libéral et habile, il est facile d'armer la population la plus pacifique pour la défense de la patrie et de la liberté, et qu'un homme supérieur sait puiser des forces intarissables dans tous les éléments qui constituent une nation opprimée ; aux Juifs, en leur commandant l'amour de leur patrie adoptive, à laquelle ils doivent le sacrifice de leur travaux, de leur fortune et de leur vie. Que la jeunesse polonaise et israélite se rappelle souvent le colonel Berek ! Sa mémoire plane au dessus des préjugés et brille d'un éclat bienfaisant. Puissent ses vertus devenir un jour d'un exemple profitable à tous les Israélites !

Les Juifs ont pris une part également active aux progrès des sciences, de la littérature et des arts en Pologne. Parmi les savants, nous citerons Zalkind Hurwitz, né à Kowna sur le Niémen; il fut appelé en France comme traducteur attaché à la bibliothèque nationale. Il connaissait parfaitement les langues polonaise, russe, allemande, anglaise, italienne, française, latine et grecque. Entre la foule d'ouvrages qu'il fit, nous citerons celui intitulé l'*Apologie ou la justification des Juifs*, ouvrage qui valut à l'auteur une gratification de la Société royale des arts. Il mourut en 1812. Si son érudition lui attira la considération des savants, sa générosité philanthropique sut lui gagner aussi l'affection et l'estime publiques. Voici comment M. Godard, orateur d'une députation en 1790, s'exprime à son égard : « Vous saurez qu'au milieu des députés que j'ai l'honneur de vous présenter, se trouve le fameux Hurwitz, auteur d'un excellent ouvrage, couronné par l'Académie de Metz, interprète de langues orientales, qui, n'ayant pour toute fortune que 900 livres de rente, vient d'en abandonner le quart en don patriotique.» (Discours à la commune de Paris, 1790).

Jacques Kalmanson, philosophe profond et grand littérateur. Sourowiecki, dans son ouvrage, en fait le plus bel éloge, il s'est distingué par plusieurs écrits et particulièrement par celui qui a pour titre : *Essai sur l'état actuel des Juifs de Pologne*, 2 vol. 1796. Il mourut à Varsovie en 1811.

Abraham Stern, grand mathématicien, véritable philosophe, philologue distingué et naturaliste savant, était membre de la société littéraire, directeur de l'école instituée par le gouvernement, pour l'instruction de la jeunesse israélite, et censeur des écrits en langues hébraïque et chaldéenne.

Dans les archives israélites de France, dans les journaux de Pologne et d'Allemagne on peut lire quelques détails sur les premières années de la vie de ce savant et sur les obstacles de toute nature qu'il eut à surmonter pour acquérir les connaissances qui ont fondé sa réputation. Indépendamment de la machine arithmétique, sa principale invention, il s'appliqua aussi à perfectionner divers instruments aratoires; il créa le modèle d'une machine à battre le blé, et d'une nouvelle faulx. Il proposa encore le plan d'une nouvelle scierie. Il ne resta point étranger aux études littéraires, ses divers écrits publiés en polonais et en hébreu attestent qu'il possédait parfaitement ces deux idiomes; il était parvenu surtout à acquérir une vaste érudition dont la littérature hébraïque et chaldéenne. Dans les manuscrits qu'il a laissés, on trouve des observations critiques sur la Bible, dans le sens le plus large, et des notes très instructives sur la grammaire et la lexicographie hébraïque.

A 75 ans, il travaillait encore avec ardeur à s'implifier sa machine à calculer et à en faire un instrument de poche; ce qui lui réussit parfaitement. Il succomba enfin à la fatigue, et aux veilles de ses travaux, le 6 février 1842, généralement aimé, respecté et regretté, il est mort dans un état très près du besoin. *Virtus laudatur et alget.* Il eut le maréchal Diebitz Zabalkanski, de Russie, pour élève en mathématiques et en astronomie.

Nous pouvons compter aussi parmi les Israélites qui ont illustré leur race en Pologne, le rabbin de la ville de Chelm, Herszel Josefowicz, qui a publié un ouvrage d'un haut mérite, sous le titre : *Pensées de réforme en faveur des Israélites polonais, et moyen d'en faire des citoyens utiles à la patrie.* 1789.

VIII

Nous avons à parler maintenant de l'état des Juifs dans le royaume de Pologne, créé par le traité de Vienne, sous le règne de l'empereur Alexandre. Lorsque les alliés eurent rétabli en France la dynastie des Bourbons, le duché de Varsovie échut à la Russie, en conservant sa constitution, en vertu de laquelle la nationalité polonaise, les lois, la liberté de la presse, la responsabilité des ministres et le service actif d'une armée nationale devaient être garantis et respectés.

La politique de l'empereur Alexandre, considérée sous le point de vue des intérêts de la Russie, était admirable. L'empereur tendait à la fusion de la Pologne et de la Russie; il voulait rapprocher Saint-Pétersbourg et Varsovie, réconcilier les boyards avec les nobles, les schismatiques avec les catholiques romains. Voilà pourquoi, despote à Moscou, il faisait le roi constitutionnel et libéral en Pologne. Mais en même temps, comme s'il redoutait les résultats des institutions libérales, il livra la Pologne à la merci de son frère, le grand-duc Constantin. Ce prince, farouche, bizarre, capricieux, nommé général en chef des troupes polonaises, exerçait une véritable dictature sur ce malheureux peuple. Défiant et soupçonneux, il organisa l'espionnage sur une vaste échelle. En se servant des hommes immoraux pour découvrir les secrets des conspirateurs qu'il voyait partout, il sema le trouble et le désespoir dans les familles. Tout homme dénoncé était incarcéré, livré à une punition barbare, perdu pour sa famille et son pays. Si les Juifs, à cause de leur caractère paisible, ne furent pas exposés à ces sortes de persécutions, ils n'en étaient pas moins victimes d'odieuses machinations d'une autre espèce.

Le système prohibitif que la Russie adopta à l'égard des pays voisins, ruina un grand nombre de commerçants israélites; quelques uns cherchèrent leur salut dans la contrebande. Les peines les plus sévères attendaient le commerçant en possession d'une marchandise prohibée, et comme la dénonciation d'un seul espion suffisait pour condamner un honorable citoyen, il s'établit à cette époque un vaste système de brigandage qui avait pour but de pressurer les Juifs riches au profit de leurs délateurs qui partageaient leur butin avec le général Rozniecki, chef de la police secrète. Que d'innocents dénoncés, emprisonnés et torturés, dans le seul but de spolier la victime!

La Charte, dont nous avons parlé plus haut, garantissait aux Israélites l'égalité devant la loi. Mais le grand-duc Constantin donna l'exemple de l'arbitraire que suivirent bientôt deux autres fonctionnaires haut placés, le lieutenant du royaume, Zaïonczek, et le ministre des finances, Lubecki. Le premier, en 1823, expulsa les Juifs des rues qu'ils habitaient, pour les reléguer dans un coin inhabitable de la ville; l'autre, d'un mot, introduisit le monopole de la fabrication et de la vente de la bière et de l'eau-de-vie.

Comme ce monopole s'étendait seulement aux villes, le prix de l'eau-de-vie baissa dans les villages, et s'éleva outre mesure à Varsovie et dans d'autres cités populeuses. La contrebande offrait de grands bénéfices. C'étaient les Juifs pauvres qui, privés d'autres moyens d'existence, se livraient à cette spéculation défendue. Une lutte continuelle s'établit entre les préposés des douanes et les contrefacteurs. Il n'était pas rare d'apprendre la mort de quelques uns de ces derniers qui avaient succombé en défendant la marchandise prohibée. Qu'on ne pense pas, cependant, qu'il s'agissait d'une contrebande établie sur une vaste échelle, exercée par quelques riches spéculateurs; c'étaient des misérables qui, pour gagner quelques florins, risquaient leur liberté et leur vie.

Nous devons dire que ce monopole arbitraire créé sans le concours des Chambres législatives, ne resta pas sans protestation. Quelques notables bourgeois de Varsovie adressèrent un mémoire respectueux au monarque, en rappelant leurs droits, en suppliant l'empereur Alexandre de faire examiner si l'ordonnance du ministre des finances n'était pas contraire aux droits garantis par la Charte. Ce mémoire, digne et convenable, fut rédigé avec le respect que doivent les citoyens libres à un monarque constitutionnel. Le lendemain de la pétition, les six premiers signataires furent arrachés à leurs foyers, enchaînés, conduits sur la place publique, et là, par ordre du grand-duc Constantin, on les força de traîner la brouette, en face d'une foule immense qui contemplait ce spectacle dans un morne silence et une douleur profonde. Parmi ces citoyens martyrs, on remarquait un vieillard à cheveux blancs, capitaine sous Kosciuszko, citoyen que la confiance et l'estime de ses compatriotes ont souvent appelé à remplir des charges honorables. C'était M. Czynski, père de l'écrivain, dont le nom est connu par le zèle avec lequel il défend la cause des Israélites.

Ainsi, malgré la Charte libérale, la tyrannie et l'arbitraire, accompagnés d'impôts écrasants, d'un espionage honteux, faisaient des progrès rapides. On ne cherchait pas à confier les offices publics à des hommes honorables, mais à des hommes d'un dévouement servile. Les banqueroutiers, les espions, les libertins ruinés, s'emparaient des premières charges de l'État. Les Juifs alors leur offraient une proie certaine. On les menaçait de déplacer leurs cimetières, de faire abattre leurs synagogues; on se servait du plus léger prétexte pour donner une apparence de vérité à ces menaces. Les Juifs effrayés, s'imposaient des jeûnes, se cotisaient, et déposaient entre les mains de fonctionnaires avides des sommes énormes, achetaient le repos des cendres de leurs ancêtres, et continuaient à prier Dieu, dans ce temple où, dix siècles auparavant, leurs pères chantaient la gloire du Seigneur [1].

Le mécontentement général accrut la défiance et les persécutions. Les espions livraient au supplice les imprudents et trop souvent même les innocents. Pour faire

---

[1] *Les Juifs en Pologne*, par M. Czynski. Lisez ses lettres dans les Archives israélites de 1844.

preuve de zèle, ils poussaient la cruauté jusqu'à arracher un père ou un fils unique du sein d'une famille honorable. La victime dénoncée disparaissait pendant la nuit et allait mourir dans les cachots. Quand les Israélites furent relégués dans un coin éloigné de la ville, pas une voix n'osa protester contre cet arrêt. La ruine de plusieurs milliers d'habitants s'accomplit sans murmure. Hommes, femmes, enfants, vieillards, riches et pauvres, abandonnèrent leurs affaires, leurs moyens d'existence et allèrent étouffer leur douleur et leur désespoir. Il est à remarquer que la terreur répandue dans les esprits par la politique du grand-duc Constantin, était si grande que pas un seul Israélite n'osa avertir ses coreligionnaires d'autres pays de cet acte de spoliation et de tyrannie. L'expulsion des Juifs de Varsovie s'accomplit sans que la presse européenne pût élever la moindre protestation. Le récit de ces atrocités ne parvenait pas au dehors.

D'après ce que nous venons de dire, on voit que la Pologne, pendant tout le règne de l'empereur Alexandre, subissait deux influences tout à fait opposées. L'une, exercée par l'empereur Alexandre lui-même, toute libérale, toute paternelle; l'autre, celle du grand-duc Constantin, bizarre, cruelle, féroce ; avec cette différence que l'empereur Alexandre, éloigné de la Pologne et occupé de la Russie, ne pouvait manifester ses vues bienveillantes que par de rares ordonnances, tandis que le grand-duc, son frère, torturait le peuple polonais sans relâche, ne tenant aucun compte des intentions de son frère.

En 1825, l'empereur ordonna la création d'un comité spécial chargé d'examiner et d'améliorer la position des Israélites en Pologne. C'était une sage et noble pensée. Malheureusement, elle n'a pas porté les fruits que l'on devait en espérer. Les membres du comité n'avaient ni les talents, ni le patriotisme, ni les lumières de Czacki. Quel était le premier devoir de ce comité? C'était, sans doute, de dissiper les préjugés et la haine, de rapprocher les habitants, et d'établir un lien fraternel entre les enfants de la même patrie. Le comité suivit une route tout à fait différente : il admit dans son sein un prêtre imbu de préjugés et de fanatisme qui débuta par la publication d'un livre plein d'assertions haineuses, qui, au lieu de tendre à la conciliation des esprits, ne contribua qu'à les aigrir et à les irriter.

La théorie du judaïsme, ouvrage de l'abbé Chiarini, publié en 1830, restera comme un monument des meilleures intentions de l'empereur Alexandre, malheureusement détournées par l'esprit borné d'un abbé qui n'a pas su remplir son devoir et sa mission.

Ce comité, cependant, produisit quelques améliorations salutaires. On créa à Varsovie une école de rabbins, institution sage, qui devait former des Israélites éclairés et tolérants, capables d'exercer une influence salutaire sur leurs coreligionnaires. Nous devons ajouter que plusieurs Israélites d'un grand mérite sont sortis de cette école.

Nous avons parlé des abus qu'exerçaient les autorités constituées des Juifs, qu'on nommait *kahal*. On se plaignait généralement des exactions et des injustices qu'ils commettaient. L'empereur Alexandre les supprima et les remplaça par des simples surveillants de synagogues.

Le même comité encourageait les Israélites à se vouer à l'agriculture. Ses efforts à cet égard ne furent pas couronnés d'un grand succès. Il est facile de concevoir qu'on ne peut pas changer d'emblée les habitudes de toute une population livrée au commerce et à l'industrie. L'agriculture est un art qu'il faut connaître et apprendre. Abandonnez un champ à un vieux commerçant qui n'a jamais quitté la ville, il ne saura qu'en faire. C'est en changeant l'éducation seulement, en exerçant une influence bienfaisante sur l'enfance et la jeunesse, en créant des écoles industrielles et agricoles qu'on pourra transformer les habitudes et les occupations des Israélites.

Il existe encore un établissement philanthropique, créé sous les auspices du comité. Les Israélites de Varsovie se cotisèrent pour la construction d'une maison d'asile pour les pauvres et les malades. Il fut décidé en même temps que tout Israélite arrivé à Varsovie, de la province ou de l'étranger, sans distinction de sexe ni d'âge, paierait, pour contribuer à la fondation de cet hospice, vingt gros polonais (environ 8 sous) par jour, et cela durant tout son séjour dans la capitale.

Ainsi, cette contribution éventuelle avait un noble but. Mais qu'en résulta-t-il? A peine l'hôpital fut-il achevé, que le gouvernement s'empara du revenu et en créa un impôt qui dure encore aujourd'hui. On voit par là que sous un régime arbitraire, les tendances généreuses ne peuvent se développer, et que le pouvoir s'en empare et les tourne à son profit.

Nous pouvons donc, d'après ce que nous venons de rapporter, définir le règne de l'empereur Alexandre par ces quelques mots : c'était la dictature la plus bizarre et la plus cruelle, exercée par le grand-duc Constantin, sous l'ombre apparente d'une Charte constitutionnelle et libérale; une oppression de fait, à côté de quelques ordonnances dictées par les sentiments généreux d'un monarque libéral, mais coupable d'avoir abandonné la Pologne à la merci d'un frère indigne.

IX

L'avénement au trône de l'empereur Nicolas fut signalé par un combat sanglant dans les rues de Saint-Pétersbourg. Nous avons besoin d'en dire quelques mots ; cela donnera la clé de la politique de ce souverain.

La guerre que la Russie soutenait contre l'empire s'est terminée par une éclatante victoire. Les aigles du Nord ont été plantées pour un moment jusque dans la capitale de la France. Mais cette victoire même n'a pas tout à fait servi les desseins du système autocratique. L'armée russe, en passant par l'Allemagne et par la France, aperçut un monde nouveau ; le tableau de la civilisation frappa ses regards : on vit des sujets, on n'aperçut pas de serfs, et ce qui est plus grave, on compara la position sociale d'un citoyen allemand ou français avec celle d'un esclave ou d'un soldat russe. En Allemagne, la franc-maçonnerie admit dans son sein un grand nombre d'officiers russes, et là les jeunes boyards entendirent pour la première fois, peut-être, les paroles d'amour et de fraternité.

Imbus des idées libérales, touchés de la triste position de leurs frères, ils ne rêvaient à leur retour en Russie, que conspirations et régénération universelle. Sur toute la surface de l'empire russe se répandirent des sociétés secrètes, dirigées par des hommes capables et énergiques. Nous citerons entre autres : Pestel, Bestuzew, Kochowski, Rumin, Rylejew. Il n'y manquait pas même de membres de la haute aristocratie; nous rappellerons le prince Trubecki.

Pour donner une idée de la hardiesse de leur conception, nous ajouterons qu'ils n'ambitionnaient rien moins que de fonder sur les ruines du trône actuel une dynastie nouvelle, placée à la tête des peuples slaves réunis. D'après le plan des conjurés, dont le nombre connu dépassait cinq mille individus, ils devaient affranchir la Grèce et créer le royaume d'Israël. Les détails de ce vaste complot se trouvent dans un rapport officiel, publié dans le *Moniteur* du mois de juin de 1825.

Au moment de la mort de l'empereur Alexandre, ce complot éclata. Pendant trois jours les conjurés disputèrent la victoire au **souverain qui règne aujourd'hui**. L'empereur Nicolas triompha, appuyé par la vieille Russie, par les conservateurs.

Les jeunes idées, les idées de réforme succombèrent avec les chefs des conjurés, dont les têtes tombèrent sur l'échafaud.

En même temps, il parut un ukase, dans lequel il était dit que les serfs ne devaient rien espérer, qu'ils ne seraient point affranchis, et même on leur défendait, sous les peines les plus sévères, de porter plainte et d'adresser des demandes[1]. Bientôt une nouvelle ordonnance fit connaître à toute la population israélite que désormais les bienveillantes dispositions de l'empereur Alexandre seront détruites une à une par l'ambition et par l'ignorance de la vieille Russie.

L'empereur veut créer la marine. Les boyards lui exposent que les serfs manquent d'adresse et d'agilité, qu'il faut prendre des Juifs, qui se signalent par un génie tout particulier; et à l'instant plusieurs milliers d'enfants sont arrachés des bras de leurs mères pour passer aux bords de la mer Noire. Il nous est impossible de peindre le désespoir des familles. Deux millions d'habitants élèvent leurs voix vers l'Être suprême; les rabbins commandent des jeûnes, une grande somme d'argent est envoyée aux fonctionnaires avides : larmes, prières, argent, rien n'émut ces cœurs endurcis. On conduisit ces malheureux par une saison rigoureuse. Une partie mourut en route, l'autre ne put endurer les rigueurs de la discipline russe. Si nous devons ajouter foi aux rapports officiels, mentionnés dans les archives israélites, il ne reste de ces trente mille victimes que dix mille marins.

Si le gouvernement russe appelait au service militaire les Israélites dans la même proportion, et d'après les principes qu'il adopte pour le reste des habitants, on pourrait considérer cette conduite comme un progrès; mais alors il faudrait rompre les barrières qui séparent les Juifs des autres habitants. L'égalité des devoirs amènerait l'égalité des droits. Mais, hélas, ce rapt barbare des enfants arrachés du sein de leurs mères, sans aucune con-

---

[1] Lisez le *Moniteur* de 1845.

cession pour la masse, prouve jusqu'à l'évidence que cette mesure tyrannique a été dictée par la colère et le préjugé.

Bientôt la guerre contre la Turquie et la Perse absorba toute l'attention du cabinet de Saint-Pétersbourg. La Pologne ne prit point part au combat, mais elle fut surchargée d'impôts; des monopoles établis sur la vente de la bière et de toutes les boissons (kabak), ruinèrent les habitants et surtout les Israélites.

Le système prohibitif, tout en diminuant les relations commerciales, a ouvert un vaste champ aux contrebandes, exercées pour la plupart par les kosaks et les fonctionnaires chargés de surveiller les douanes.

Un millier de Juifs prirent part à ce commerce prohibé, et comme on aime à généraliser tout ce qui peut dénigrer les Israélites, on dit que tous les Juifs faisaient la contrebande, bien qu'il soit certain que le plus grand nombre des Israélites polonais n'ont jamais quitté leur ville natale. On peut caractériser cette époque par deux mots : surcharge des contributions et manque de protection.

Pendant le règne de l'empereur Nicolas, non seulement la population Israélite est surchargée de toutes sortes de contributions exceptionnelles, mais elle est encore plus que jamais victime des spoliations de fonctionnaires immoraux et avides. Sous prétexte de chercher et de trouver la contrebande, le général Rozniecki, chef de la police secrète, d'accord avec un espion de bas étage, ruina plusieurs familles. D'innocentes femmes furent victimes de ses débauches. Il n'y avait pas de mauvais traitement, qu'il ne se permit pour assouvir ses passions, pour spolier les Juifs, pour leur extorquer l'argent qu'il perdait au jeu. Tout cela se passait sous les yeux du grand-duc, héritier de la couronne, presque dictateur en Pologne. Les bourguemestres, les présidents des palatinats, les agens destinés à surveiller les revenus de l'octroi et des douanes, s'enrichirent du fruit des labeurs d'honnêtes commerçants.

Les jésuites profitèrent à leur tour de l'indifférence du gouvernement. Dans quelques endroits, se répandit de nouveau le bruit ignoble des massacres des enfants chrétiens. Dans une église, à Sochaczew, on découvrit un tableau miraculeux rappelant le supplice des Juifs, pour avoir outragé la sainte hostie. Des écrits pleins de faussetés et de calomnies, touchant toute la race israélite, parurent dans différents endroits. Nous devons cependant rendre justice à l'esprit du siècle, au progrès de l'opinion : les auteurs de ces libelles diffamatoires n'ont pas osé faire connaître leurs noms, et l'opinion publique les a accueillis, sinon avec mépris, au moins avec indifférence. Ainsi, tout semblait conspirer contre les Juifs : les persécutions du cabinet moscovite qui débutent en arrachant les enfants à leurs mères ; les contributions et la misère qui en résulte, les abus des fonctionnaires, et enfin l'esprit haineux des jésuites qui, sourdement, travaillaient la société. C'est sous de pareils auspices que les trois jours de juillet donnèrent le signal d'une nouvelle ère ; le 29 novembre de la même année, Varsovie triomphante expulsait de son sein l'armée russe. Aux cris de liberté, toute la population se leva. Dans les premiers moments, les Israélites croyaient que le jour de la délivrance était arrivé aussi pour eux. Ils pensaient que l'Être suprême avait exaucé leurs prières. Il ne fallait que des hommes raisonnables à la tête du nouveau gouvernement pour captiver une coopération efficace de la part de la population israélite entière, qui avait en horreur le régime russe. Argent, soldats, crédit, tout était à la disposition de la Pologne libérale. Mais, malheureusement, telle n'était pas la destinée de notre patrie. Le général Chlopicki, placé à la tête des affaires, ne croyait pas aux forces nationales, ne connaissait pas la bourgeoisie, ne savait pas quelle puissance pouvait surgir de la lutte pour l'affranchissement des masses. Une telle direction dut amener une issue fatale.

X

Il nous faut maintenant arrêter nos regards sur le sort des Israélites pendant la dernière guerre pour l'indépendance de la Pologne. Il n'entre pas dans notre plan de raconter les événements de 1830 et 1831, événements qui illustrèrent à jamais les annales de notre patrie. Nous ne dirons pas comment seize jeunes gens, en attaquant la résidence du grand-duc Constantin, donnèrent le signal d'une insurrection générale. Nous ne tracerons pas le tableau de cette lutte incroyable dans laquelle la Pologne remporta tant de glorieuses victoires, à Grochow, Stoczek, Dembe, Iganie, Raïgrod, Ostrolenka. Nous ne parlerons pas de l'héroïque résistance qu'elle a opposée au colosse du Nord sous les murs de Varsovie. Notre mission se borne à fixer l'attention sur le rôle que les Israélites y ont joué ; ou plutôt d'expliquer leur apparente indifférence que tant de personnes ont incriminée.

Quelques jours après de glorieux succès, les Juifs, par leurs relations, par leur habileté, par cet instinct qui les caractérise, prévirent que la Pologne succomberait dupe des intrigues diplomatiques, et surtout victime de l'incapacité des chefs, de l'égoïsme des généraux, de la maladresse de l'opposition, qui sut détrôner le pouvoir faible et incapable, mais qui ne sut pas saisir le pouvoir, qui, en un mot, ne put rien créer, rien fonder.

On a parlé beaucoup de trahison. Mais la vérité est qu'il n'y a pas eu de trahison. La Pologne, avec ses nobles ignorants, avec des ministres incapables, avec le clergé qui n'a pas compris son devoir, avec la bourgeoisie qui a laissé faire les autres, devait succomber, et nous ne considérons la dernière lutte en Pologne que comme un fait historique de la plus haute importance, comme un enseignement, comme une expérience. A l'avenir, tout homme qui présidera aux destinées de la Pologne peut être sûr qu'il prépare à ce pays des maux incalculables, s'il n'appuie son pouvoir sur l'affranchissement des serfs et sur l'émancipation de la bourgeoisie.

Quant aux Juifs, des versions différentes circulent à leur égard : les uns disent qu'ils étaient hostiles à la Pologne; d'autres, qu'ils voulaient combattre pour son indépendance. Les uns montrent le corps des volontaires qui prirent part au combat; d'autres enfin, indiquent les espions qui livraient, pour de l'argent, les secrets de leurs compatriotes à l'armée ennemie. Nous partageons l'opinion de M. Czynski, qui dans ses lettres publiées dans les Archives, affirme qu'ils étaient neutres. Persuadés que l'insurrection serait vaincue, ils se tenaient à l'écart, n'étant que trop souvent victimes et de ceux qui succombaient et de ceux qui triomphaient.

La ville de Lublin présente à cet égard un curieux spectacle. A plusieurs reprises, elle se trouvait tantôt aux mains des Polonais, tantôt aux mains des Russes. Chaque fois qu'un nouveau corps entrait dans cette ville, une bastonnade avait lieu sur la place publique. Les Polonais faisaient battre les Juifs soupçonnés de servir la Russie, les Russes donnaient le knout aux Juifs parce qu'ils pensaient qu'ils aidaient l'insurrection polonaise.

Le général Chlopicki, dictateur, puis le gouvernement des cinq qui le remplaça, enfin le général Krukowiecki qui livra Varsovie aux Russes, n'ont pas compris tout le parti qu'on pouvait tirer des Israélites en brisant leurs chaînes, et en leur promettant un meilleur avenir. La diète, composée des gentilhommes, n'a rien fait pour les serfs, rien pour la bourgeoisie, rien pour les Israélites.

Dans le manifeste de la diète, furent exposés les griefs de la nation; il ne fut pas fait une seule mention des abus et des persécutions dont les Israélites étaient victimes.

Quand quelques Israélites demandaient à cesser d'être exclus de l'armée, et quand d'autres formaient des corps de volontaires, le ministre de la guerre, Morawski, prononça ces paroles à jamais significatives :

« Ne permettons point, dit-il, que le sang juif se mêle au noble sang des Polonais; que dira l'Europe si pour reconquérir notre indépendance, nous ne pouvons nous passer des bras des Juifs? »

L'Europe et l'histoire diront que les vœux du grand peuple qui a pris les armes au nom de la liberté, furent trahis par des hommes à courte vue, par des ministres sans cœur et sans talent, par des fanatiques qui n'ont pas compris cette simple vérité, qu'une nation ne mérite pas d'exister si elle ne sait pas rendre justice à tous ses enfants, qu'une insurrection est condamnée à mourir si elle ne met en jeu toutes les forces et toutes les ressources dont le pays dispose. Les Juifs étaient indifférents ; tout homme qui a conservé un jugement sain en rendra responsables les hommes placés à la tête des affaires. Ils ont accepté une tâche au dessus de leurs forces, ils ont attiré sur la Pologne la série des calamités qui pèse aujourd'hui sur cette héroïque et malheureuse nation.

Il n'y a donc que les bigots et les ignorants qui puissent accuser les Juifs d'avoir aidé les Russes dans la dernière guerre. Les Juifs ont trop de perspicacité pour ne pas redouter également l'anarchie nobiliaire et le despotisme autocratique.

Il ne faut pas ajouter foi aux calomniateurs systématiques et aux pamphétaires ignorants qui accusent toute la race juive de faire le métier d'espions.

Du reste, pour détruire cette accusation de fond en comble, nous rappellerons le témoignage de M. le comte Antoine Ostrowski, général en chef de la garde nationale de Varsovie. Voici la lettre qu'il a adressée à M. Czynski, quand celui-ci, d'accord avec des amis, a résolu de créer un comité pour accélérer l'émancipation des Israélites. On n'accusera pas le comte Ostrowski de partialité, lui noble membre du sénat, un des plus fervents catholiques. Ses paroles rendent pleine justice à la conduite honorable des Juifs de Varsovie.

« S'il est une idée grande et généreuse, certes c'est celle que vous avez conçue, vous, mes compatriotes, dévoués au bonheur de notre pays natal. Vous voulez à la fois propager les lumières parmi les Hébreux et parmi les

Chrétiens ; vous voulez extirper les préventions des premiers contre la société au sein de laquelle ils vivent, et démontrer aux seconds qu'il faut attribuer cette antipathie à leur défaut d'amour du prochain, cette première vertu du chrétien, cette base de toute vertu morale ou politique. Vous voulez montrer en même temps que c'est en refusant à cette classe si nombreuse une heureuse et paisible existence, que nous l'avons indisposée contre nous. Si d'un côté il y a injustice et absolutisme, comment éviter que de l'autre il n'y ait réaction ? C'est une règle dont la Pologne devait subir les conséquences. Ceux-là donc rendront un grand service à l'humanité et à la philosophie, et, ce qui nous importe le plus, à notre patrie, qui expliqueront les causes pour lesquelles le peuple juif formait en Pologne une sorte d'État dans l'État, et pourquoi il n'a pas toujours envisagé comme sienne la cause de notre pays. Ce service sera surtout efficace, si l'on fait connaître les moyens de remédier à un tel mal, en procurant à la cause nationale plus de deux millions de partisans doués d'une grande capacité. Je conçois aisément que les Français éclairés cherchent avec ardeur à seconder l'association qui se propose ce but généreux. » (Ici le général rend hommage au premier fondateur de cette Société, et regrettant de ne pouvoir faire partie du comité dirigeant, accepte le titre de membre honoraire.) « Je déclare cependant que je ne serai pas inactif ; j'enverrai même dans peu au comité un mémoire relatif à ce sujet; je ferai connaître d'abord quel fut le succès de mes efforts en fondant une grande colonie industrielle dans la ville de Tomaszow, où je reconnus chez les Israélites riches beaucoup de savoir-faire uni à la probité, et chez les pauvres *l'honnêteté* jointe à *une grande activité.* Leur conduite vraiment exemplaire fut le résultat de la parfaite égalité introduite dans cette petite république que je sus soustraire au despotisme russe.

» Commandant en chef de la garde nationale, à Varsovie, je tâchai de faire admettre les Israélites dans ce corps, afin d'anoblir leurs sentiments et de leur inspirer de la sympathie pour la cause nationale; je prouverai que mes efforts ne furent pas infructueux. Je ne trouvai d'opposition que chez quelques boutiquiers égoïstes et chez quelques fonctionnaires semblables *au poète ministre de la guerre, dont le discours à la Diète restera comme un éternel monument de ses idées antilibérales cachées sous le voile d'un emphatique patriotisme.* Je vous enverrai enfin un extrait de mes mémoires, relatif à la garde de sûreté et à la garde municipale, qui vous convaincra : *que c'est nous qui avons été la première cause du mécontentement des Juifs, que l'on a exagéré leur apathie, et que ceux d'entre eux qui étaient sous mes ordres se conduisaient d'une manière irréprochable. Il n'est pas à ma connaissance qu'un seul Juif de Varsovie se soit livré à l'espionnage, et j'en sais un grand nombre qui témoignèrent l'intention d'entrer dans l'armée.* En un mot, considérant ce peuple de plus près, j'ai acquis la conviction qu'il peut servir utilement notre cause ; mais de notre part, *plus de préjugés, plus de mépris.* Il faut craindre également et de démoraliser les Juifs et d'être démoralisés par eux; car, sous ce rapport, nous nous trouvons dans un cercle vicieux.

» Voilà en peu de mots mes idées sur la réforme future des Israélites en Pologne. J'ai la conviction que les travaux de l'association, dont le but est si généreux, produiront pour notre patrie des fruits qui surpasseront nos espérances. »   (*Question des Juifs p. J. Czynski*).

A ce témoignage du comte général Ostrowski, qui fait honneur à ses sentiments et à son jugement, nous pourrons ajouter d'autres preuves non moins convaincantes, pour prouver que les Israélites polonais étaient prêts à toutes sortes de sacrifices, et que le gouvernement et la Diète n'en ont pas su tirer parti. A peine la révolution eut-elle éclaté que le dictateur commanda l'organisation de la garde nationale. N'était-il pas d'une sage politique d'appeler les Israélites à en faire partie? L'ordonnance du 11 décembre exclut les Juifs de ce service malgré que les notables Israélites en fesaient la demande au nom de tous leurs coreligionnaires, que pouvaient-ils donc espérer d'un tel pouvoir! Ils offraient leurs services, et le dictateur les en jugeait indignes. Ils renouvelèrent leur demande plus tard en s'adressant au ministre de l'intérieur. Ils sollicitaient en même temps une autre faveur qui leur fut refusée; ils payaient l'impôt, comme nous l'avons déjà dit, en échange du service militaire. Ils voulaient payer la même somme mais sous un autre titre. Il y avait, dans cette démarche un sage motif. On voit par là que les Israélites comprenaient le vrai but de la révolution. Ils ne refusaient aucun sacrifice, mais en même temps ils voulaient rompre les barrières qui les séparaient des autres habitants. Cette demande n'eut pas plus de succès que la première. Le ministre répondit qu'il n'avait pas assez de pouvoir pour se rendre à leur réclamation. Il avait cependant le pouvoir de s'entendre avec ses collègues et de provoquer une loi dans les Chambres législatives, conforme au juste désir des Israélites. Cette conduite, de la part des premiers fonctionnaires de l'État, devait refroidir leur zèle en leur faisant voir un avenir sous les couleurs les plus sombres.

Quelques semaines plus tard, le comte Ostrowski fut nommé général de la garde nationale. Alors, pour un moment, les Israélites entendirent des paroles bienveillantes et pleines de sollicitude. Le général fit une proclamation, dans laquelle s'adressant aux Juifs, il leur faisait espérer une position plus supportable, en promettant de se servir de toute son influence pour améliorer leur sort. Mais, comme le dictateur n'avait pas de confiance dans les forces nationales, comme il voulait terminer la révolution par un arrangement avec l'empereur de Russie, il respectait toutes les anciennes lois et n'osait y faire aucun changement. Cependant, cette manifestation du général comte Ostrowski ne resta pas sans résultat.

A peine eut-il fait appel aux Israélites qu'à l'instant un grand nombre de jeunes Juifs s'enrôla sous ses ordres, et beaucoup de volontaires vinrent servir dans l'armée libératrice. La bonne volonté des Juifs polonais, de servir leur patrie, ainsi que leurs espérances, se trouvent exprimées dans une adresse qu'ils remirent au général commandant de la garde nationale. Nous trouvons cette importante pièce dans l'ouvrage de M. le comte Ostrowski, publié pendant l'émigration, sous le titre : *Pensées sur la réforme des Israélites*. Nous croyons de notre devoir de reproduire ici littéralement ce document :

« Le progrès des lumières, qui se fait sentir partout, brille tous les jours avec plus d'éclat en Pologne qui jadis servait d'exemple aux autres nations.

» Nous en avons une preuve des plus évidentes. C'est l'attention fixée présentement sur les relations et les réglements qui concernent les Israélites en Pologne. Tous les Polonais libres de préjugés, cherchent à réparer les injustices qui ne sont pas en harmonie avec le gouvernement libéral.

» Après les ombres qui ont obscurci pendant si longtemps le triste passé, un avenir splendide, excitant la joie, s'ouvre devant un véritable ami de l'humanité. Le peuple israélite, au milieu des humiliations justes et injustes qui durent encore et dont il est victime, devait déjà tomber dans le marasme indigne de l'homme. Mais il t'entend, il te voit, ô respectable grand citoyen! Toi-même es un véritable ami des lumières et de l'humanité, dont sont animés aussi les représentants du peuple polonais; en face du monde, tu nous tends ta main paternelle.

» Nous qui appartenons à ce peuple, ayant l'honneur d'être membres de la garde nationale, nous garderons à jamais la mémoire du 24 du mois courant, jour dans lequel votre excellence a daigné nous faire entendre sa voix cordiale et nous a fait connaître, au nom du gouvernement, le doux espoir pour l'avenir de nos coreligionnaires.

» La reconnaissance, ennoblissant les vertus citoyennes, nous indique le devoir précieux de te déclarer avec toute la sincérité de notre âme, à toi, digne et illustre Polonais! comme à notre chef et au commandant de toute la garde nationale du royaume, que nous te remercions le mieux possible par nos constants efforts pour bien remplir les devoirs prescrits à la garde nationale; comme au véritable patriote et ami de l'humanité, nous ne cacherons pas que par ta voix, tu as attiré plus de cœurs à la patrie et aux vertus citoyennes que les abus de beaucoup de fonctionnaires n'ont réussi à en détacher.

» Fait à Varsovie, le 31 janvier 1831. »

(*Suivent les signatures*).

Le comte Ostrowski, l'auteur de l'ouvrage ci-dessus

mentionné, accompagne cette manifestation des observations suivantes :

« Cette adresse des Israélites ne prouve-t-elle pas qu'ils connaissent bien leur triste position? Avec quelle ardeur ils désirent une amélioration de leur sort ; avec quelle reconnaissance ils reçoivent la déclaration qui relève en eux la dignité de l'homme et leur donne un petit rayon d'espoir, qu'enfin un avenir plus favorable se prépare pour le peuple israélite en Pologne. Certes, leurs vœux, exprimés dans cette adresse et répétés de vive voix, ont été attendrissants. Ils me remerciaient sincèrement d'avoir obtenu le droit de les admettre dans la garde nationale, de leur avoir parlé en citoyen, quoique je fusse lié, moi-même, par quelques réglements, en vigueur encore, qui ne sont pas suffisamment développés à l'égard de ces nombreux habitants, et puisés dans la source véritablement fondamentale, d'où doit sortir *l'égalité obligatoire des droits parmi les hommes.* »

Plus loin, le noble comte ajoute :

« Les Israélites de Varsovie ont saisi avec avidité cette occasion qui leur présageait un avenir plus heureux, et les arrachait à l'état d'abaissement. Ils se présentaient volontairement à l'inscription dans les légions de la garde nationale, bien qu'ils eussent pu s'en libérer en déposant à la disposition des municipalités, une certaine somme pour les besoins généraux de la garde nationale, au lieu d'y servir personnellement, et bien qu'en ce temps-là les services eussent pu leur répugner, comme se faisant dans la ville, sous les murs de laquelle l'ennemi apparaissait souvent, ce qui exigeait une activité et la présence de chaque citoyen sous les armes tous les quatre jours !...

Malgré tout cela, dis-je, les Israélites endossaient avec plaisir l'uniforme de la garde nationale, et comme à cet effet il existait *conditio sine qua non*, plusieurs sacrifiaient leurs barbes, portées jusque-là, selon l'habitude des Juifs polonais; mais ce qui est plus important, ils ont donné des preuves extraordinaires *de zèle et d'exactitude* dans le service, et jamais ils n'ont mérité de punitions.

» Je dois faire ici une remarque, que la jeunesse israélite, particulièrement celle qui sortait des écoles polonaises, s'empressait avec la meilleure volonté possible d'entrer dans cette nouvelle carrière, ce qui doit nous prouver de nouveau que ce peuple est prêt à accepter la civilisation, à profiter de son admission à l'exercice des droits politiques et à participer à l'éducation publique du pays. »

Nous voudrions donner la plus grande publicité à cette opinion du général comte Ostrowski; elle sert de réponse à toutes les calomnies que les systématiques adversaires des Israélites ont déversées.

Les Israélites, repoussés par le dictateur et par les ministres, ne pouvaient mettre leur espoir qu'en la Diète. Malheureusement pour la Pologne, la Chambre législative n'a pas été renouvelée. La nouvelle génération avec les idées du dix-neuvième siècle, n'y a pas été représentée, ainsi comme nous l'avons déjà dit; les serfs, la bourgeoisie et les Israélites, furent abandonnés. Quant à ces derniers, nous avons déjà rapporté les paroles du ministre de la guerre Morawski, paroles que personne dans la Chambre n'a relevées. Nous ajouterons seulement que la Diète, par sa décision du 30 mai, loin de satisfaire aux justes réclamations des Israélites leur fit payer le même impôt de recrutement en élevant la somme au quadruple[1].

Au moins dira-t-on, les Israélites sans distinction faisaient partie de la garde nationale, d'autant plus que ce corps pendant le siége de la capitale devait défendre les remparts. Mais ici aussi on a établi une distinction ; entre les Juifs qui portaient la barbe et ceux qui l'avaient coupée. Les premiers étaient admis dans les rangs de la garde et portaient le même uniforme que les autres citoyens. Quant aux derniers, ils constituaient la garde municipale israélite, ils portaient les chakos en place de bonnets, n'avaient pas d'épaulettes, et les collets de l'habit de l'uniforme, au lieu d'être couleur amaranthe, était celle de tabac.

---

[1] Voici la loi proclamée le 31 mai 1831. « La Chambre des sénateurs et celle des nonces, sur la proposition du gouvernement national, après avoir entendu l'opinion des commissions :

« Considérant, que les Israélites polonais, d'après une convention du 6 août 1817, et par une ordonnance royale du 6 décembre de la même année, payent un impôt en échange du service militaire. Nous avons ordonné :

Art. 1$_{er}$. La convention du 6 août 1817 et l'ordonnance royale du 6 décembre de la même année, sont abolies.

Art II. Dans le royaume de Pologne seront dispensés du service militaire pendant l'année 1831.

Art. III. En échange du service militaire, les Juifs payeront un impôt quatre fois plus grand que celui qu'ils payaient les années précédentes. Cet impôt, n'a aucun rapport avec d'autres contributions concernant le service militaire que les Israélites seront forcés de payer également comme les autres habitants du pays.

Art. III. La perception de cet impôt se fera d'après les règles que leur aura prescrit le gouvernement national. Les volontaires, leur femme et leurs enfants sont exempts de cet impôt.

Art. V. L'exécution de cette loi est confiée au gouvernement national. »

(*Suivent les signatures.*)

XI

On tombe dans une grande absurdité quand on dit que la religion et la faible nature de la masse des Juifs en font de mauvais soldats. Ils ont fourni des généraux distingués dans les armées françaises, depuis cinquante ans, et un grand nombre d'officiers et de soldats israélites ont dignement combattu dans les rangs des chrétiens de toutes les nations; c'est là, nous croyons, la meilleure réponse qu'ils puissent faire à ce reproche [1]. Quand aux

---

[1] Mais, tel est l'empire de l'habitude et des préjugés sur l'esprit humain, que des hommes, d'ailleurs fort éclairés, ne sont pas encore exempts de préventions injustes contre les Israélites. « L'esprit, dit Cicéron, a ses maladies comme le corps, l'indocilité, l'obstination, les préjugés, les passions. Ne pourrait-on pas guérir les maladies de l'esprit? on guérit bien celles du corps. »

LES ISRAÉLITES POLONAIS EN COSTUME DE LA GARDE-NATIONALE.

1830—1831.

Les Israélites de Pologne, par L. Hollaenderski.

Juifs polonais, nous en appellons au témoignage du même comte Ostrowski.

« Je dois rendre justice aussi à ceux d'entre les Israélites qui sont entrés dans les rangs de la garde nationale, ainsi qu'à ceux qui ne faisaient partie que de la garde urbaine... Pendant tout le temps de leurs services, ils ont tenu une conduite belle, sage et prudente. Les gouverneurs de Varsovie, en se servant de la garde urbaine, n'ont pas su trop les louer pour leur fidélité et leur adresse. Mais ce qui peut paraître encore plus surprenant au lecteur, c'est que le colonel du génie, M. Wilson, m'a dit lui-même que lors de l'assaut de la capitale, le 6 et le 7 septembre 1831, ayant à défendre l'espace entre les portes de Czerniakow et Mokotow... il y a remarqué le courage des pauvres Israélites... Je me suis entretenu avec beaucoup d'officiers et de soldats, tous sont d'accord à rendre justice à ces descendants du valeureux David. Ainsi, en s'appuyant sur le patriotisme des Israélites qui ont fait tant de sacrifices et montré tant de courage lors de l'insurrection de Kosciuszko, en les voyant servir dans les rangs des Autrichiens et des Moscovites, pourquoi proclamerions-nous les Juifs polonais comme manquant de courage et incapables de servir dans les troupes?... »

Parmi les réfugiés polonais, on remarque des Israélites décorés sur le champ de bataille. Nous citerons entre autres MM. Hernisz et Horowicz qui même dans l'exil servaient leur patrie par des publications utiles et patriotiques. Nous devons signaler ici une circonstance qui n'a pas permis aux volontaires Israélites de donner toutes les preuves de leur patriotisme et de leur dévouement. Le gouvernement national autorisa la formation d'un escadron composé exclusivement d'Israélites. Il en confia la direction à un certain Berkowicz, fils de l'illustre israélite Berko, colonel, dont nous avons déjà parlé dans cet ouvrage. Il est à regretter que cette tâche ait été confiée à un homme incapable, Il a oublié les devoirs que le nom de son père lui imposait. Tout le temps de la guerre, il le passa en organisation, sans jamais rien finir, et il a été accusé par ses coreligionnaires d'avoir détourné les fonds que les patriotes israélites lui avaient envoyés, destinés au fourniment de son armée. Il est certain que le chef de cet escadron n'a pas compris la tâche dont il était chargé. Si ce petit corps de volontaires eut été mis en mesure de se distinguer sur le champ de bataille, toute la nation polonaise eut applaudi à leur succès.

Cependant, une opinion diamétralement opposée à celle du digne comte Ostrowski règne parmi un grand nombre de Polonais. Ils pensent et disent que les Juifs ne valent rien, servent d'espions aux Moscovites et leur sont attachés; que, par conséquent, il faut extirper, persécuter ce peuple ennemi de la patrie et de la cause polonaise.

Pendant la dernière guerre, un grand nombre d'Israélites étaient pris pour espions, jugés et punis, sans preuves de leur culpabilité. Dans le palatinat d'Augustow, les partisans de Puszet et de Szon ont commis des meurtres innombrables. Beaucoup de volontaires conduits par Puszet ne se sont enrôlés sous ses ordres que pour pouvoir pendre et piller les Juifs; car ce chef cruel et vindicatif, après avoir proclamé une liberté illimitée, a commencé par donner le mauvais exemple de l'injustice : lui-même ayant depuis longtemps une passion de vengeance à satisfaire sur une famille israélite, dans le district de Maryampol, fit pendre un vieillard, ses deux fils et leurs enfants. Il était donc tout naturel que les paysans et les volontaires d'un tel chef imitassent un tel exemple. Plus tard, lorsqu'un Polonais, présent par hasard à l'exécution d'un Juif qu'il connaissait, avait pris sa défense et avait demandé que l'on fît d'abord une enquête sur sa conduite, Puszet lui répondit avec ironie que l'enquête pourrait être faite après, pour son propre compte, et qu'en attendant il jugeait à propos de faire pendre le Juif. Il est inutile de faire des observations sur des faits semblables.

M. le comte Ostrowski se plaint dans son ouvrage de nombreux abus de ce genre.

« Je pourrais appuyer mon assertion de plusieurs exemples, dit-il, mais il suffit d'un seul, qui m'est exactement connu... Notre cavalerie, en passant par un village, aperçut une tête de juif par une ouverture sur le toit. Halte ! s'est-on écrié, nous avons un espion. Faites-le descendre et, *brevi manu*, on le pendit. Il paraît que ce Juif, craignant de mauvais traitements, s'était caché et regardait d'en haut si le danger était passé; mais il était parfaitement innocent et père de six enfants. Ce crime fut rapporté au général en chef. L'officier fut destitué et mis en prison. Est-ce une satisfaction suffisante pour la mort d'un citoyen dont les orphelins furent plongés dans la misère ? »

Un riche israélite, nommé Salomon Pozner, propriétaire de terres et de villages appelés *Kochary*, possédant une fabrique de draps, où il occupait quelques centaines d'ouvriers, citoyen de Varsovie, vieillard de 65 ans, après avoir fourni *gratis*, les premiers jours de la Révolution, beaucoup de drap et d'argent à l'armée, fut plus tard rencontré à la campagne par les soi-disant patriotes, avec son fils et son beau-frère. On les garrotta, on les fit marcher devant les chevaux, et on les fit trotter les pieds nus, pendant les plus grandes intempéries, jusqu'à Varsovie. D'abord on voulut les pendre, mais grâce à l'intervention d'un officier supérieur qui, en promettant de les faire juger et punir publiquement à Varsovie, les arracha des mains de ces forcénés, ils furent, aussitôt leur arrivée dans la capitale, mis en liberté comme tout à fait innocents. A d'autres Israélites, on arrachait les yeux et la langue, sans qu'il se trouvât personne pour prendre leur défense. En un mot, il y avait des abus, de la cruauté et de la folie dans toutes ces persécutions, qui prouvent que la haine, si pernicieuse, si invétérée, est loin encore d'être éteinte chez un grand nombre de catholiques.

Quels reproches ne devons-nous pas faire aux patriotes polonais, aux hommes du progrès, qui, à l'aide de la publicité, n'ont pas jeté parmi les masses des écrits et des proclamations qui auraient pu éclairer les esprits et les amener à un sentiment plus noble et plus juste !

De quel droit s'étonne-t-on qu'à la suite de pareils traitements, il se trouve quelques Juifs assez lâches pour devenir espions ? Et d'ailleurs, les hommes qui n'avaient pas de relations avec les généraux, avec les membres du gouvernement, qui ne connaissaient pas les plans des chefs de l'insurrection, de quel grand service pouvaient-ils être à l'ennemi. Quelques misérables, excités par le gain, accréditaient des nouvelles insignifiantes; tandis que plusieurs nobles catholiques, occupant des positions élevées, oubliant leurs devoirs de citoyens, trahissaient leur patrie et vendaient à l'ennemi les secrets d'État. Quelques misérables espions juifs ont pour leur excuse la persécution, la misère, le désespoir, la vengeance pour les nombreuses victimes immolées injustement. Mais quelle justification peuvent donner des Polonais qui jouissaient de tous les droits et de toutes les faveurs ?

Nous voyons, par exemple, à présent, des personnages haut placés chez les Moskovites, qui pendant la guerre n'étaient rien moins que des patriotes exaltés. L'empereur Nicolas les a bien soignés et amplement récompensés après la prise de Varsovie ; croix, rubans, pensions, biens, crachats, tout leur a été prodigué. A quel titre, pour quel service ? Tandis que les hommes d'un mérite réel, soupçonnés seulement de patriotisme, sont obligés de souffrir et quelquefois de courber la tête devant ceux qui autrefois imploraient leur protection.

Du reste, le sort de ces quelques juifs qui ont eu le malheur de se livrer au vil métier de l'espionnage, est bien à plaindre. Leurs propres coreligionnaires les méprisent et les repoussent. Ils espéraient, peut-être, arriver à une fortune, et l'avidité des fonctionnaires russes les a spoliés de ce qu'ils ont pu gagner. Le mépris et la misère, voilà toute leur récompense[1].

Bien différent est le sort de ces Israélites qui auraient pu, en 1831, être réellement utiles aux Moscovites, et qui sont restés fidèles à la cause de leur patrie. Ils sont respectés par les Polonais et par les ennemis eux-mêmes.

Il est donc injuste de faire peser sur la masse des Israélites le reproche d'espionnage. De quel droit, d'ailleurs, accu-

---

[1] L'un de ces espions, natif de Szczuczyn, qui accompagnait toujours Aninkow, aide-de-camp du grand-duc Michel, est mort dans la plus profonde misère. Un autre, connu jadis de l'auteur, est réduit à un dénuement complet ; il maudit à présent et les Moscovites et leur czar, regrette vivement de les avoir servis avec tant de zèle. Il y a beaucoup de pareils misérables, punis si justement par la Providence.

serles Israélites en général de leur indifférence et de leur froideur envers la révolution? Cette révolution, dès le début, ne les a-t-elle pas repoussés? Voici l'ordre du dictateur Chlopicki, proclamé le 11 décembre 1830 :

« Les Juifs, ne possédant pas les droits des citoyens, contribueront à la tranquillité de la ville, par une contribution. »

Ce que nous venons de rapporter prouve jusqu'à l'évidence que le gouvernement polonais, le dictateur, les ministres, la diète, sont seuls coupables de n'avoir pas appelé les Israélites à la défense de la patrie commune. On a tort d'accuser les Juifs soit de haine, soit de trahison, lorsque pas une seule voix ne s'éleva en leur faveur, lorsque le gouvernement, les ministres et la diète les oubliaient et les repoussaient, en les laissant dans leur ancien abaissement. Qu'on ne pense pas que les Juifs préfèrent les Russes aux Polonais. Le système barbare et despotique ne peut pas convenir à un peuple industriel. Du reste, pourquoi aimeraient-ils les Moscovites? La Russie les a expulsés de son territoire. Le czar a arraché trente mille enfants du sein de leur mère; il a donné l'ordre à cent cinquante mille habitants paisibles de quitter les contrées où ils sont nés, où reposent les cendres de leurs pères[1], le même gouvernement les laisse à la merci de fonctionnaires barbares, avides, ignorants; est-ce pour cela que les Juifs doivent aimer leur persécuteur?

Nous qui connaissons à fond les sentiments des Juifs polonais, nous pouvons garantir qu'ils aiment leur patrie, qu'ils sont attachés au sol qui les nourrit, à la terre qui

---

[1] Quoique cet ukase ait paru l'année dernière, cependant le projet existait déjà avant 1830.

leur a offert un asile et qui renferme les ossements de leurs ancêtres[1].

Si l'on remarque les symptômes de la défiance, de la crainte, de l'indifférence, qu'on les attribue à l'esprit jésuitique qui respire la haine, à l'injustice et aux préjugés de plusieurs nobles influents. C'est une réaction inévitable. Mais, comme il est facile aux Polonais eux-mêmes de s'attacher à jamais cette nombreuse population! Qu'ils suivent le progrès des lumières, le noble exemple que la France leur donne, et ils trouveront dans les Juifs des citoyens, des frères, des alliés plus puissants qu'ils ne le pensent.

---

[1] Nous avons cependant excepté de ce nombre la fraction des nombreux orthodoxes thalmudistes qui d'après leurs lois n'ont pas d'autre patrie que la terre sainte.

XII

Après la prise de Varsovie, les membres du gouvernement provisoire, la diète, les officiers supérieurs, les journalistes, les chefs de partis et un grand nombre de gentilshommes des provinces polonaises incorporées à la Russie, se réfugièrent en France et en Angleterre. Parmi les réfugiés on remarquait le prince Czartoryski, descendant des Jagellons.

A cette époque, le trône de Juillet n'était pas encore consolidé, et la paix n'était pas assurée. La France était divisée en deux partis distincts dont l'un défendait le trône et la dynastie nouvelle, l'autre se composait de tous les mécontents qui voulaient la légitimité, la république, le changement, la guerre. Les Polonais arrivaient en France comme héros et martyrs. S'ils n'étaient pas puissants par le nombre, ils pouvaient donner à l'opposition une nouvelle force, par la sympathie qu'ils provoquaient, ainsi que par la présence des officiers supérieurs dont le nom était couvert de gloire. Tous les partis, tous les systèmes, tous les mécontents enfin, tâchaient de s'attirer les Polonais. Comme la chute du trône de Juillet amenait nécessairement la guerre, la guerre qui seule pouvait offrir de nouvelles chances au rétablissement de la Pologne, il n'est pas étonnant qu'une grande partie de l'émigration se soit laissée entraîner par les républicains qui lui promettaient de régénérer la Germanie, et de fonder la grande république des Slaves réunis, sous les auspices de la Pologne libre et indépendante.

Paris était aussi le nouveau champ où les partis qui se disputaient le pouvoir en Pologne se livraient une nouvelle bataille. La presse périodique et les réunions populaires épousaient leurs querelles. Nous allons entrer ici dans quelques détails parce qu'ils ont influé sur le sort et sur l'avenir des Juifs en Pologne.

Les gentilshommes qui aspiraient à la direction des affaires en Pologne, en cas de guerre, tendaient la main aux républicains français et combattaient le prince Czartoryski, en lui reprochant son incapacité dans ses devoirs politiques, ses flatteries à l'égard de la cour de Russie et son indifférence pour la Pologne. Cependant il attirait sur lui par sa seule position l'attention de l'Europe, et exerçait une grande influence dans les provinces polonaises incorporées à la Russie. C'est à l'influence du prince Czartoryski qu'on attribuait les fautes principales et les abus de la dernière guerre. Si les nobles n'ont pas affranchi les serfs, c'était le prince qui en était coupable. Si les généraux n'ont pas rempli leurs devoirs, si la Diète n'a pas pris des mesures énergiques, si enfin, la Pologne n'a pas développé tous les moyens de résistance, c'est au prince qu'on l'attribuait. A la tête de cette politique plus habile que loyale se trouvait M. Lelewel, ancien professeur dans l'Université de Wilna, savant antiquaire, laborieux chroniqueur, homme de cabinet, qui n'avait ni assez de lumières, ni assez d'énergie, ni assez de talent pour constituer un tribun du peuple, un chef de parti démocratique. Sa renommée scientifique, sa vie plus que modeste, ses privations, lui attirèrent des partisans aveugles dans la noblesse lithuanienne, et dans ses anciens élèves ; il fut élu président du comité qui prit pour titre le nom du *Comité national*. C'est aussi d'après ses démarches, et d'après son exemple que la moitié de l'émigration déclara le *prince Czartoryski* coupable de la chute de la Pologne, ennemi du pays et de l'émigration.

Nous avons vu que M. Lelewel a réussi à demi à se débarrasser de l'homme qui lui portait ombrage, du prince qui à lui seul rappelait la Pologne indépendante sous le gouvernement glorieux des Jagellons. Nous verrons s'il a été aussi actif quand il s'agissait de défendre les droits des paysans, de la bourgeoisie en général et des Juifs en particulier.

M. Lelewel, quelques journalistes, les membres de la société patriotique, ainsi que les porte-enseignes qui donnèrent le signal de la Révolution de Varsovie, choisirent pour leur domicile à Paris, un modeste hôtel, rue des Cordiers, le même que jadis occupait le citoyen de Génève, quand il visitait la capitale de la France. Là, tous les soirs, on débattait les propositions que le lendemain on devait porter à la réunion générale des Polonais, réunis dans la salle de la société asiatique, rue Taranne. Les démocrates les plus avancés, ceux qui voulaient affranchir les paysans et leur offrir les instruments du travail, ceux qui voulaient relever la bourgeoisie, tournaient leurs regards vers M. Lelewel, espérant qu'ils seraient appuyés par le président du club patriotique. Quel ne fut pas leur étonnement et leur désappointement, quand ils reconnurent, dans ce savant antiquaire, un gentilhomme imbu de tous les préjugés de la petite noblesse? Il s'emportait, quand on lui parlait de fonder des banques nationales et de doter les paysans. Son opinion à cet égard fut si arrêtée qu'il publia une brochure dans laquelle il rappelle le sort des cosaques, et attribue leurs malheurs et leur esclavage actuel au désir qu'ils avaient eu de posséder et d'avoir des propriétés. — Il voulait prouver aussi qu'il n'y a pas de serfs en Pologne, seulement, dit-il, les paysans sont *exposés à l'arbitraire de leurs seigneurs!!* — Ces quelques mots suffisent pour donner une idée des opinions libérales du savant professeur.

Le lecteur peut déjà s'imaginer quelles seront ses idées sur l'avenir de la bourgeoisie, et sur les droits des Israélites.

C'est M. le major Beniowski qui exposa le premier dans le petit comité, rue des Cordiers, les griefs, les droits et les espérances des Juifs polonais. Nous devons reconnaître avec plaisir que les jeunes Polonais, les vrais héros et martyrs de la dernière guerre, écoutaient M. Beniowski avec intérêt et résolurent de travailler avec lui à l'émancipation de leurs compatriotes de la religion de Moïse. La plus énergique, la plus violente, en même temps la plus mesquine opposition sortit de M. Lelewel. Au lieu de répondre, il se fâchait, il gesticulait et ne faisait entendre que quelques phrases isolées : «*Je n'aime pas les Juifs... ce sont des espions... des sangsues... des traîtres... qu'ils s'en aillent en Asie. Je ne me fie pas même aux convertis jusqu'à la sixième génération. C'est une race maudite.* »

M. Beniowski voulait provoquer une manifestation générale de l'émigration en faveur des Israélites, dans le double but de fixer l'attention de l'Europe sur deux millions et demi de Juifs, et en même temps, il voulait réveiller cette nombreuse population de son inertie. L'opposition de M. Lelewel brisait ses efforts. Le savant professeur avait encore trop d'influence pour pouvoir se passer de son adhésion. Le président du *Comité national* pouvait refuser sa signature sur un acte qui pouvait exercer une grande influence. M. Beniowski ne se découragea pas. Soit qu'il l'ait appris, soit qu'il l'ait deviné, il répand la cause vraie ou inventée de l'opposition de M. Lelewel. « Il n'aime pas les Juifs, il les hait, il parle contre leur émancipation, parce que lui-même il est le petit-fils d'un juif. Les convertis, pour faire oublier ou pour se faire pardonner leur origine, se distinguent par leur antipathie pour la race dont ils sont sortis ». La nouvelle circule parmi l'émigration, mais, chose curieuse, le stratagème de M. Beniowski lui réussit admirablement. Le lendemain, la motion faite dans la réunion de la rue Taranne, n'a pas d'opposition. Le manifeste est voté à l'*unanimité*, et c'est M. Lelewel qui se charge de sa rédaction. Telle est l'histoire du premier appel que l'Émigration a fait en faveur des Israélites[1].

---

[1] Lisez les *Archives israélites*, Lettres de M. Czynski.

Voici ce document :

« Peuple d'Israël !

» Hillel, interrogé sur le principe de votre religion et sur ce qu'il faut faire pour l'observer, répondit : « Ne faire » à autrui que ce que vous voudriez qu'on vous fît. »

» Vos regards, vos vœux sont tournés vers le pays de vos ancêtres, vers la patrie d'Abraham et de David ; vous voudriez la recouvrer, y retourner, et y régner comme nation indépendante ; vous désireriez qu'on vous en facilitât les moyens, que dans cette entreprise tout le monde vous prêtât secours. Les Polonais, parmi lesquels vous habitez en grand nombre, vous porteraient volontiers ce secours, si cela était en leur pouvoir, et ils ne vous le refuseront pas, dès que l'occasion favorable s'en présentera.

» Enfants d'Israël ! vous voyez aujourd'hui le grand désastre des Polonais. Expulsés de leur patrie, comme vous l'êtes de la vôtre, ils errent dispersés, comme vous, parmi les nations étrangères ; leurs familles, leurs biens sont la proie de l'ennemi ; leur patrie est subjuguée et envahie. Ils aspirent à recouvrer leur indépendance, et désirent que tout le monde leur prête secours. Ils ne veulent autre chose que ce que vous voudriez qu'on vous fît. Il en est temps encore. Ils l'attendent de vous. Pouvez-vous leur refuser votre assistance et votre coopération ?

» Il a plu à Dieu de vous priver des portes de David et de vous disperser parmi tous les peuples. Une branche de votre nation, implantée dans le sol polonais, y étendit ses racines, devint un grand arbre et porta des fruits ; car c'est chez nous que vous vous êtes multipliés dans une proportion beaucoup plus grande que partout ailleurs.

C'est ainsi que l'Éternel avait béni la postérité d'Israël dans notre pays, et il voulut évidemment qu'un intérêt commun la liât à la nation polonaise. Demandez à vos pères à quelle époque vous étiez les plus heureux, et ils vous diront que c'est sous la *République de Pologne.* Vous trouverez dans nos chroniques, dans nos livres des lois, dans vos anciennes traditions, que les enfants d'Israël ne possédèrent jamais de plus grandes richesses, ne furent jamais plus honorés, ne jouirent nulle part d'une plus grande prospérité, que lorsque Dieu accordait à la république de Pologne la liberté, la puissance et le bonheur. Ce fut alors que notre Salomon, notre sage roi Casimir-le-Grand, et Vitolde, fort et puissant comme Saül, assuraient aux enfants d'Israël, l'un dans les provinces polonaises, l'autre en Lithuanie et dans les terres Russiennes, ces franchises étendues qui les protégeaient à l'égal des seigneurs polonais. Ils avaient adopté notre costume magnifique, comptaient parmi eux un grand nombre de savants, faisaient un commerce immense, possédaient de riches boutiques, de grands capitaux et de vastes domaines. C'étaient là, sans contredit, des temps heureux pour les fils d'Israël. Les étrangers qui arrivaient en Pologne s'étonnaient de pareilles choses, car ils ne voyaient rien de semblable dans leur pays.

» Mais Dieu, dont la volonté toute-puissante abaisse et relève les nations, affaiblit la nation polonaise, et l'accabla de malheurs. Il lui suscita des ennemis, qui dévastèrent le pays, et le dépouillèrent de ses richesses. Ces maux pesèrent également sur les fils d'Israël, car leurs fortunes diminuèrent. On cessa de battre monnaie dans le pays; ils perdirent de grands capitaux, et tout leur commerce, tant en gros qu'en détail, se réduisit à très peu de chose ; mais bien plus, les fils d'Israël ayant conservé leurs anciennes mœurs, *et gardé leurs costumes communs à toute la nation*, tandis que les Polonais en adoptèrent de nouveaux, ce changement finit par établir entre eux et nous une distinction plus frappante qu'elle ne l'était d'abord. Cependant, malgré cet appauvrissement universel, les enfants d'Israël n'en vécurent pas moins heureux sous la république de Pologne ; car en ce temps-là, on se trouvait aussi bien en Pologne qu'aux jours des juges en Israël, où il n'y eut point de roi, mais où chacun faisait ce qui lui semblait être droit.

» Il existait, à la vérité, un roi de Pologne ; mais chacun se conformait à la loi, ainsi qu'il avait été prescrit aux rois par vos lois. (*Deutoronome*, xvii, 14-20). « Il ne faisait » point un amas de chevaux, il ne levait point de grandes » armées pour entreprendre des conquêtes ; il ne s'amas- » sait point beaucoup d'argent ni beaucoup d'or, et ne » prenait pas plusieurs femmes, afin que son cœur ne se » corrompît point ; » c'est-à-dire qu'il ne pouvait ni écraser le peuple d'impôts, ni s'entourer de magistrats corrupteurs. « Son cœur ne s'élevait point par dessus ses » frères ; » et les Polonais ne voulaient point choisir pour roi un homme qui ne fût pas leur frère. Il ne portait que le nom de roi, et en effet, n'était que le premier citoyen ; car le peuple n'obéissait qu'aux lois. En un mot, le gouvernement de Pologne était républicain, gouvernement dont un de vos sages, Abarbanel, favori des rois, fut l'ami et le partisan, et dont l'Ecclésiaste vante les avantages dans les proverbes, en disant : « Les résolutions » deviennent inutiles où il n'y a point de conseil, mais il » y a de la fermeté dans la multitude des conseillers. » Les Polonais se trouvaient bien de cette forme de gouvernement, et vous en ressentiez les heureux effets parmi eux. Mais les rois voisins, qui marchaient dans d'autres voies, les Pharaon, les Labynet et les Nébucadnetzar, leur envièrent ce bonheur, firent marcher contre eux de grandes armées pour envahir leurs possessions et se partager leurs dépouilles, pour verser des flots de sang, et exterminer une nation dont l'unique crime fut de défendre ses droits et sa liberté. Ce fut alors que le sang des enfants d'Israël se mêla au sang polonais sur le même champ de bataille; car ils savaient que la cause, pour laquelle on combattait, leur était commune, et ils faisaient volontiers ce qu'ils voulaient qu'on leur fît. Vous vous rappelez tout le carnage de Praga, où vos femmes, vos enfants égorgés sur le sein de leurs mères, vos vieillards débiles rencontraient la mort à côté de nos femmes, de nos enfants et de nos vieillards; ces jours d'horreur où une nouvelle Jézabel se baignait dans des torrents de sang qu'elle fit répandre par ses farouches soldats, pour détruire la nation et pour s'emparer de son pays. Or, il arriva que Dieu abandonna les Polonais, et il les livra entre les mains des rois, qui les dépouillèrent.

» Depuis ce temps-là, ne s'est-il pas accompli en Pologne ce qu'on lit dans les livres de *Samuël*, qu'un peuple qui demandait un roi, avait péché contre Dieu, et ajouté l'iniquité à tous ses péchés, que seulement dans sa colère, Dieu donne à un peuple des rois tels qu'en ont d'autres nations? Fils d'Israël, qui habitez sur le sol polonais, réfléchissez bien sur ces paroles. Comme jadis les rois d'Assyrie, d'Égypte et de Babylone vous menaient en captivité, de même les monarques de Prusse, d'Autriche et de Russie ont asservi les Polonais et vous avec eux; ils ont transformé la Pologne en une terre d'esclaves, ont arraché ses fils de leurs foyers pour les transporter hors de leur patrie, ou les ont plongés dans les cachots. Cüstrin, Elbing, Brünn, Olmütz, Bobruysk, Zomosc, la forteresse de Pétersbourg et les déserts de la Sibérie ont vu les prisonniers polonais expirer dans les tourments de la captivité. Mais voyons comment on vous traitait alors, qu'elle est votre situation dans le moment actuel, et quel sort vous est réservé à l'avenir, si vous continuez de servir ces rois.

» Rappelez à vos souvenirs de longues années d'oppression, passées sous le sceptre de ces trois monarques, et vous verrez vos richesses disparaître et votre pénible industrie devenir stérile, à mesure que le commerce, entravé de droits gênants et vexatoires, diminuait; vous vous verrez enlever tous les moyens de subsistance, vous verrez ruiner votre négoce par les douanes et la contrebande, et toute votre population dépérir sous le poids d'impôts énormes, qu'on a inventés pour vous écraser. Chacun de vous est obligé de payer de fortes contributions aux rois et à leurs fonctionnaires, pour se racheter momentanément de l'oppression ou de l'injustice; et, à peine échappé à leurs poursuites, il redevient victime d'une spoliation. C'est encore pour vous mettre à l'abri des violences toujours renaissantes, que vos rabbins et vos anciens, croyant pouvoir vous en racheter à prix d'or, épuisent vos faibles ressources. Ils se trouvaient dans la triste nécessité de commander des jeûnes, afin que le denier destiné à apaiser la faim des familles indigentes fût employé à détourner de vous les conséquences d'une loi cruelle. Mais cet expédient même n'apporta aucun soulagement à votre misère; on continua d'imaginer de nouvelles manœuvres, de mettre à exécution de nouveaux moyens de rapine, qui finirent par vous précipiter dans l'indigence, par peupler des villes et des villages d'une foule de mendiants; et tout cela arriva sur le sol polonais, dans cette terre d'esclavage, où des rois tels que ceux d'Assyrie, d'Égypte et de Babylone avaient établi leur injuste domination : car ce n'est qu'à ces monarques qui vous ont opprimés et dont la main de fer s'appesantit également sur nous, que vous devez imputer vos malheurs.

» N'est-ce pas ainsi qu'on procède envers vous dans le duché de Posen et dans la Prusse, où l'on ne cherche à vous favoriser par des condescendances trompeuses, que pour vous maintenir dans le repos, pour vous extorquer le prix de vos sueurs et pomper toute votre substance, comme les sangsues, qui épuisent le sang de l'homme et l'amènent, sans douleur, à un état de défaillance ?

» Votre sort est-il différent en Galicie, sous les Pharaons de Vienne? Ils vous ont promis et vous ont accordé les droits de citoyen; certes, il y a là une cruelle dérision. On ne vous a honorés de ce titre que pour faire de vous des esclaves plus dociles, ainsi que du reste des habitants qu'on nomme également citoyens. Car vous n'ignorez pas ce principe consacré en Autriche, que le mérite d'un citoyen consiste uniquement à devenir l'esclave fidèle de l'empereur, qui dispose souverainement de sa vie et de sa fortune. Ainsi s'accomplit à l'égard de vous ce qui dans vos livres est écrit sur les rois. Tout ce qui est à vous appartient à l'empereur, et il dispose de vos personnes selon son bon plaisir. Foulant aux pieds les lois de votre religion, il choisit à dessein les fêtes et les cérémonies les plus solennelles pour exercer envers vous de plus criantes violences. Car, n'est-ce pas dans les jours consacrés à la pénitance et à la contrition, au moment où le peuple assemblé adresse à l'Éternel, dans le plus profond recueillement, ses ardentes prières, qu'on envahit vos synagogues, qu'on pénètre au milieu de vous, et qu'on vous arrache vos fils, pour les incorporer dans les cohortes impériales armées pour vous maintenir sous le joug de l'oppression.

» Quelle est enfin votre situation sous le Nébucadnetzar du Nord ? Sans prétendre vous énumérer toutes les injustices, tous les actes d'oppression dont vous êtes victimes, nous nous bornerons à vous en rappeler quelques uns ; car, la nature humaine se révolte à la seule idée de tous les brigandages exercés contre vous, de tous ces procès qu'on vous intente sous prétexte de réprimer le commerce de contrebande, et dont le véritable motif est de vous ravir les fruits de vos labeurs. Combien de fois, dans les ténèbres de la nuit, vos maisons, vos boutiques n'ont-elles pas été entourées par la force armée, et livrées au pillage comme dans une ville prise d'assaut ! En se couvrant de la mauvaise foi imputée à votre nation, à combien de vos marchands n'a-t-on pas arraché la fortune et la vie ? On enchaînait même vos femmes et vos vieillards, et on les écrouait dans les prisons. On faisait importer secrètement dans vos maisons des marchandises prohibées, et par cet infâme stratagême, on parvenait à dépouiller ceux dont les richesses avaient excité la cupidité des fonctionnaires. Pour justifier enfin ces attentats, on retenait les pauvres gens, et, après les avoir fait déclarer coupables, en les envoyait en Sibérie. Depuis longtemps, des ukases barbares déciment vos familles sur le sol polonais ; en les transplantant malgré elles dans les déserts, pour y former des colonies, et comme pour se jouer de vous, on proclame que cette translation forcée est une marque de la sollicitude paternelle de l'empereur envers vous. Depuis longtemps, pour vous repousser des frontières de l'empire, on vient vous troubler dans vos paisibles demeures, on vous force à les abandonner, et à vous choisir un domicile au fond du pays. N'est-ce pas de cette manière qu'on vous pourchasse dans la Russie-Blanche et dans toute l'étendue des frontières! L'empereur Nicolas vous impose d'énormes tribus, et lorsqu'il vous a épuisés, il s'attaque à votre religion, en vous ordonnant de lui livrer vos enfants à prix d'argent. C'est alors qu'on a vu de petits enfants, arrachés du sein de leurs mères, présentés tout nus devant les fonctionnaires de l'empereur, qui choisissaient les victimes, et les marquaient du sceau d'infamie en leur faisant couper les cheveux; qui, selon votre loi, doivent rester intacts; et, pour votre plus grande humiliation, on les destine à la marine. Par milliers, les enfants d'Israël, jetés dans les rangs d'une soldatesque corrompue, vont servir d'instruments au despote pour river les fers des nations, et pour que ceux d'entre eux qui survivront à la bastonnade et à la misère, insultent un jour à leur propre religion.

» N'imputez pas à la nation polonaise ce système de déprédation qui vous a ruinés dans le royaume établi par le congrès de Vienne, où gouvernaient les Nabuchodonozor du Nord. Leur volonté s'accomplissait dans les spoliations, dans l'espionage et dans toutes sortes de méfaits. Votre misère fut leur ouvrage.

» Dans cette ruine immense qui s'est consommée sur le sol polonais subjugué et asservi par les rois, ne voyez-vous donc pas ce que votre prophète *Samuël* avait prédit à leur égard (1 Reg. VIII, 14-16) : « Il prendra vos champs, vos vignes et les terres où sont vos bons oliviers; il dimera ce que vous aurez semé et ce que vous aurez vendangé, et il le donnera à ses eunuques et à ses serviteurs. Il prendra vos serviteurs et vos servantes et l'élite de vos jeunes gens, et les emploiera à ses ouvrages; il prendra aussi vos filles pour en faire des cuisinières et des boulangères. Il prendra vos fils et les mettra sur ses charriots et parmi ses gens de cheval, pour en faire ses instruments de guerre; et vous serez ses esclaves. Enfants d'Israël, il n'en était pas ainsi tant que la nation polonaise, constituée en *république*, fut libre et indépendante; et tout ce malheur se réalisa du jour où elle tomba avec vous sous la verge des despotes voisins. Les Polonais connaissaient vos griefs non moins que leurs propres infortunes. Vous les avez vus combattre pour la liberté, et tenter mille efforts afin de délivrer la terre de leurs ancêtres des fers de l'esclavage. Plusieurs d'entre vous ont senti le besoin de concourir à la commune délivrance, et ont apporté dans ce but des sommes considérables sur l'autel de la patrie; d'autres remplissaient les fonctions publiques; plusieurs ont pris les armes, et, combattant dans nos rangs, n'épargnèrent point leur sang pour la sainte cause de la Pologne. De son côté, le gouvernement national chercha à vous procurer quelque soulagement, et vous avez compté parmi nous des amis qui souhaitaient sincèrement de vous accorder tout ce qu'exigeaient les besoins du temps, mais malheureusement, ne pouvant faire rentrer le cours de la révolution dans ses propres voies, demeuraient hors d'état de remplir vos vœux. Les mêmes hommes qui par leur coupable entêtement firent avorter la plus belle des révolutions, *les mêmes obstacles qui paralysèrent le développement des forces nationales, s'opposèrent aussi à l'amélioration de votre sort.* Vous savez que vos vœux n'ont pas été satisfaits de même que vous n'avez pas satisfait à tout ce que nous attendions de votre part. En un mot, il n'y a pas eu d'intelligence parfaite parmi nous ; de part et d'autre, on n'a pas fait tout ce qu'on aurait voulu qui fût fait, ce qui entraîna des conséquences bien fâcheuses pour l'une et l'autre partie.

» Les efforts de la nation polonaise n'ont pas été couronnés du succès ; et aujourd'hui, vous le savez, un joug plus intolérable que jamais écrase la Pologne. Ses enfants expulsés de leur patrie ou plongés dans les cachots ; femmes, enfants, vieillards arrachés de leurs foyers et emmenés en captivité dans les steppes de la Sibérie ; des villes et des villages saccagés : tel est le spectacle que présente aujourd'hui la Pologne. Ce n'est plus dans la fournaise ardente que les victimes sont brûlées en l'honneur de Baal, mais par la faim et le froid qu'on poursuit l'œuvre de destruction. Ne nous arrêtons pas à vous retracer toutes ces horreurs dont vous êtes les témoins. Toutefois, l'auteur de tant de maux, le Nabuchodonozor du Nord, qui naguère vous persécutait presqu'avec le même acharnement, vous admet aujourd'hui à sa grâce, vous récompense, on ne sait trop pour quels services rendus, et, d'esclaves misérables, vous change en esclaves favoris. Ah! sans doute, il médite dans sa perversité de nouveaux desseins d'oppression, et, sous des paroles de paix, il enveloppe sa perfidie. Rappelez-vous la maxime d'un de vos râbbins, qui dit : « Soyez avec vos amis comme s'ils devaient devenir vos ennemis. Songez que de pareilles flatteries sont toujours trompeuses et perfides. » — « Ne désire point ses friandises, » dit l'Ecclésiaste, car c'est une viande trompeuse, » n'aggravez pas le péché qui est sur vos têtes, en soutenant le czar, ce roi qu'un peuple ne demande, à l'exemple des autres nations, qu'après avoir abandonné Dieu. N'augmentez pas la mesure du mal, en ne faisant point ce que vous ne voudriez qu'on vous fît. »

» Enfants d'Israël ! les Polonais dispersés sur les terres étrangères et parmi les diverses nations, regardant ce qui se passe chez elles, rencontrent au milieu d'elles vos frères et s'entretiennent avec eux. C'est de notre pélérinage que nous vous adressons ces paroles, persuadés que vous reconnaîtrez toute la vérité qu'elles renferment. Nous voyons ce que vos coreligionnaires, qui habitent parmi les autres nations, ont obtenu, et ce qu'ils réclament encore. Les lumières du siècle que Dieu répand sur eux leur offrent les moyens de conserver leur religion, de vivre dans un accord fraternel avec les étrangers, de jouir des droits de citoyen, ou d'en réclamer les bienfaits. Vous connaissez les avantages qu'ils ont acquis à cet égard ; vous savez combien de savants, de littérateurs ont illustré et illustrent encore votre nation et le siècle où nous vivons. Eh bien ! sa sagesse contribue à propager l'esprit de concorde et de fraternité entre les enfants d'Israël et ceux des autres nations ; car la sagesse rend puissant le Fils de l'Homme. « L'homme sage est accompagné de force, et l'homme qui a de l'intelligence renforce la puissance, » dit l'Ecclésiaste dans les Proverbes. Mais à quoi servent ces avantages sur la terre de captivité ?

» Notre siècle offre le spectacle d'une lutte continuelle de la liberté opprimée contre les envahissements du despotisme. Les rois se sont conjurés pour asservir les peuples, et, de leur côté, les peuples cherchent à former une ligue pour leur résister et conquérir leurs droits. Nous touchons, sans doute, à l'époque de graves événements. un breuvage amer est préparé pour tous les monarques qui se sont écartés des voies droites, et ils le videront jusqu'au fond. Dieu bénira les peuples en leur accordant la liberté et le bonheur, et dans le moment où tant de symptômes d'activité se manifestent chez toutes les nations, vous convient-il, enfants d'Israël, de demeurer spectateurs impassibles? Vous conviendrait-il de soutenir l'idole aux pieds d'argile, de protéger vos oppresseurs et les contempteurs de votre religion?

» Vous voila enfin parvenus aux siècles où disparaissent les haines et les rivalités qui avaient divisé les nations. De quelque langue, de quelque religion qu'elles soient, elles cherchent toutes à s'unir par des liens de paix et de fraternité. La terre tout entière devient la demeure d'une même famille, et les portes qui y conduisent sont ouvertes aux enfants d'Israël. Les chrétiens ainsi que les Israélites adorent un Dieu tout puissant, *Jéhova* et désirent mettre leurs lois et leur liberté à l'abri des attentats des messagers de la colère divine. Qu'avez-vous gagné pendant tant de siècles de la domination des monarques, oppresseurs des nations? Quelquefois des promesses perfides et illusoires, et toujours la misère et l'avilissement; quelquefois des moyens de gains chétifs, et toujours l'opprobre et le traitement ignominieux qui pesait sur vous comme sur un rebut du genre humain. Au contraire, vous avez tout à espérer des idées et des sentiments populaires qui commencent à se développer de plus en plus. La répugnance que l'opinion nourrissait contre vous dans tous les états, et qui vous offense justement, va bientôt s'éteindre, et vous parviendrez vous-mêmes à la détruire, si vous contribuez efficacement à conquérir la liberté générale et à affermir la souveraineté des peuples; « car la main des diligents dominera, mais la main paresseuse sera tributaire. »

Les enfants d'Israël qui vivent maintenant dispersés sur les terres d'esclavage, en Italie, en Allemagne, en Pologne, ne doivent tendre qu'au même but avec les peuples de ces pays, ne doivent désirer que ce qui est propre à accélérer leur affranchissement ; car seulement alors ils deviendront à leur tour libres et heureux. Un des pères de votre synagogue n'a-t-il pas dit : « Que le règne du Messie viendra le jour où Israel se verra délivré pour toujours de l'oppression des monarques de la terre? »

Comme Judas Machabée, le Polonais tenta de briser le joug étranger ; et si la main de la mort s'appesantit sur lui et le replongea momentanément dans la servitude, la justice éternelle ne l'a pas abandonné, et ses frères, qui ont survécu à la destruction, relèveront sa cause abattue avec un plus grand déploiement de forces. Les autres peuples les seconderont, car cette cause est la leur. Enfants d'Israël! ne vous en isolez pas, et ne soyez pas les derniers à vous mêler à l'œuvre de la régénération. Nourrissez des sentiments de bienveillance et de liberté, et vous trouverez mille moyens d'y coopérer. Malgré l'appauvrissement universel, vous possédez encore quelques ressources que vous pouvez employer pour la cause générale. Toute offre, quelque modique qu'elle soit, devient grande et efficace dès qu'elle provient du cœur. Votre habileté et votre prévoyance dirigeront vos efforts vers le meilleur but, et vous indiqueront les moyens de nuire à l'ennemi commun. Dès que l'occasion s'en présentera, vous saurez saisir les armes d'un bras ferme, et vous n'épargnerez point le sang. Nous avons tout lieu de le croire, car nous avons vu les offrandes patriotiques et les sacrifices de plusieurs d'entre vous, dans le cours de notre dernière lutte. Nous comptons avec orgueil des amis dans le peuple d'Israël, qui, constamment fidèles au drapeau de la liberté, ne manqueront pas de vous garantir la sincérité et la pureté de vos intentions. Ils seront auprès de vous les interprètes de ces paroles que nous *vous adressons en ce moment.* Enfants d'Israël! si quelqu'un de vous vient à manifester des sentiments d'inimitié à notre égard, demandez-lui quelle en est la cause, et rappelez-lui les paroles d'un de vos rabbins : « Que le péché entre Dieu et l'homme sera pardonné au jour du pardon, mais celui entre l'homme et son semblable ne sera pas expié sans le redressement du tort. » Et lorsque nous aurons péché contre vous, par inimitié, que Dieu ne nous pardonne pas *ce péché dans le jugement dernier.* Quand le jour du triomphe sera arrivé, nous réglerons nos comptes. Tout fils de la Pologne, tant israélite que chrétien, se présentera alors, pour rendre compte de ce qu'il aura fait pour la chose commune, contribué au rétablissement de la patrie; tous les services et tous les efforts seront pesés rigoureusement dans la même balance. En nous constituant sur notre sol natal, nous nous assurerons des libertés réciproques, et nous les partagerons entre nous. Soit qu'il faille les instituer en commun, soit séparément, la volonté générale en décidera, ainsi que les conventions mutuelles. Peut-être préférez-vous une loi distincte, peut-être songerez-vous à couronner vos vœux en retournant dans la terre de Jacob. Dans tous les cas, la nation polonaise, pénétrée de la justice de vos désirs, s'empressera, en tout ce qui dépendra d'elle, de vous aider à les accomplir. Élevez aujourd'hui vos prières et unissez-les aux nôtres, afin que Dieu fasse triompher la cause des peuples. L'heure de la délivrance va bientôt sonner; il n'y a pas un instant à perdre. Sans différer davantage, agissez avec nous. Celui-ci qui prend garde au vent ne sèmera point, et celui qui regarde les nuées ne moissonnera point. »

Paris, ce 3 novembre 1832.

Président du Comité national : Joachim Lelewel, nonce de Podlachie à la Diète de Pologne.

Membres du Comité : Valentin Zwierkowski, député de Varsovie à la Diète, major de la garde nationale, à cheval et des krakus, secrétaire de la Diète ; Léonard Chodzko, grenadier de la garde nationale polonaise, capitaine aide-de-camp du général Lafayette ; Antoine Przeciszewski, lieutenant-colonel des lanciers de Posen, nonce de Lithuanie à la Diète ; Antoine Hlusznie- wicz, nonce de Lithuanie à la Diète ; Erasme Ryka- czewski, artilleur polonais.

Secrétaire du Comité : Valérien Pietkiewicz, nonce de Lithuanie à la Diète de Pologne, soldat volontaire à l'armée nationale polonaise.

Trésorier du Comité : Charles-Édouard Wodzinski, soldat volontaire du 1er régiment des krakus.

Sans doute, ceux qui liront cette proclamation, sans connaître son auteur, sans se rendre compte des préjugés des gentilshommes polonais, la trouveront bien pâle et bien prétentieuse. Ils s'étonneront que les réfugiés polonais aient parlé à leurs frères d'une autre croyance, du nouveau royaume de Jérusalem, au lieu de les appeler à devenir citoyens, enfants de la même patrie. Ils ne comprendront rien à la glorification du gouvernement dont M. Lelewel faisait partie. Mais, malgré toutes ses petitesses et bien que l'appel ne répondît pas à l'importance de la question, l'acte de proclamation, par cela même qu'il existait, devenait un événement. C'était pour la première fois qu'un nombre respectable de Polonais promettait un meilleur avenir aux Israélites. C'était la conquête des idées du dix-neuvième siècle sur les préjugés du moyen-âge. Ce fut un cri qui trouva de l'écho en Allemagne, et qui se répandit au bord de la Vistule. De ce moment, la cause des Israélites trouva ses défenseurs et ses adversaires.

XII

Parmi les journaux polonais qui se signalaient par leur mépris et par leur haine pour les Juifs, nous signalons *La Nouvelle Pologne* (Nowa Polska) et *Le National* (Dziennik Narodowy). Parmi les écrivains qui n'ont pas su s'élever au dessus des préjugés, nous devons encore ranger le poète Mickiewicz qui, dans son livre populaire : *Ksiegi Pielgrzyma,* au milieu des sentiments les plus élevés, exprimés avec la verve d'un grand poète, déverse sur la race israélite tout le fiel d'un gentilhomme ignorant. Il y parle de l'*âme sordide des Juifs* et de *leur vil esprit*. Était-il permis au poète d'un si haut mérite de confondre les résultats d'une longue oppression avec la nature et la destinée de la race qui enfanta tant de héros, qui se distingua par l'amour de Dieu et de la patrie, et qui même, d'après la religion du savant poète, comptait dans son sein des prophètes, des martyrs, et qui donna au monde le Sauveur. Le poète Antoine Gorecki suivit une route plus généreuse, et sa plume sympathisa avec le malheur.

M. Lelewel se reposa sur ses lauriers. Non-seulement il ne lutta pas contre les journaux fanatiques et ignorants, mais il resta en relations politiques avec la *Nouvelle Pologne* et l'*Aigle Blanc* qui se signalaient par leurs indignes articles. Pour donner une idée jusqu'à quel point une vicieuse éducation et un préjugé national peuvent dénaturer le cœur humain et fausser l'esprit, nous citerons les seules paroles d'un certain J.-B. Ostrowski qui, pour expliquer les massacres des Juifs par la population, dit : « Que le peuple dans cet acte suivait une sainte inspiration. »

Nous trouvons dans un autre journal, *Pòlnoc*, la réponse à cet article infâme. C'est M. Hernisz, officier polonais, israélite de naissance, qui releva le gant.

C'est ici que nous devons parler de M. Czynski et de ses efforts. Déjà, en Pologne, pendant la dernière guerre, il eut l'occasion de montrer ses sentiments humains envers les Israélites. Il remplissait les fonctions de chef de l'état-major auprès du général Szeptycki, commandant supérieur du palatinat de Lublin. On dénonçait les Juifs comme voulant se soustraire au service militaire. La population de Lublin était prête de se jeter sur de prétendus traîtres et espions. M. Czynski apaise la foule, convoque les notables dans la synagogue, ainsi qu'un grand nombre d'Israélites de toutes les conditions, prend la parole pour expliquer aux Juifs réunis le sort qui les attend si la Russie triomphe, et en même temps, après avoir rappelé leur triste position actuelle, il leur fait voir que la Pologne libre les traitera en citoyens et les adoptera pour ses enfants. Sa chaleureuse improvisation produisit un effet merveilleux. Les Israélites résolurent à l'instant de former un corps de volontaires, et les plus riches ouvrirent une souscription pour venir en aide aux frais du gouvernement. Cette conduite des Israélites changea les dispositions hostiles de la population, et M. Czynski retourna au siége du gouvernement, entouré des premiers volontaires, au milieu d'applaudissements unanimes.

Soit que ce succès obtenu frappa l'âme de M. Czynski, soit que, par ses relations avec les Israélites polonais, il fut touché de leur misère et de leurs mérites, il est toujours constant que depuis ce moment, la cause de l'émancipation des Israélites polonais n'eut pas de défenseur plus zélé et plus persévérant. Pour faire apprécier toute la portée de cette conduite, nous devons ajouter que l'homme qui s'y est dévoué devait s'attendre à de nombreux et puissants adversaires. Le Club démocratique même avait dans son sein des hommes imbus des idées jésuitiques. La motion que M. Czynski y fit pour provoquer un appel aux Israélites, fut combattue par l'abbé Pulawski, et rejetée à la majorité de huit voix contre sept.

Arrivé en France, non seulement M. Czynski s'associa de cœur à tous les efforts du major Beniowski, mais il résolut de plaider la cause des Israélites dans la presse française et allemande. Il publia une brochure sous le titre : *Question des Israélites polonais*. Ce fut la première exposition qui rappela au monde qu'aux bords de la Vistule il se trouve deux millions et demi de Parias qu'on nomme Juifs, et qui n'attendent qu'une sage protection pour s'associer au progrès de la race humaine. Après l'apparition de cette brochure, M. Crémieux, député et président du consistoire, aujourd'hui, publia une lettre dans le *National*, dans laquelle il présenta pour exemple à la nation anglaise les sentiments des catholiques polonais, en ajoutant que désormais le nom de M. Czynski viendra au souvenir des Israélites, chaque fois qu'on traitera la question de leur émancipation.

Le *Réformateur*, le *Constitutionnel*, le *Courier Français*, ouvrirent leurs colonnes à M. Czynski. Malgré ce concours, il croyait qu'il pourrait faire plus encore, si un comité, présidé par un illustre personnage, venait à son aide. Le général Lafayette, comprenant la justice et l'importance de la question israélite, offrit son concours aux catholiques polonais, et se mit à la tête d'une société ayant pour but *d'accélérer l'émancipation des Israélites.*

Ici, nous devons faire une observation : M. Czynski commit une grande faute. Il prit la question de l'émancipation des Israélites pour une question politique. Attribuant tout le mal à l'aristocratie, il faisait cause commune avec les démocrates exclusifs. La cause qu'il défendait était celle de la liberté de conscience, de justice, de l'humanité, il fallait la plaider en dehors des partis.

L'alliance de M. Czynski avec le parti républicain porta ses fruits. Le gouvernement lui donna ordre de quitter la France, et, après son départ, le comité, présidé par le général Lafayette, fut dissous.

M. Czynski obtint la permission de retourner à Paris, où il fit paraître le *Roi des Paysans*, roman historique dans lequel il présente le tableau des Juifs en Pologne, sous le règne de Casimir-le-Grand. Ce roman, traduit en allemand, publié dans les feuilletons de journaux, attira l'attention sur la position actuelle et sur l'avenir des Juifs en Pologne.

Les *Archives israélites*, dirigées par M. Cahen, ouvrirent

aussi leurs colonnes à M. Czynski qui, dans une série de lettres, donnait des renseignements utiles sur la condition des Juifs polonais, rectifiait les erreurs d'autres journaux et jetait une vive lumière sur la question israélite. Il serait à désirer qu'on fît paraître toutes ces lettres réunies. C'est un document à consulter pour tout homme qui s'occupe de la question des Juifs polonais.

Nous ne pouvons pas, non plus, passer sous silence la conduite de M. Czynski, à l'égard des Israélites pauvres réfugiés. Sa maison devint le rendez-vous de tous ces malheureux, qui fuyaient la tyrannie russe. Plus d'un de ces infortunés, grâce à ses soins, fut occupé, placé, secouru. La maison du prince Czartoryski, jadis indifférente au sort des Juifs[1], grâce aux constants efforts de ce Polonais, change sa politique et sa conduite. La princesse a donné l'ordre que l'on secourût tous les Israélites qui seront recommandés par M. Czynski, et le prince lui-même a reçu avec bonté les Israélites malheureux qui lui donnaient des renseignements sur leurs frères. Plusieurs d'entre eux furent noblement assistés : pas un n'a été abandonné. Mais ce qui est plus important, le prince, dans son discours du 29 novembre 1844, en parlant de l'avenir de la Pologne, fixe son attention sur la bourgeoisie, sur leurs droits,

---

[1] Au commencement de l'émigration, si quelques Israélites malheureux se présentaient dans la maison du prince, ils étaient impitoyablement repoussés. On ne les considérait pas comme Polonais. Tout cela est bien changé aujourd'hui, quoiqu'on ait encore à se plaindre de quelques propos indignes de la part de ses courtisans, mais ce sont de rares exceptions que nous devons attribuer à l'influence des jésuites. C'est cette même influence qui se fait jour dans les écoles de la jeunesse polonaise. La première pensée de ce bienfaisant établissement vient de madame Czynski. Cette dame voulait que tous les enfants des réfugiés, n'importe de quelle religion, y fussent admis. L'influence des jésuites s'y opposa. On n'y reçoit que des enfants catholiques.

sur leurs devoirs, et n'oublie pas les Israélites. Ce discours qui a produit une grande impression sur toute l'émigration, pénétra aussi dans le pays où les paroles du prince trouvent de l'écho. Nous constatons avec bonheur cette nouvelle tendance du prince Czartoryski. Elle est généreuse et sage. C'est la politique de Casimir-le-Grand et des Jagellons. Comme il doit être doux d'être béni par deux millions d'hommes reconnaissants, comme il est prudent de posséder l'amour de toute une race industrielle, laborieuse, réunie par la même religion et par les mêmes malheurs. Nous ne pensons rien ôter aux mérites du prince, en attribuant sa nouvelle conduite à l'influence exercée par les travaux de M. Czynski.

Quant à nous personnellement, qui avons vu de près M. Czynski, qui avons été le témoin tout particulier de ses efforts, nous sommes heureux de le pouvoir compter au nombre de nos plus intimes amis. Les Israélites français ont fait un acte de justice, en lui offrant une médaille. Il l'a fort méritée, et ce sera un encouragement pour ceux qui suivront son exemple[1].

Les travaux de M. Czynski eurent un double résultat : d'un côté, ils éveillèrent la sympathie et la coopération active de quelques hommes de bien, en fixant l'attention de la presse française et allemande sur la population israélite de Pologne. De l'autre, le cabinet de St-Pétersbourg s'émut. D'abord il voulut profiter des fautes des gentilshommes polonais, en tâchant, par des promesses, de s'attirer

---

[1] Les souscriptions furent ouvertes d'abord dans les *Archives*, puis dans l'*Univers israélite*. On y voit en tête les noms du grand-rabbin, de M. Crémieux, de M. Cahen, ainsi que de plusieurs autres notables de Paris et de la province. (Voyez les *Archives* du mois de juin et l'*Univers* du mois d'août 1848).

es Juifs. Le premier ukase qui les concerne, publié en 1833, est visiblement dirigé dans ce sens. L'empereur reproche aux Polonais leur injuste conduite et promet un meilleur avenir à la race d'Israël.

Mais, est-il facile de soulager les Juifs, dans un pays tel que la Russie, pays où il n'y a que des serfs et des nobles, pays où les nobles eux-mêmes ne sont sûrs ni de leur propriété ni de leur vie. Même quand le czar voudrait rendre les Juifs égaux aux chrétiens, il ne ferait que les rendre égaux aux serfs et aux esclaves. Le plus affreux résultat de cette prétendue égalité, c'est le service militaire auquel les Juifs sont assujétis. Il ne faut pas oublier que les Juifs nés en Pologne, ne connaissent pas la langue russe. Il faut se rappeler encore la position d'un soldat moscovite, mal payé, mal nourri, toujours battu par les chefs, depuis le sergent jusqu'au général en chef. Placez dans une telle armée un Juif, que les militaires russes regardent comme un des scélérats qui ont crucifié le fils de Dieu, et vous comprendrez pourquoi les malheureux conscrits abandonnent patrie, famille, fortune, pour chercher un asile que l'Allemagne leur refuse, que la France leur accorde avec une si généreuse hospitalité. Que l'on juge de l'affreuse position d'un soldat russe par les moyens dont se servent les habitants pour se soustraire au service militaire. Ils se coupent les doigts, ils s'enfuient dans les forêts, ils se sauvent en Turquie et chez les Tartares. Il y a quelques années, on amena à Wilna un traîneau chargé de dix cadavres, c'étaient des jeunes gens juifs qui préférèrent mourir de faim et de froid dans les forêts, que d'accepter le service et s'exposer à la barbarie des militaires russes.

Malgré toutes les désertions, le nombre d'hommes voulu

doit se remplir, car le contingent militaire des Juifs porte sur les individus en communautés, lesquelles sont obligées de fournir le nombre fixé de conscrits. Les principaux des Juifs eux-mêmes doivent ainsi traquer et dénoncer les déserteurs.

Le nombre de déserteurs qui vient à Paris, a augmenté très considérablement dans ces derniers temps; ils y trouvent des secours parmi les Israélites français, et même chez quelques chrétiens polonais.

Il n'est pas étonnant que les Juifs russes et polonais regardent le service militaire comme une calamité. La patrie, que leur donne-t-elle pour qu'ils veuillent la défendre volontairement et par patriotisme? Ils ne sont pas même les citoyens du pays. Ils n'obtiennent point de grade dans l'état militaire, et dans l'état civil il ne peuvent obtenir aucun emploi. Quel est le sort du soldat russe? Il reçoit pour toute une année le salaire d'environ quinze francs, (quatre centimes par jour), ses vivres consistent en pur gruau et en pain sec (zuchary), puisque les autres aliments tels que viande, beurre et eau-de-vie, restent entre les mains des officiers, contre lesquels il n'est point permis de porter plainte; il ne peut jamais devenir officier, même quand il se distingue par une grande capacité militaire. Nous ne voulons pas affliger le lecteur en racontant la multitude de souffrances que le soldat russe a à subir.

Après avoir enduré tous les maux dans des contrées éloignées, pendant vingt ans de services, et avoir souffert les coups, le froid et la faim, il revient enfin dans sa patrie, réduit à implorer la charité, parce que l'état militaire l'a privé de toutes ses forces physiques.

Les Juifs convertis, d'après l'ukase du 26 septembre 1843, sont exempts du service militaire; mais ce cas est très rare; car le Juif emploie tous les moyens pour échapper au service militaire, mais il ne se fait point convertir pour cela. Les Juifs regardent cet ukase militaire comme un châtiment providentiel, tandis que les Israélites éclairés y voient le commencement du progrès, espérant que l'avenir leur apportera plus de droits civils et plus de liberté, et ils supportent ainsi le joug de la présence sous les armes avec patience et soumission.

Lorsque parut cet ukase militaire, les principaux de la communauté juive de Varsovie prirent la résolution d'adresser une supplique à l'empereur Nicolas pour lui demander l'égalité civile des sujets juifs, comme des chrétiens, puisque, selon la loi de 1847, le droit de citoyen appartient aux Juifs dès qu'ils sont admis au service militaire. Ce décret impérial du 7 janvier 1847, porte : « Les Juifs qui demeurent dans le royaume de Pologne sont exempts du service militaire en temps de paix aussi bien qu'en temps de guerre, tant qu'ils ne seront pas admis au droit de citoyen, et sont tenus, par ce motif, de payer chaque année, au trésor polonais, une somme de 700,000 florins! »

Cette pétition resta sans aucun succès. Plusieurs disent qu'elle ne parvint point jusqu'à l'empereur; d'autres affirment que Nicolas ne veut point qu'on lui parle des lois qui existaient en Pologne avant 1830. Cette dernière opinion paraît être la vraie, car nous avons beaucoup d'exemples qui prouvent qu'il n'estime guère les lois de ses prédécesseurs, surtout celles concernant la Pologne.

Quoique les Juifs russes soient déjà, depuis une dixaine d'années, admis au service militaire, on ne s'inquiète guère d'améliorer leur état; il n'y a donc rien à espérer pour les Juifs polonais.

Plus on est persécuté et malheureux, plus on devient religieux et plus on croit à un changement providentiel. Aussi, la croyance à la prochaine venue du Messie s'est fortifiée parmi les Israélites en Pologne. Nos lecteurs en auront la preuve dans la formule de serment que les conscrits israélites sont forcés de prêter : Ils jurent de rester fidèles au czar, et de ne pas abandonner leur drapeau, même au moment de l'arrivée du Messie.

XIII

Il y a quelques années, le ministre des cultes, le comte Ouvarov (Uwarow) fit publier un édit qui prescrivit une organisation d'écoles dans toutes les communes juives, pourvues de maîtres habiles, afin de hâter le progrès et l'émancipation de la population juive. Les espérances que fit naître cette entreprise furent si brillantes que les esprits avancés y virent, de la part de l'empereur Nicolas, l'intention de s'occuper avec fruit de la réforme et de l'amélioration du sort des Juifs, tandis que les Juifs superstitieux, au contraire, se mirent à prier Dieu et à jeûner, dans la crainte que le judaïsme ne fût opprimé par cette mesure.

Le docteur Lilienthal, savant israélite de Munich fut appelé à Riga, comme prédicateur, et reçut plus tard du gouvernement l'invitation d'assister au conseil qui eut lieu à Saint-Pétersbourg, dans le but d'aviser aux moyens de répandre les lumières parmi les Juifs. M. le docteur Lilienthal est déjà depuis six ans en Russie; il est membre du comité hébraïque, mais qu'a-t-il opéré? Rien; il touche un traitement considérable pour une sinécure. Il n'a plus souvenir de tous ces beaux plans, ni des écoles, ni des maîtres allemands, ni de la civilisation et de l'humanité.

A vrai dire, M. Lilienthal ne peut malheureusement rien opérer dans ce pays, où subsistent invariablement les mêmes principes depuis tant de siècles. La civilisation dans ce pays fait peur au trône de Russie. Les ukases se bornent à mentionner périodiquement des lois favorables, sans qu'il y soit jamais donné suite. C'est avec le même esprit que Catherine écrivait au gouverneur de Moscou, lorsque celui-ci se plaignait que les écoles nouvellement établies étaient si peu visitées : « Mon cher prince, écrivait-elle, vous vous plaignez de ce que les Russes n'ont pas le désir de s'instruire. Si j'institue des écoles, ce n'est pas pour nous, c'est pour l'Europe, où il faut maintenir notre rang dans l'opinion; mais du jour où nos paysans voudraient s'éclairer, ni vous, ni moi, nous ne resterions à nos places [1]. »

Ces dernières années retentirent encore des gémissements des Israélites, provoqués par une barbare mesure, dont l'histoire moderne ne nous offre pas d'exemple.

L'ukase du 2 mai 1843 qui ordonne aux Juifs russes demeurant à la frontière de Prusse et d'Autriche, de s'en

---

[1] Voyez l'ouvrage du marquis de Custine sur la Russie, et les *Juifs de Russie*.

éloigner de cinquante *werstes* (ou sept lieues et demie), est le plus cruel, car toute la population juive des gouvernements de l'ouest, qui compte presque deux cent mille âmes, en est frappée.

Les endroits où ces émigrés peuvent s'établir, sont désignés par le gouvernement, et le nombre d'habitants juifs y est si grand, que les émigrés voient leur malheureux avenir devant les yeux.

Ce n'étaient plus les jeunes conscrits qui élevaient leurs plaintes. Hommes et femmes, vieillards et enfants, en un mot, toute la population fut frappée au cœur. Parce qu'une centaine de contrebandiers osaient introduire des marchandises sans payer l'octroi, on a résolu de transplanter toute la population. Les innocents aussi bien que les coupables, les riches comme les pauvres. Les Israélites singulièrement attachés aux lieux où reposent les cendres de leurs ancêtres, sont forcés d'abandonner leurs temples et leurs cimetières. La presse allemande et française, nous devons lui rendre cette justice s'indigna, et, par sa puissance, arrêta au moins pour un moment le glaive suspendu sur les malheureux habitants des frontières de la Pologne.

Les Juifs employèrent tous les moyens possibles, ils envoyèrent des députés à St-Pétersbourg, firent des pétitions et demandèrent que l'on examinât et que l'on se convainquit, qu'à peine un Juif sur mille s'adonne à la contrebande, que les Juifs y habitent déjà depuis plus de mille ans; ils s'obligèrent de ne point faire ce commerce, 1 et au cas de trans-

---

1 On peut attribuer le commerce de la contrebande, aux gardes de la frontière russe plutôt qu'aux Juifs, car ils ont les meilleurs intermédiaires pour transporter les marchandises dans l'intérieur du pays. Les employés supérieurs afferment même des villes aux particuliers, et reçoivent de grandes sommes pour leur tolérance de la contrebande, et les gardes

mission, ils s'assujettissaient *solidairement* à la plus rigoureuse punition; mais rien ne pouvait fléchir cette tyrannie.

Après avoir rappelé cette barbare mesure, nous ne croyons pas utile de citer d'autres dispositions vexatoires. Cet ukase de 1844, qui ordonne aux Juifs d'abandonner leurs coutumes, s'ils ne préfèrent pas payer un impôt, cette ordonnance, qui leur défend de séjourner à Moscou et à Saint-Pétersbourg. Cet impôt que payent les Israélites en entrant dans les villes principales et dont ne sont pas exemptés même les étrangers, illustres par leur talent.

Le noble prince Paszkiewitz, gouverneur de la Pologne, dont la bonté est généralement connue, tâchait, en 1843, de porter les Juifs à l'agriculture et de les aider, dans ce cas, de tous ses efforts, et des Juifs riches de Varsovie avaient promis de lui prêter leur concours en lui fournissant des capitaux; mais leur négligence, par la suite, lassa ce bon prince, et cette utile entreprise est restée jusqu'ici à l'état de projet.

Jetons à présent un coup-d'œil sur l'émigration polonaise, et voyons quelle a été son attitude, pendant cette série de mesures tyranniques, surtout, examinons la conduite de la *Société Démocratique* et des prédicateurs qui se sont installés dans l'église de Saint-Roch.

---

sont obligés par l'ordre des affermateurs, de faire passer les marchandises; partout où cette affermation n'a pas lieu l'on s'arrange avec les douaniers qui les font transporter par le péage au milieu du jour, et ces revenus se partagent entre les employés supérieurs. L'employé qui veut être fidèle à la loi, est raillé et opprimé publiquement et manque de pain, leurs traitements sont insuffisants pour vivre. Cet usage existe parmi tous les employés russes : les seuls tribunaux en étaient purs jusqu'à présent, mais comme on entend que le Code de Napoléon soit abrogé en Pologne, il est à craindre que ce genre de corruption s'introduise aussi parmi eux.

La Société démocratique s'est formée en opposition à M. Lelewel. Ces premiers fondateurs, peu satisfaits de ce *gentilhomme*, comme ils l'appelaient, fondèrent une association qui voulait lutter aussi bien contre l'absolutisme du czar, que contre l'aristocratie nobiliaire. Cette société aurait pu rendre un grand service à la Pologne en défendant la bourgeoisie, en dissipant les préjugés, en répandant les lumières, en demandant justice pour les serfs et les Juifs. Mais ceux qui ont posé les premières bases de cette association, ou abanbonnèrent le drapeau qu'ils ont élevé, ou furent expulsés de la France. Ceux qui y restèrent n'ont pas compris leur mission. Quand deux millions et demi d'Israélites poussaient leurs gémissements, pas une voix de la Société démocratique n'a répondu à leur douleur.

La conduite du clergé n'a pas été plus digne de louange. Quand le czar attaque le catholicisme, quand il persécute les prêtres et dévaste les églises, il crie à la tyrannie, et au nom de la liberté de conscience, il lance les foudres contre le tyran schismatique. Mais quand le même souverain force les Israélites à abjurer la foi de leurs pères, quand il dévaste leurs temples et leurs cimetières, non-seulement ils n'ont pas de sympathie pour leurs compatriotes, mais ils rappellent du haut de la chaire que les Juifs ont crucifié le Sauveur, et que c'est pour ce péché qu'ils subissent un juste châtiment. Un sermon dans ce sens fut prononcé par l'abbé Kaïsicwicz que les fanatiques et les ignorants osent comparer avec Skarga, le premier prédicateur de Pologne.

L'*Univers Israélite* [1] a donné une exacte description de la congrégation qui s'est installée au sein de l'émigration

---

[1] L'*Univers israélite,* octobre 1845.

pour combattre les protestants et les infidèles soumis à un général qui réside à Rome, ils ont acheté un vaste hôtel, ils tâchent de convertir les infidèles, ils prêchent l'infaillibilité du pape, et préparent les esprits à une guerre de religion. Il suffit de signaler leur existence, d'indiquer leur but, de montrer leurs moyens d'action pour les rendre impuissants. Nous devons toujours ajouter que les trois ou quatre Jésuites font exception parmi le clergé polonais. Les prêtres polonais se distinguent par un esprit d'une charité et d'une tolérance admirables.

Le silence de la société démocratique, les sermons fanatiques des prêtres que le général a envoyés à Paris, décidèrent M. Czynski à créer un journal qui sous le titre de l'*Echo des villes polonaises*, rappelait aux démocrates leurs devoirs, chatiait les Jésuites et ouvrait ses colonnes aux articles dans lesquels il exposait les besoins, la puissance et le devoir de six millions de bourgeois en général et de deux millions et demi d'Israélites en particulier.

Le Trois Mai, journal qui veut voir la Pologne libre et indépendante sous le règne des Jagellons, publia plusieurs articles en harmonie avec les besoins de notre époque et conformes au discours du prince Czartoryski.

Aujourd'hui, il y a à Paris un fait puissant qui plaide la cause des Israélites Polonais. Nous voyons une nouvelle émigration qui du bord de la Vistule est arrivée jusqu'aux bords de la Seine. Des femmes, des vieillards, des enfants, leur misère est plus éloquente que la voix des journaux, leur seule présence prouve assez sous quel régime végète la Pologne.

Leur position déplorable a provoqué de nobles sympathies. Nous avons déjà parlé des secours que leur donne la maison du prince Czartoryski, nous devons encore signaler à la reconnaissance des Juifs polonais M. le comte Sabanski qui se distingue par sa noble charité. M. Szokalski, médecin qui, non-seulement soigne les pauvres malades, mais encore cherche des secours pour eux. Nous omettons plusieurs autres noms honorables qui soulagent ces malheureux.

Nous ne terminerons pas ce chapitre sans faire un appel aux Israélites de France et d'Allemagne. Qu'ils se rappellent la position des Juifs de la Pologne qui souffrent, et n'ont aucun moyen de raconter leurs souffrances. Qu'on ne pense pas que ce peuple nombreux est incapable de donner un signe de vie. S'il a souffert pendant cinq siècles sans pousser un cri de douleur, c'est que le malheur n'est pas arrivé à son apogée, le désespoir a réveillé deux millions et demi des enfants d'Israël. Le soleil du dix-neuvième siècle malgré tous les obstacles qu'on lui oppose pénètre même au bord de la Neva. Les distances se rapprochent et bientôt, l'Europe ne saura souffrir dans son sein une nation avec des serfs et des esclaves. Le tour de l'émancipation des Israélites viendra. Que les Israélites de la France et de l'Allemagne y songent. Puissants par la liberté dont ils jouissent par leurs relations, par ce grand nombre d'hommes de cœur et de talent, ils peuvent accélérer le jour de la délivrance! C'est une tâche glorieuse! En même temps, c'est l'accomplissement d'un devoir.

XIV

Pour prouver aux Israélites polonais que leurs ancêtres étaient presque de tout temps plus heureux en Pologne que partout ailleurs en Europe, nous citerons les faits historiques suivants :

En 1096, on a massacré, à Mayence, 14,000 juifs. En 1285, à Munich, on en brûla 180, sur un bûcher. En 1331, tous les Juifs sans exception, habitant la ville Ueberlingen, ont été mis à mort, après avoir subi les plus atroces tortures. En 1337, les magistrats de la ville de Deckenbach, en Bavière, se sont mis à la tête de toute la populace chrétienne, et ont égorgé tous les Juifs dans le quartier qu'ils habitaient; leurs dépouilles et maisons furent partagées entre les chrétiens, et, en commémoration de cette journée, on bâtit une église appelée le Saint-Sépulcre, qui existe encore de nos jours. En 1349, le 13 février, à Strasbourg, on brûla 2,000 Juifs. En 1340, 1156 familles israélites périrent dans le carnage, à Francfort. Et Bohême, le gouvernement d'alors regardait les Israélites comme ses esclaves, à part. Les soldats étaient autorisés, de temps à autre, à piller et à prendre tous ce qu'ils trouvaient dans les habitations des Juifs. (Voyez Maciejowski, III, 207). En 1088, à Praga (Bohême), sur l'accusation qu'un Juif avait jeté une pierre sur la sainte hostie, on massacra tous les Juifs. En 1428, le même sort fut réservé à toute la population israélite, sous prétexte que les Juifs auraient tué un enfant chrétien, dont on avait trouvé le corps dans la forêt. En 1655, les Moscovites chassèrent les Juifs en masse, de Kaluga à Nowogrod-le-Bas[1].

M. K.-F. Kladen, dans sa dissertation : *Ueber die Stellung des Kaufmanns*, etc., Berlin, 1841, après avoir déroulé un tableau hideux des persécutions des Juifs, dans presque toute l'Allemagne, et après avoir démontré que ces persécutions ont eu une fâcheuse influence sur le commerce et l'industrie, ajoute plus loin :

« Ainsi que nous venons de le montrer, la position des Israélites en Allemagne et surtout dans le Nord, était bien triste ; mais en Pologne les choses se passèrent autrement : c'était l'époque à laquelle, dans toute l'Europe les Juifs ne trouvaient ni protection, ni asile, excepté en Pologne, où, heureusement, aucune armée des croisés et des jésuites n'éxerçait encore son influence ; aussi y étaient-ils traités avec indulgence et hospitalité. C'est alors que le commerce, dont les Polonais n'aiment pas à s'occuper,

---

[1] Dans l'ancienne Russie, jamais il n'était permis aux Juifs de s'établir ; encore aujourd'hui, ils ne peuvent y séjourner, même avec un passeport.

y était florissant, c'est alors aussi que l'on y a créé les corps de métiers et d'ouvriers, dont les Juifs étaient exclus en Allemagne... etc »

« Le privilége que les monarques de Pologne, en 1175, Mieczyslas-le-Vieux; en 1204 et 1207, Henri le-Barbu, prince de Silesie; en 1274, Boleslas-le-Pieux, prince de Kalisz, et en 1333, Casimir-le-Grand, avaient accordé aux Israélites, étaient aussi sages que salutaires pour le pays. Ces augustes protecteurs déclaraient alors hautement que puisqu'on exige des Juifs qu'ils viennent en aide au trésor public, il est juste aussi de les protéger et de leur fournir les moyens d'existence[1].

» C'est par suite de ces priviléges que les Juifs en Pologne étaient exempts de la plupart des charges qui pesaient sur les autres habitants; ils étaient autorisés jusqu'à un certain point, d'exercer les états lucratifs, mais méprisés par les chrétiens[2].... etc. En Allemagne, on ne recevait aucune plainte d'un Juif, et il était jugé et condamné à la requête anonyme, tandis qu'en Pologne, il n'était permis de traduire un Juif devant les tribunaux que pour le mettre en présence de son accusateur; le roi seulement ou le voïé-

---

[1] Le trésor public polonais de tous les temps profitait de ce système, car les Juifs quoique ne possédant aucune des terres y contribuaient pour le septième denier. Voici un extrait des actes officiels de l'élection de 1764. Le revenu annuel du trésor de la couronne et du grand duché de Lithuanie s'élève à 9,050,923 florins, dans laquelle somme, l'impôt des Juifs entre pour 1,174,610 florins, sans compter les contributions ordinaires qui pèsent sur tous les habitants et les Juifs sont obligés de les payer; dans la même proportion (ou plutôt plus injuste) existe jusqu'ici en Pologne.

[2] Les Juifs avaient presque toujours un commissaire auprès du gouvernement, qui soumettait leurs affaires directement au roi (Voyez l'*Histoire des Slaves*, par Maciejowski, t. 3, p. 205.)

vode pouvait le juger, tandis qu'en Allemagne, un bourguemestre ou son commis le condamnait souvent à des peines les plus infamantes. En Pologne, un juif accusé pouvait se justifier par un serment; en Allemagne, il n'y était pas admis... etc. »

En un mot, les Israélites en Pologne n'étaient pas si malheureux que partout ailleurs jusqu'à ce qu'enfin cette nation généreuse fût tombée sous la domination étrangère.

Jetons maintenant un coup-d'œil sur l'état des Juifs en Autriche. Voici ce qu'en dit l'auteur des lettres de Galicie :

« En Autriche, outre les persécutions journalières, tolérées, comme partout en Allemagne, par l'autorité supérieure, l'histoire a légué à notre mémoire des faits, dont le gouvernement, cette puissance étrangère assise sur tant de nations tyrannisées, est seul responsable. Encore en 1370, par un ordre exprès émané du gouvernement autrichien, tous les Juifs de l'empire, dans une seule et même journée, furent mis en prison et leurs biens confisqués au profit de l'empereur. En 1445, un impôt, équivalant à la confiscation, y avait frappé tous les Israélites. En 1420, un carnage effroyable fut autorisé, sous prétexte que la femme d'un riche banquier d'Ems, avait acheté à la femme d'un sacristain de l'église de Saint-Albert, la sainte hostie, dans le but de la polluer pendant les Pâques des Juifs; à cette occasion, outre les milliers de ces malheureux égorgés, une seconde confiscation de tout leur avoir eût lieu; d'autres furent chassés, et les plus marquants par leurs richesses ou par leur position, furent obligés d'embrasser le christianisme, ou de subir le martyre; c'est alors que les suicides parmi les Israélites en

Autriche, ont effrayé toutes les parties du monde. A Vienne même, on avait brûlé, sur d'innombrables bûchers, plusieurs milliers d'Israélites et jeté leurs cendres dans le Danube[1]. En 1670, sur la demande d'une Espagnole, femme de l'empereur Léopold Ier, tous les Juifs furent expulsés de la capitale, leur avoir et leurs maisons confisqués au profit de cette femme cruelle. Plus tard, lorsque partout en Allemagne et particulièrement en Bavière, fut introduit l'impôt personnel sur les Juifs (Leibzolle[2], (l'Autriche s'est empressée de l'imiter en le conservant jusqu'à 1781. »

Ainsi, nous pouvons dire hardiment que les enfants d'Israël ont mille fois plus à se plaindre des Allemands, des Espagnols et même des Français, que des Polonais, et qui sait ce que la Pologne serait devenue pour les Israélites si les Allemands et les Moscovites ne l'eussent pas envahie!

---

[1] Voyez l'*Histoire d'Autriche*, par le comte de Mailath. Hambourg, 1834. Tome Ier; p. 168, 121 et 129.

[2] Leibzolle. Cet impôt était perçu sur chaque Juif, femme ou enfant; qui dépassait les limites de l'endroit où il lui était permis de résider. Or ces endroits ou circonscriptions étaient marqués par des poteaux, et gardés exprès par des douaniers, de manière, qu'un individu, ayant affaire, soit de commerce ou de famille, ne pouvait circuler qu'en payant à chaque passage, ce qui pouvait arriver vingt fois par jour.

En Galicie, outre diverses taxes, il y en a encore sur la consommation d'objets rituels. Mais il y a de plus une taxe pour les lumières que les Israélites allument les sabbats et fêtes : de chaque chandelle ou bec de lampe, la taxe a varié de 2 à 7 kreizers. D'un cierge, 15 k. Chaque lumière des fêtes données à la synagogue, 1 florin, pour les mariages, fiançailles, pour une chandelle ou un cierge de 30 k. à 1 fl. — Il faut payer pour deux lumières le sabbat; qu'on les allume ou non. Il y a encore une foule d'autres taxes qu'il nous répugne de transcrire; pour les assemblées religieuses (*miniânim*), pour les permissions de mariage.

DEUXIÈME PARTIE.

—

Dissertation sur les Israélites en général, sur les lois mosaïques, talmudiques et rabbiniques, l'éducation primitive des enfants juifs en Pologne, les préjugés qui existent actuellement parmi eux, la statistique, les diverses sectes, sur la réforme, etc.

LES ISRAELITES EN GÉNÉRAL, LA LOI DE MOÏSE, DU TALMUD ET DES RABBINS, L'EDUCATION PRIMITIVE DES ENFANTS ET LES PRÉJUGÉS DES JUIFS EN POLOGNE, ETC.

I

> « Nous devons savoir la religion juive, puisqu'elle est comprise dans la nôtre. Certaines vérités leur étaient révélées clairement, tandis que d'autres étaient encore obscures, quoiqu'elles furent déjà révélées. »
>
> (*Mœurs des Israélites*, par l'abbé FLEURY. Paris, 1739, p. 85.)

Examinons d'abord d'où est sortie la source d'erreurs des Israélites; et ce Talmud, ces commentaires sur commentaires, ces kabals, ces lois rabbiniques, pourquoi ils ont la préférence, même sur la parole de Dieu?

Les livres canoniques du peuple juif constituent l'ancienne histoire du monde. La religion chrétienne les compte parmi ses oracles sacrés. L'Indien, le Chinois, l'Arabe, le Perse, trouvent dans ces livres d'importantes analogies avec leurs traditions sur la création du monde et sur les premiers événements de l'espèce humaine.

Ce peuple, qui, selon ses croyances vénérées même par les chrétiens, faisait alliance avec le maître de la création; qui avait Dieu pour chef et législateur suprême, pour la conservation duquel la mer se desséchait, l'eau jaillissait limpide du rocher ; pour lequel la manne tombait du ciel, en faveur duquel les anges combattaient, peuple commandant à la nature entière qui se mettait à son service ; ce peuple, enfin, qui parmi tant de nations idolâtres, pendant tant de siècles, avait le premier senti et proclamé l'existence d'un seul Dieu, ce peuple ne doit point étonner le monde s'il se croit plus parfait que les autres. Moïse, le premier des chefs et législateurs, par ses lois à part, par la séparation de ce peuple des autres, voulait lui donner de la puissance et une stabilité inébranlable ; il ajustait ses lois à l'esprit du temps, à la situation du peuple et aux circonstances au milieu desquelles il se trouvait ; il ne voulait point que son peuple, errant pendant quarante ans dans le désert, n'ayant pas de foyers, rentrât parmi les idolâtres, se confondit avec eux, prit leurs mœurs et vécut sous leurs lois, il voulait, au contraire, que son peuple fût indépendant et séparé des autres ; c'est pourquoi il exterminait les autres peuples, et repeuplait leurs contrées d'Israélites ; Dieu, disait-il, a marqué les limites de son peuple, depuis les forêts du Liban, depuis l'Euphrate jusqu'à la dernière des mers, en ajoutant ces mots : « Telles sont les lois que vous observerez dans la terre donnée par le Dieu de vos pères, pour que vous la possédiez comme votre héritage. » Moïse donc a fait des lois, comme nous venons de dire, conformes à des circonstances dans lesquelles se trouvait le peuple, c'est-à-dire, il a expressément ordonné de les observer : *dans la terre que Dieu avait donnée alors.*

Nous demandons maintenant : Combien de temps les Israélites ont-ils obéi aux lois de Moïse dans ces forêts et erres qu'il laissa en leur possession, et où ils devaient observer les lois sous peine de se voir deshérités de leurs biens? Encore sous les yeux de Moïse, ne voyons-nous pas d'innombrables exemples d'idolâtrie parmi les Israélites qui, dans leurs forêts, se forgent une divinité? Ne lisons-nous pas : « De nouveau les enfants d'Israël agissaient mal sous les yeux du Seigneur, en servant Baal et Astorat, et les dieux syriens, et les dieux mohabites, et les dieux des Philistins mêmes; mais, ayant abandonné le Seigneur, ne l'ont point servi[1] ! » Et, en effet, la plupart des rois de Judée et de Jérusalem ont servi les dieux étrangers.

Le coup le plus terrible qu'aient reçu l'ensemble et la pureté des lois de Moïse, c'est la destruction de Jérusalem par Nabuchodonozor, et la réduction du peuple israélite à l'esclavage de Babylone. A partir de cette époque, combien de troubles, de désordres, de ruines! Les lois de Moïse ont été perdues et refaites à plusieurs reprises. Helkiasz était censé les avoir retrouvées; ce fut lui, en effet, qui les avait remises en évidence.

Le roi des Chaldéens d'alors mit à mort presque tous les vieillards et toutes les femmes, fit démolir le temple, s'empara des livres, du trésor et rasa les murs de Jérusalem. Après un tel désastre, l'esclavage dura soixante-dix ans; le peu de vieillards qui avaient survécu gardèrent à peine un souvenir des lois de Moïse. Ces souvenirs, ou plutôt ces traditions verbales, ont été recueillies et publiées par EZDRASZ; mais de nouvelles règles et doctrines y étaient introduites; ce que prouvent les débats de trois sectes qui avaient surgi alors, c'est-à-dire les sectes des *Pharisiens*, des *Saducéens* et des *Esséniens*, dont chacune interprétait les lois de Moïse d'une manière *différente*.

---

[1] Judicum chap. 10.

C'est ainsi que la croyance primitive des Israélites, en passant de génération en génération, à travers les calamités publiques, avait déjà subi des changements qui lui ont ôté la pureté primitive. Plus tard encore, peu de temps avant le règne de Vespasien, Hillel et Schamaï ont établi des écoles judaïques. Rabi Johanan Zakaï, disciple de Hillel, parle de son maître et de lui, en ces termes : « Si » tous les arbres se convertissaient en plumes et la mer en » encrier, cela ne suffirait pas pour décrire la sagesse que » j'ai puisée dans l'enseignement de Hillel. » Quel enthousiasme ! quel orgueil ! Ce sont de pareils énergumènes, appelés *zélotes*, qui se mettaient pour la troisième fois à altérer le sens des lois de Moïse et à les dénaturer, pour ainsi dire, en voulant les observer ailleurs que dans le pays pour lequel elles étaient faites, et après avoir perdu l'indépendance, en vue de laquelle, seulement, elles pouvaient être applicables. Aussi, la colère divine et la justice humaine ne tardèrent-elles pas à frapper de nouveau les Israélites. De nouveau (sous Vespasien) la ville de Jérusalem fut détruite. Il faut lire l'histoire de Joseph pour voir clairement, d'un côté, le tableau sublime du courage et de la persévérance déployés par les Israélites, et de l'autre côté, cette triste vérité : que le fanatisme et l'obstination mènent à leur perte les peuples les plus illustres.

Des milliers de Juifs étaient tombés sous le fer ennemi, un nombre non moins considérable avait été transporté de force hors de la Judée, ou s'en était éloigné volontairement. Alors, les sages s'empressèrent de réunir, sans choix, sans ordre, ce qu'ils avaient appris de leurs maîtres et de leurs propres pensées ; semblables aux hommes qui, dans un incendie ou un naufrage, rassemblent indistinctement ce qui se présente à eux et laissent à d'autres le soin de tirer, après la tempête, le meilleur parti possible des choses qu'ils ont sauvées.

Le peuple israélite, partagé en différentes sectes, corrompu, n'observant plus que les lois tout-à-fait dénaturées de Moïse, devint tributaire des Romains. C'est alors que sortit de son sein le christianisme; il était à peine aperçu d'abord, mais, en se développant dans un monde comme celui d'alors, il porta le dernier coup à la véritable race juive. Elle se dispersa sur toute la surface de la terre, elle fut partout persécutée et méprisée. En Allemagne, en France, en Espagne, en Angleterre, on brûlait, on pourchassait, on exterminait les Israélites : ce n'est qu'en Pologne seulement que le séjour pour eux était moins dangereux[1]. Cependant, tout dispersés qu'ils étaient, ils n'ont pas manqué de se forger, de temps à autre, de nouvelles règles, de nouveaux préjugés, toujours se rattachant injustement aux lois primitives de Moïse.

Après la destruction de Jérusalem, les savants s'empressèrent de lever autour de ses ruines, des écoles qui acquirent de la célébrité, et où ils enseignèrent surtout les lois hébraïques : telles furent l'école de *Japha*, celle de

---

[1] Bruno Bauer écrivit ce qui suit : « Il n'est guère en faveur des Juifs, qu'ils n'ont su se procurer un établissement, que dans les états de l'Europe les plus imparfaits, et n'aient pu s'établir en grand nombre, que dans tel état qui n'en mérite pas le nom; cela prouve contre leur aptitude à devenir membres d'un état civilisé. » Le docteur Salomon d'Hambourg nous épargne une réponse spéciale à ces paroles, en écrivant dans sa critique sur Bruno Bauer ce qui suit : « Le gibier chassé et poursuivi par le chasseur meurtrier, peut-il choisir le lieu où il doit fuir? Bruno Bauer nous a-t-il fait voir l'époque précise à laquelle eût lieu l'établissement des Juifs en Pologne? et si les Juifs purent trouver à cette même époque un accueil dans d'autres états chrétiens? Ces malheureuses victimes durent se trouver un asile, même dans un pays qui les aurait, moins que la Pologne, accueillies favorablement.

Lydda, présidée par le rabbin *Akiba*, et l'école de *Tyberiade*, illustrée par le rabbin *Juda Saint*. Sous les yeux de ce Juda, fut composée la *Michnah*, ou la répétition de la loi, livre dans lequel les docteurs réunirent tous les écrits épars, et tout ce qu'ils savaient sur la jurisprudence, les réglements et coutumes qui s'étaient perpétués par tradition. A ce code d'une tradition trop grande, ils ajoutèrent successivement des commentaires, des récits et des décisions souvent opposés. Ces commentaires qui portent le nom de *suppléments* et de *dépendances*, constituent les *guémares*; celles de Jérusalem et celles de Babylone sont les plus estimées. On discute sur leur ancienneté; la dernière fut clôturée au plus tard dans le troisième ou quatrième siècle. Leur réunion avec le texte de la *Mischnah*, forme le *Talmud*, mot qui signifie *enseignement, doctrine*. Le souvenir des circonstances qui le virent naître suffit pour nous éclairer sur l'esprit de ce vaste recueil, de cette espèce d'encyclopédie, où les choses puériles sont mêlées à des pensées profondes; où des récits, dont l'obscurité paraît d'autant plus grande qu'on a perdu la clé des allégories et des symboles auxquels ils se rattachent, accompagnent des discussions savantes et rigoureuses[1].

Moïse Maïmonides, dans le douzième siècle, en fit un extrait pour régler les lois, et le publia dans le livre *Jad-Hasaka*. Depuis, les sages, les cabalistes et les savants israélites s'efforçaient, à qui mieux mieux, d'interpréter la parole de Dieu. D'étranges visions y sont rapportées comme des lois religieuses, civiles et morales; des contes qui blessent le bon sens et outragent la divinité elle-même, y pullulent.

---

[1] Voyez « Loi de Moïse, etc. » par J. Salvador, p. 448.

II

Lorsque les Juifs furent chassés d'Espagne et de Portugal, une grande partie d'entre eux allèrent s'établir en Pologne, y apportèrent la doctrine rabbinique, et instituèrent des écoles, où les jeunes gens de tous les pays accoururent pour y puiser la science à la source trouble du Talmud, et suivre l'enseignement d'un certain rabbin Jacob Polack, auteur des *Chiloukimis*, recueil de chimères et de fantasmagories talmudiques. Dès lors, l'étude du Talmud prit une forme nouvelle.

Et cette nouvelle manière d'étudier le Talmud s'est étendue dans tout le pays de Pologne et d'Allemagne. Voilà une anecdote qu'on a dite de ce rabbin ou d'un de ses disciples : Un jour, les élèves de l'établissement avaient arraché étourdiment quelques feuilles du livre ou du tractate, dans lequel le rabbin étudiait et dont il dissertait habituellement avec eux; le rabbin, n'ayant pas remarqué l'absence de ces feuilles, continua sans interruption ses dissertations en tournant successivement la feuille qui suivait, et en unissant les deux sujets qui, bien entendu, étaient éloignés l'un de l'autre, comme le sud du nord, et ajustant pourtant ces deux extrémités avec un grand sens [1].

Quoique beaucoup de rabbins se récriassent contre cette manière d'étudier les *Chiloukims*, elle fut cependant suivie dans tous les pays; et cette étude, jointe à celle de la cabale, a contribué à ce que l'étude droite et juste s'est corrompue de plus en plus, au point que l'enseignement de la Sainte-Écriture et de la grammaire de la langue hébraïque finit par être tout-à-fait négligée par le peuple qui l'a pris en dégoût. Et enfin, tout enseignement moral ou civil tomba absolument dans l'oubli. Les uns s'abandonnèrent à l'étude de la *cabale*, les autres aux arguties des commentaires, en négligeant totalement les textes traitant de la morale et de la science.

Mais, en vérité, ne peut-on pas, d'un autre côté, justifier les Juifs de ces temps et de ces pays de la mauvaise route qu'ils prenaient, par cela même que les peuples parmi lesquels ils étaient dispersés croyaient, à leur tour, en des choses vaines et ridicules, et les Juifs, sans gouvernement et sans direction, durent adopter d'eux beaucoup de leurs absurdités.

A la même époque, s'est produite une grande corruption par l'étude du *Soâr*, dans tout le monde israélite. Les *cabalistes* et les *soâristes* ont intercalé dans les livres an-

---

[1] Voyez l'histoire des Juifs, par Peter Beer.

ciens et dans le *Soâr*, des phrases et des idées corruptrices, et y ont entre-mêlé des opinions et des croyances de toutes les nations barbares. C'est alors que les grands rabbins ont lancé l'interdiction contre le *Soâr* et la *Cabale*, sauf certaines conditions; mais voyant que le peuple était très attaché à cette étude, et qu'il croyait que celui qui abandonnait la *cabale* était comme s'il abandonnait la vie, ils ont néanmoins permis de lire ces livres, mais en donnant à entendre que le sens en était un mystère profond, renfermant une puissante vertu et dont l'étude approfondie était sévèrement défendue. Dès ce moment, la coutume s'est étendue dans toute la Pologne de lire le *Soàr*, sans le comprendre, et peuple et savants croient ne rien faire de plus agréable à Dieu qu'en s'occupant de cette étude.

Les améliorations partielles des lois contribuent à la conservation de la loi générale, et il n'y a pas de lieu ni de temps, où de telles améliorations ne soient nécessaires, d'après les variations qui s'opèrent parmi les hommes, et dans leurs mœurs. A toute époque, se trouvent des hommes sages et éclairés pénétrés de ces principes. Aussi, les hommes semblables, à l'aide de l'autorité dont ils étaient investis, introduisirent-ils des améliorations utiles dans les lois. Mais, bien que leurs pensées et leurs actions fussent convenables et utiles, il ne tarda pas d'arriver que le peuple ne savait plus de quelle manière utiliser ces changements, et il n'en appliqua que les moins profitables, au point que de ces améliorations qui n'étaient bonnes que pour un certain temps, ou dans de certaines circonstances, il ne reste plus que des points opposés au but de leurs auteurs; de plus, la confusion des choses ajoutées successivement fit oublier les lois divines; car le peuple ne comprenait pas que toutes ces améliorations n'étaient qu'occasionnelles et que leurs auteurs ne les avaient introduites que pour déraciner quelque mauvais principe du cœur du peuple.

Il y avait même des changements qui étaient contraires à la vraie loi, mais on les trouva alors nécessaires. Le sage ou le rabbin qui modifia une loi, l'inséra dans son commentaire du Talmud, ou dans ses écrits, sans expliquer la raison ou la cause du changement; c'était ou parce que la raison en était trop connue ou parce que, si on l'eût connue on l'aurait rejetée. Or, quand après des siècles on trouva ces lois ou ces usages écrits dans les livres des rabbins, on les vénéra comme des lois sacrées, et on les rangea parmi les lois fondamentales comme si elles eussent été également proclamées sur le mont Sinaï.

Déjà les grands rabbins et les gâones[1] s'étaient récriés contre ces usages et coutumes introduits dans les lois. La véritable cause de ce dépérissement de la vraie loi doit être attribuée à ce que les Israélites furent dépourvus de toute direction, de gouvernement, de sages rabbins, comme ils en avaient autrefois pour veiller sur les choses de la religion, tandis que, d'un autre côté, il n'était permis à aucun rabbin d'augmenter ni d'amoindrir en quelque chose que ce fût les textes existants avant eux.

Mais aujourd'hui, chaque rabbin gouverne sa commune d'une autorité absolue, et la dirige selon ses caprices, surtout dans les petits endroits, où ils n'ont d'autre occasion de se faire valoir qu'en renouvelant quelque coutume ou ordonnance, pour relever, aux yeux de la commune, leur capacité et leur piété, et faire croire qu'ils méritent d'être plus estimés que leurs prédécesseurs. Mais

---

[1] Voyez les *Tuschbatz*, *Maram Alschakar*, et *Iaabotz*.

ce qu'il y a de pire c'est que depuis que la cabale s'est répandue parmi le peuple, et que les commentaires se sont multipliés, chacun cherche à attribuer à ces découvertes quelques fondements de la loi mosaïque, et à les placer parmi les *Sephirothes* [1].

Un rabbin, en mémoire de l'eau du Nil changée en sang, ou, comme dit un *medrasch*, parce que Pharaon fit tuer les enfants d'Israël pour se baigner dans leur sang, établit l'usage de boire, dans le cours des cérémonies de la soirée des Pâques, du vin rouge (*yaïne-odome*). Dans ces mêmes cérémonies, les Juifs comptent, avec le bout du doigt, les dix plaies d'Égypte (car il est dit dans l'Écriture : « C'est le doigt de Dieu) ; de plus, ils versent dix gouttes de vin rouge, en prononçant, successivement, le nom de cette plaie, par exemple : *dam*, le sang, *zéphardeïo*, les grenouilles, etc.

En comparant le mot *odome*, rouge, avec celui de *adam*, homme, on remarquera que la prononciation ainsi que l'orthographe étant presque les mêmes, et en outre, le mot *dam*, sang, ayant aussi avec ces mots précités une grande analogie, le spectateur ignorant ou mal intentionné de semblables cérémonies, dut supposer aux Juifs qui les pratiquaient une intention mauvaise et immorale; et c'est ce qui arriva.

D'un autre côté, un certain rabbin imagina qu'au jour du nouvel an, il fallait se placer aux bords d'une rivière (chose qui est observée en Pologne, encore aujourd'hui) et y réciter certains vers du prophète *Micha* (7 v. 18-20) où il est dit : « Jette leurs péchés au fond de la mer. » Or,

---

[1] Sur ce mot voyez page 16.

il arriva que peu après une semblable pratique, des maladies contagieuses se déclarèrent.

Les chrétiens en imputèrent la cause aux Juifs, en les accusant d'avoir empoisonné la rivière, et des milliers de Juifs périrent, victimes de cette accusation [1].

Rabi *Crouspedoï* dit (*Tract. Rasche-Haschanah*) que : « Trois livres s'ouvrent dans le sénat céleste, au jour du nouvel an. Le premier pour les justes, le second pour les modérés, et le troisième pour les impies. Les justes sont inscrits pour la vie, les impies pour la mort ; mais avec les modérés, Dieu prend patience et attend jusqu'au jour de l'expiation qui a lieu dix jours après ; alors, s'ils se sont repentis, ils sont inscrits dans le livre de vie, et si, au contraire, ils sont restés dans leur endurcissement, ils sont inscrits dans le livre de mort. » — Alors, le soir et le matin du jour du nouvel an, l'un souhaite à l'autre : « Qu'il soit inscrit à une bonne vie. » — Fondé sur cet usage, le Code *Schoulchan-Arouch* défend de prononcer cette manière de salut après neuf heures du matin, parce qu'alors, les livres étant déjà fermés et clos, ce souhait est comme inutile.

Quel homme d'un esprit sain, et surtout croyant à la souveraine sagesse de Dieu, comprendra ce livre et ces écritures au ciel ? Chacun s'apercevra qu'il n'y a à entendre, dans ces traditions des talmudistes, qu'une invi-

---

[1] On les accusa, à la même époque (1349) d'avoir empoisonné les puits, les sources et les rivières. La peste faisait, en ce temps là, de grands ravages en Europe, et il n'est pas dit si les Juifs en furent moins atteints que ceux appartenant à d'autres religions. Ce qu'il y a de notoire, c'est qu'un soupçon suffisant pour les faire condamner, on les brûla en de certains endroits, et on les massacra dans d'autres. (Basnage, hist. des Juifs, t. 5, p. 1817).

tation au repentir et une préparation au jour d'expiation.

Voilà la cause de l'oubli de la loi divine ainsi que de l'étude de la science en général, parmi les Israélites. Où il n'y a ni loi, ni sciences, il ne se trouve pas non plus de respect pour la divinité, ni d'estime pour les bonnes mœurs.

Les paroles du sage auteur du *Schebath Jéhoudah* se trouvent très applicables à chacun des enfants d'Israël dont le cœur bat ardemment pour la vérité et pour l'amour de sa foi (voyez ce livre, ch. 4, 5 et 6). Dans ce même livre, il y a aussi une réponse qu'un sage Israélite fit à Alphonse, roi d'Espagne, en lui posant cette question : « Pourquoi ce châtiment des Juifs est-il si grand quoiqu'ils ne soient point idolâtres? C'est, répondit-il, que les crimes commis contre les hommes sont punis davantage que ceux envers Dieu, parce que les premiers, ayant pour objet des intérêts humains, sont moins pardonnés par les humains, tandis que les derniers, ne regardant que Dieu, il lui est plus aisé dans sa bonté infinie de pardonner à l'homme ses fautes. » De cette même manière les talmudistes[1] disent aussi : « Que la punition des crimes de l'homme envers les hommes est beaucoup plus sévère que celle des crimes envers Dieu. » Et ailleurs : « Jérusalem n'est détruite pour la seconde fois, qu'à cause qu'ils ont fondé leurs propres paroles sur la parole de la loi divine. » Et ailleurs encore : « Jérusalem n'est déchue qu'à cause de la haine mutuelle qu'ils nourrissaient entre eux. »

Au moyen de ces compléments qui se multipliaient sans cesse aux lois mosaïques et talmudiques, les lois, comman-

---

[1] Voyez *Baba Bathra*, pag. 88. *Maïmenides Halachaste Ganéba*, ch. 7.

dements et disciplines se sont à la fin entassés jusqu'à l'infini. Mais, comme le remarque Peter Beer, la faute n'en doit pas être imputée aux rabbins seuls, mais aussi aux imprimeurs intéressés. Car on peut justifier les rabbins en ce sens que chacun d'eux a voulu écrire son opinion sans prétendre la faire adopter, comme une loi générale. Mais les imprimeurs, cherchant un gain avide, achetèrent les manuscrits couverts de notes, et insérèrent ces notes dans le texte même, pour augmenter la matière, et c'est ainsi que ces intercalations reçurent l'autorité et la sanction, en étant adoptées comme les lois les plus sacrées. Elles se multipliaient par ce motif; car, d'après le Talmud et Maïmonides, il y a 613 lois fondamentales; si on en déduit celles ayant rapport à la construction du temple, aux sacrifices, aux prêtres et au pays de Palestine, il ne reste que le nombre de cent; or, elles se sont élevées au nombre de 14,000, d'après le code de *Schoulchan-Arouch*. Ainsi, par exemple, le *Schoulchan-Arouch* donne 23 lois concernant le lavement des mains en se levant; 17 sur la conduite à tenir aux latrines; 27 concernant la prière; 319 sur la fête des Pâques; 1279 concernant le sabbath; 177 sur la manière de tuer les bêtes; 225 concernant l'examen de l'animal tué; 342 sur la conduite à tenir en deuil (autant de commandements que de défenses)[1].

« Si Moïse, dit avec raison Buchholtz, se levait aujourd'hui de sa tombe, il ne pourrait pas reconnaître ses lois tant elles sont dénaturées par les interprétations, et les commentaires. »

---

[1] Voyez l'histoire des Juifs par Peter Beer.

III

Aussi superstitieux qu'il est fier de ce qu'il appelle sa science religieuse, le savant Juif polonais se croit un être supérieur et prétend à titre de droit, à la vénération de tous ses co-religionnaires. D'autres, se croyant pour le moins aussi pieux, protestent intérieurement contre cette prétention, et se courbent néanmoins sous la loi inflexible du savant commentateur. Quelques autres, enfin, connaissant peu le texte talmudique, mais entraînés par l'exaltation de leur pieux zèle, se croient tout bonnement les sauveurs prédestinés de leur peuple. L'israélite éclairé, pénétré de respect pour la vraie religion de ses ancêtres, regarde toutes ces puérilités avec autant de douleur que de mépris. Il lui tarde de voir les coreligionnaires de son pays au niveau des lumières du siècle, et de leurs frères dans d'autres pays, mais force lui est de réprimer les généreux élans de son cœur, osât-il les proclamer, il se verrait répudié par la masse et persécuté par les rabbins et leurs séides.

Le Juif polonais s'occupe de l'étude du Talmud avec ses commentaires parce qu'il y voit le plus sûr moyen de se concilier l'estime générale et de se faire une position. Les filles des Israélites aisés deviennent presque toujours le partage de ces savants talmudiques, prônés par la voix publique ; par contre coup, toute autre étude tendant à élever le cœur et l'esprit est profondément méprisée, et le malheureux qui voudrait suivre quelque noble vocation en dehors de l'étude vouée au Talmud, se verrait au ban des meneurs de parti et des pères de famille.

Se vêtir strictement à la manière judaïque, faire croître sa barbe et ses *peysy* (longues mèches de cheveux descendant des tempes et se prolongeant quelquefois jusqu'à la ceinture ; ces mèches de cheveux sont regardées parmi les Juifs polonais comme aussi sacrées que la barbe même), aller au moins deux fois par jour à la synagogue, porter chaque matin de gros *Théphilin*[1] sur son front et à la main, s'arrêter longtemps devant la *Chemona-Ethra*[2], arroser ses mains ou les frotter contre terre au moindre contact, ne serait-ce que celui de sa propre chevelure, fuir jusqu'au

---

[1] Les rabbins prennent les paroles de l'Écriture (Deuter. VI, 5). « Tu les attacheras ces paroles que je te commande aujourd'hui) pour signe avec ta main et pour ornement entre tes yeux », ils fondent la dessus l'usage des *Théphilins*, mais dont la vraie signification est : *d'avoir la sainte loi toujours devant les yeux*, cette expression ne peut pas être prise à la lettre pas plus que celle de Deuter, X. I. « vous circoncirez le prépuce de votre cœur. »

[2] Ce sont les dix-huit bénédictions *d'Ezdrasz*.

voisinage d'un temple chrétien[1], porter aux jours de sabbat le mouchoir, non dans sa poche, mais noué autour du cou ou de la jambe, porter de longues *Zizésses*[2], examiner et baiser la *mésuse*[3] à chaque entrée et sortie, etc., etc. voilà ce qui en Pologne constitue les Juifs par excellence, et malheur à celui qui en négligerait la moindre partie. Science, propreté, bonne éducation aux enfants, misères que tout cela, on n'y fait attention que pour s'en moquer, ou pour dénigrer celui qui ose en faire preuve[4].

---

[1] En 1834, beaucoup d'Israélites suivaient le convoi funèbre d'un noble Polonais, un de ces hommes rares dont les hautes vertus captivent tous les suffrages. Quelques-uns de ces Israélites, portant des cierges, entrèrent avec le convoi dans l'intérieur de l'église catholique. Le rabbin de la ville les condamna à quarante jours *de Chérim*.

[2] Les Juifs portent des habits à quatre pans, à chacun desquels pendent une houpe qu'ils appellent *Zizésses* ou *Arbah-Canphothes*, ils le font en mémoire des commandements de Dieu.

Mésuse s'est fondé sur les paroles de Moïse : « vous les écrirez sur les poteaux de vos maisons et sur vos portes. »

[4] Pour justifier ce que nous venons d'avancer, nous citerons quelques faits particulièrement arrivés à notre connaissance : Dans le 17e siècle, un assez grand nombre de familles juives d'origine allemande est venu se fixer en Pologne et beaucoup d'entr'elles conservent le costume de leur ancienne patrie. Un de ces Juifs allemands avait fait confectionner à ses frais un magnifique décor à l'usage d'une synagogue nouvellement bâtie. D'après une ancienne habitude, il demanda que son nom y fût inscrit, mais on s'y refusa, par la raison que son costume sentait le chrétien et que ses enfants s'appliquaient à apprendre le polonais.

Un autre, à la recherche d'un emploi, ne l'obtint des Juifs qui en disposaient que sous la condition de réformer son costume qui choquait leur pieuse austérité.

Il est défendu aux Juives polonaises de porter leurs cheveux. Un jour de fête, il arriva à une jeune femme allemande d'entrer dans la synagogue, portant un chapeau et les cheveux bouclés. Par ordre du préposé, elle fut ignominieusement chassée, et le lendemain, ayant osé se montrer également parée dans la rue, elle fut honnie et poursuivie par un gamin en haillons, dérisoirement coiffé d'un chapeau de femme.

La plus injuste de toutes les usurpations, est celle que la congrégation de *chebré kadischah* (congrégation sainte), a faite du droit d'ensevelir les morts. Ayant fait accroire à la classe pauvre et non éclairée des Juifs, qu'il était honteux et même contre le salut éternel des âmes qu'on n'enterre pas le mort quelques heures après le décès, cette congrégation fanatique applique son système surtout à des familles qui lui sont suspectes, comme celles par exemple, dans lesquelles on différait par le costume, les mœurs et les usages. C'est alors, qu'en refusant de faire enterrer décemment leurs morts, malgré toutes leurs instances, la congrégation exerce son droit usurpé, et, après avoir refusé pendant deux ou trois jours l'ensevelissement devenu urgent, se fait payer comme bon lui semble. Pour détruire cet abus d'un côté, et le préjugé de l'autre, ne vaudrait-il pas mieux que le gouvernement fondât un établissement aux frais des communes juives, pour l'enterrement de leurs morts, indépendamment de toute association religieuse?

Le Juif s'habillant à la manière de ses concitoyens chrétiens, est exclu d'une foule de pratiques religieuses; l'astucieux hypocrite, fût-il le plus abject des hommes, aura partout le pas sur lui.

En présence de pareils faits, comment s'étonner de ce que quelques Juifs abandonnent la religion de leurs pères, que d'autres, exaspérés, embrassent le vil métier de délateur, soit pour satisfaire leur cupidité, soit pour venger telle insulte, telle humiliation poignante.

Malheureusement, le progrès des lumières parmi les Juifs de Pologne, est entravé par des obstacles. Les intentions bienveillantes des hommes éclairés se heurtent sans cesse contre le mauvais vouloir des chefs de parti et l'aveugle obstination des masses. Fatigués, découragés, privés de tout auxiliaire, ces hommes de bien finissent par se taire et se soumettre à l'autorité dominante. On dira, peut-être, qu'en poursuivant un aussi noble but, on devrait y mettre plus d'énergie et s'occuper moins de ses propres intérêts. C'est vrai, mais, hélas! l'abnégation complète de soi-même n'est pas précisément la vertu de nos jours.

Le culte mosaïque, tel qu'il se pratique en Pologne, repose presque entièrement sur les prescriptions orales des *Minhaguimes*[1], et sur les commandements rabbiniques, dont voici les principaux :

En se levant de son lit, le Juif est tenu de s'informer si les *zizésses* sont *koscheres* (convenables), et d'arroser[2] par trois fois ses mains, pour chasser les malins esprits, qui, dit-on, s'abattent sur les ongles ; nous disons arroser, car rien ne l'oblige à se laver les mains, la tête ou la figure, la propreté étant sans importance aux yeux du Rabbin.

Trois fois par jour, il faut faire un grand nombre de prières, lire une partie de la Bible, du Mischnah, du Talmud, du Sôar, etc., et tout cela en langue hebraïque ou chaldéenne, dont presque aucun Israélite ne comprend un mot.

Chaque vendredi, après avoir coupé ses ongles[3], le pieux Israélite les brûlera, sinon les cachera. Pour

---

[1] Les usages d'un certain R. Jacob Lévy, dont il n'y a point de trace ni dans l'écriture, ni dans le talmud, sont surtout autorisés, et toutes ses fantaisies sont devenues les plus grandes doctrines. Un autre R. Isaac a ramassé tous ces caprices rabbiniques et les a publiés dans un livre intitulé *Minhaguim*.

[2] La forme du vase à puiser, la quantité d'eau dont il faut arroser ses mains, et la main même par laquelle il faut commencer l'opération, tout cela est bien distinctement prescrit.

[3] Il est dit par quelle main, par quel doigt commence cette coupure.

témoin de cette action solennelle, il prendra une parcelle de bois, coupée de sa porte, de sa table ou de sa fenêtre, de peur qu'après sa mort, il ne soit condamné à revenir (la migration des âmes) sur terre pour chercher cette malheureuse dépouille.

Viennent après, sans compter les prières presque incessantes, les prescriptions rigides sur le sabbath, concernant le feu[1], les objets à porter sur lui[2], les promenades permises[3], le sommeil, particulièrement recommandé pour les jours des sabbaths[4], l'ordre de la substance des repas[5], la manière dont il faut couper le pain du sabbath, etc., puis, les mille observances pendant la huitaine de Pâques[6], les jours de *Séphiré* ce sont les sept semaines entre

---

[1] Allumer ou éteindre la lumière, c'est pour ces jours là l'office d'un chrétien quelconque. Chez les Juifs pauvres, hors d'état de payer les services d'un chrétien de Sabbath, il est arrivé plus d'une fois que la chandelle renversée par hasard, allumait la table, un rideau, etc.; avant qu'il n'y ait danger réel pour la maison, défense au Juif d'éteindre la flamme.

[2] Durant les sabbaths, il n'est permis de porter quoi que ce soit. La mère même doit s'interdire de porter l'enfant, qui ne peut marcher, sur ses bras. Il n'y a qu'une exception à la règle, c'est pour les rues au coin desquelles se trouvent attachées des cordes, *Ehrèbe*.

[3] Toute course en voiture est formellement interdite durant le sabbath. La promenade à pied ne s'étend qu'à la distance de 2,000 aunes de l'endroit qu'on habite. On peut cependant doubler cette distance en posant, le vendredi, un pain tendre au milieu de la route.

[4] Selon les Rabbins, le *sommeil est plus doux au sabbath*, le Juif polonais en profite pour le prolonger autant que possible.

[5] Durant le sabbath, le Juif doit faire quatre repas, et il lui faut pour chacun deux pains entiers. (Chaque Juif a deux âmes. *Neschamah-Jetherah*, durant le sabbath, alors il faut manger plus que toute la semaine.

[6] Un jour avant Pâques, le Juif est tenu de vendre à un chrétien toutes ses provisions alimentaires, soit solides soit liquides. Ordinairement le Rabbin s'en fait l'acheteur par contrat, et après la fin de la fête, les provisions retournent à l'ancien possesseur, en payant au Rabbin avant et après les Pâques.

Pâques et la Pentecôte, pendant lesquelles, le Juif ne doit ni couper ses cheveux, ni rire, ni chanter, ni entendre le son de la musique, ni se marier, ni mettre un habit neuf, etc.; pareille chose s'observe pendant les trois semaines consacrées au souvenir de la destruction de Jérusalem (de 17 *Thamouse* jusqu'au 9 *Abh*). Après cela, les six autres semaines de jeûne, des prières et de contrition (du 1ᵉʳ *Eloul* jusque *yom kipure* jour d'expiation, le jour de l'an compris).

Il existe un livre de prières tout particulier pour les jours de fête et de jeûnes, intitulé : *Machzor*, qui est composé par divers auteurs, mixte d'hébreu et chaldéen. Ce livre est au dessous de la critique, tant sous le rapport de la valeur grammaticale ou esthétique, que celui de l'élévation des idées conformes au sujet. Ces prières sont si multipliées qu'on passe aux jours de fêtes jusqu'à midi, et aux jours d'expiation toute la journée entière, depuis le lever jusqu'au coucher du soleil, à les réciter, sans en comprendre le sens. Il est donc facile de comprendre pourquoi il règne dans les synagogues polonaises tant de désordre et de distractions indécentes. La plupart de ces prières sont chantées en mélodies par des chantres (*chazanimes*) qui n'en ont point notion eux-mêmes, et qui ne sont pas plus initiés aux règles de la musique qu'ils ne connaissent la signification des paroles.

Il est vrai que les hommes savants, estimés de toute la nation (comme, par exemple, J. Hourvitz, dans son livre *Schelah*, et R. Samuel Hachasside, dans son livre *Sephère Hachassidime*), voyant ce scandale avec douleur, cherchaient à abolir ces coutumes et ces abus, et à faire dorénavant leurs prières dans une langue intelligible, mais leur époque était encore trop obscure pour que leurs bons conseils pussent être écoutés.

IV

Lorsque, dans la dernière moitié du dix-huitième siècle, l'oppression politique, qui alors pesait si lourdement sur les Juifs, s'était adoucie dans toute l'Europe, leur esprit s'éleva, et ils commencèrent à pressentir que, outre le Talmud, ses commentaires et les traités, qui autrefois, composaient toutes les sources de leur science, il y avait encore d'autres sciences dignes d'être approfondies. On commença à s'occuper en partie de poésie, et en partie des sciences et des connaissances systématiques, et le talmudisme essuya une perte considérable, dont les traces s'aperçoivent aujourd'hui de plus en plus.

Exécuteur du plan divin du monde, le temps accomplissait son effet comme partout ailleurs; aussi, dans ces circonstances, il produisit alors l'illustre Mendelsohn, grand par ses connaissances étendues, noble par son caractère, et immortel autant aux yeux de la nation juive qu'à ceux de tous les peuples qui savent apprécier ses œuvres scientifiques, et qui, s'il eût vécu quelque temps auparavant, aurait peut-être été voué à l'oubli et à l'obscurité, comme tant d'autres rabbins de talent. Ce grand homme féconda les semences de la civilisation déjà en germe dans la traduction du Pentateuque, et la lumière vint en Israël.

Dès lors, le vulgaire se prit à s'apercevoir que les documents sacrés peuvent également s'éclaircir d'après le sain esprit humain, sans s'abandonner aux investigations mystiques, qui jusqu'alors formaient les seules études du peuple d'Israël.

Alors aussi, les rabbins opposèrent toute leur influence à l'autorité de notre philosophie, et leurs malédictions vinrent fondre à la fois sur ses nobles efforts; mais, glorieux de son but, il ne se détourna point de son chemin et poursuivit ses travaux qu'il vit couronnés des plus nobles succès.

Malheureusement, les bons principes de ce grand homme avaient peu d'influence sur les Juifs polonais, car leurs rabbins ont employé tous leurs efforts pour ne pas laisser parvenir dans les mains du peuple les ouvrages de Mendelsohn, et, de plus, ils excommunièrent quiconque lisait ses œuvres, expression pure du saïsme. La philosophie de Mendelsohn fut méprisée, et ceux qui la soutenaient passèrent pour des Epicuriens; et encore aujourd'hui, ce jugement subsiste chez les Juifs polonais. Car le blâme dont leurs rabbins peuvent être l'objet, est moins applicable à leur mauvais vouloir qu'à leur ignorance, à leur esprit peu éclairé; il ne leur est pas permis, d'ailleurs, en dehors de l'étude talmudique, de se livrer à aucune autre science, aux termes d'une loi rabbinique, dont l'observance est rigoureuse, savoir : (*Oubéchoukas-séhém loh théléchou*) *ne marchez point d'après leurs lois*, c'est-à-dire, d'après les lois des étrangers.

Cette maxime est le cheval de bataille des *rabbins-modernes* qui s'efforcent de la faire prévaloir, pour maintenir la séparation des Juifs d'avec les hommes d'une autre religion. Mais il arrive en ceci comme en beaucoup d'autres cas ; ils extraient une phrase, parfois un mot des Saintes-Écritures, en lui assignant une signification tout-à-fait différente de celle de l'ensemble du texte. On en jugera par la citation suivante, d'où ils ont extrait la règle rapportée plus haut : « Vous ne ferez pas comme vous avez fait au pays d'Égypte, où vous avez demeuré, ni comme il est d'usage au pays de Canaan, où je vous conduis; *ne marchez point d'après leurs lois*. Ne pratiquez que mes commandements et n'observez que mes lois, etc. » Ici suivent différentes lois sur l'idolâtrie, l'inceste, etc.

D'après ce qui précède, les rabbins font croire au peuple que ces paroles se rapportent en tout à ce que le juif doit être séparé des hommes de toutes les autres croyances tant par l'habillement que par le langage, quoique ces choses n'aient pas le moindre rapport avec celles de la religion.

Ainsi, toute culture d'esprit, outre l'étude du Talmud, leur étant inconnue, il en résulte une direction fausse dans leur jugement et qui a souvent dégénéré en orgueil et pédanterie. Mais celui qui, poussé par un mouvement intérieur, ou guidé par quelque circonstance, tend cependant à s'instruire, sera méprisé. L'Autodidacte doit tout puiser de soi-même, et ne devra ce qu'il aura acquis qu'à son génie natif. Mais ce qu'il y a surtout de difficile pour ce dernier, c'est qu'il y a tout à craindre de la part de ses coreligionnaires, il doit chercher à employer tous ses efforts afin d'étouffer leur vengeance.

Ce qui éloigne surtout les cœurs des Israélites en Pologne de la religion, c'est que presque tous les Juifs polonais sont habitués à mépriser dans leurs cœurs tous les hommes éclairés, et quand ils voient seulement quelques-uns des jeunes Israélites s'appliquer à quelque écrit ou langue étrangère, et surtout à quelque science, ils s'en éloignent avec défiance, et le regardent, soit comme un méchant, soit comme un vaurien, un *épicurien*, sans avoir égard à sa conduite et ses actions, qu'elles soient innocentes ou non, et sans comprendre que, si un jeune homme s'écartait, en effet, des voies de la religion, il faudrait, au contraire, le rapprocher et lui enseigner ces voies de la religion avec douceur et bon sens. Par là, le jeune homme à son tour s'éloigne d'eux de plus en plus et ne les regarde que comme des obstinés, au cœur endurci. Ainsi, la haine et la mésintelligence s'accroissent de plus en plus entre eux, au point que ce jeune homme finit par haïr et détester toutes leurs mœurs et toutes leurs actions; ce qui leur plait, lui déplait.

Il résulte de là, que, tandis qu'il y avait parmi les Israélites, dans les temps anciens, de grands hommes en théologie, qui composaient des livres dans l'intérêt de la religion et de la piété, et qui étaient en même temps distingués et renommés dans les hautes sciences et les langues étrangères, chez les Juifs en Pologne, il n'y a plus de ces hommes qui réunissent la religion et la science, qui soient également puissants et renommés dans l'une et l'autre, car dès qu'on découvre un vestige de savoir dans quelqu'un, aussitôt, tout le monde s'éloigne de lui et le livre au mépris et à la honte.

Il n'est donc pas étonnant que les Juifs Polonais, du moment qu'ils commencent seulement à apprendre quelques écrits ou langue étrangère, ou qu'ils s'appliquent à quelque science, rejettent aussitôt la religion et ses prescriptions, parce qu'ils n'ont plus et ne sauraient plus avoir aucun commerce avec les gens religieux et pieux, qui les repoussent des deux mains.

Pour prouver que notre conviction à l'égard des rabbins, est assise autant que possible sur des faits, nous dirons quelques mots sur l'éducation primitive des enfants Israélites :

L'enfant de trois ans, par exemple, entend déjà parler de fantômes et de revenants. A quatre ans, on lui donne connaissance de l'existence de Dieu, en prétendant que les Juifs seulement sont ses enfants. A cinq ans, on l'envoie à l'école. A peine l'aube du jour paraît-il, que déjà l'impitoyable *Belfer*[1] l'enlève du lit, le met sur un banc de bois, derrière une table étroite, à côté d'autres enfants du voisinage et du même âge, et alors le précepteur commence à faire des contorsions, c'est-à-dire, à pencher et à redresser son corps d'une manière brusque et cadencée, et à se faire imiter par ses écoliers, en accompagnant ses gestes de cris et d'exclamations, et en tirant tantôt par les cheveux, tantôt par le bout du nez ou les oreilles, ceux d'entre les enfants qui exécutent mal ce genre d'initiation religieuse. Et qu'est-ce qu'on apprend ainsi aux enfants ? Ce sont les morceaux des cinq livres supposés de Moïse avec les commentaires de *Raschy*, pleins d'interprétations ab-

---

[1] Le garçon de l'école juive.

surdes. A peine les petits malheureux ont-ils saisi quelques parcelles de l'idiome hébreux, que le précepteur leur fait commencer la lecture du talmud. Nulle question ni de grammaire, ni d'orthographe, le maître sait fort bien s'en passer, et tout se réduit à quelques formules de prières. L'enfant intelligent et doué d'une bonne mémoire, apprend par cœur les extraits des commentaires, sans y comprendre un seul mot, car le précepteur lui-même ne saurait trop faire autrement que d'ordonner de croire ce qu'il croit sans savoir expliquer pourquoi. [1] A six ans, l'enfant n'a aucune notion sur le monde, il sait seulement qu'il y a des Juifs, et qu'il y a des chrétiens, qui ont des usages contraires aux leurs, c'est-à-dire, ne se font pas circoncire, n'observent point les jours de sabbat et mangent du porc. De sept, à neuf ans, on parle déjà à l'enfant du mariage, du divorce, de la manière de tuer les animaux, etc. Ainsi l'enfant à un âge aussi tendre, se trouve tourmenté, du matin au soir, de pareilles leçons accompagnées de coups, dont le précepteur n'est jamais avare, même envers le meilleur écolier. Plus tard, le père de cet enfant lui donne un autre précepteur plus savant, pour faire de son disciple un homme tout-à-fait versé dans le dédale du talmud et de ses commentaires, et le seul but que chaque père ambitionne, est de voir son fils bien marié et devenu rabbin. En quittant à l'âge de dix à douze ans les bancs de l'école pour se traîner dans la voie de la misère, l'enfant du pauvre oublie bien vite ce qu'il peut avoir appris du Talmud et

---

[1] Un savant chrétien demanda à un Juif polonais ce que deviendrait son fils, âgé de 18 ans, ne possédant ni connaissances, ni fortune, s'il venait à se marier? « Mon fils, répondit celui-ci, est assez pourvu ; j'en ferai un maître d'école, et pour ce métier on n'a besoin de posséder ni sciences, ni connaissance de langues. »

de ses commentateurs ; l'habitude d'une prière inarticulée et mécanique est le seul fruit de ses tristes leçons. Le fils d'un père aisé sort de l'école à l'âge de dix-huit à vingt ans ; il ne connaît aucune langue, [1] car sa langue à lui c'est une espèce de patois allemand, entremêlé de sortes de lambeaux polonais, lithuaniens, hébreux, russes, jargon sans grammaire, sans orthographe ; histoire, géographie, morale, politique, mathématique, etc., sont pour lui des mots vides de sens, car jamais son docte professeur n'a daigné lui en parler, et pour cause. Le polonais même, la langue du pays qu'il habite, lui est défendu par l'incroyable préjugé de ces rabbins. A l'exception de Varsovie et quelques autres villes, on ne découvre dans aucune école, ou gymnase polonais, la trace d'un élève juif, bien qu'il y soit admis aux mêmes conditions que les fils du chrétien.

Que dire enfin de ces pauvres filles juives ! Hormis la prière hébraïque et les exercices religieux, elles sont privées de tout ce qui peut élever l'esprit et former le cœur. Gardez-vous de leur parler chant, musique ou danse, cela les mènerait droit à l'enfer !

De quinze à dix-sept ans, on amène devant le jeune homme une jeune fille qu'il n'a jamais vue, et on les marie, c'est-à-dire, les deux pères étant convenus d'avance du prix ou de la dot qu'ils donneront aux enfants.

---

[1] Il arriva que lorsque l'empereur Alexandre Ier passa par une ville de la Pologne où les principaux de la communauté juive lui furent présentés, il leur demanda si l'ordonnance impériale pour construire une synagogue était exécutée ? Ceux-ci répondirent que non. Le maître absolu se plaignit au gouverneur qui était présent. Celui-ci lui assura que la synagogue était faite selon l'ukase impérial, et que les Juifs la fréquentaient depuis longtemps ; l'empereur rit alors de ces représentants habillés de soie, qui, comme il l'appris par la suite, ne comprirent point le mot synagogue.

Les parents aisés donnent, selon l'usage, au couple nouvellement marié, la table et le logement pendant plusieurs années, afin de mettre le gendre à même de s'adonner à l'étude du Talmud, tandis qu'ils créent en faveur de leur fille un commerce quelconque, auquel elle est exercée dès son enfance. Elle s'occupe seule de son établissement.

Celui qui néglige l'étude du Talmud, et surtout qui en ignore totalement les lois, et qui est appelé *Am Haaraz*, était de tout temps et est encore voué à l'exécration parmi les Juifs de Pologne, car il est dit dans le Talmud : « Celui qui accorde sa fille à un *Am Haaraz*, fait aussi bien que s'il la garrottait et la jetait ainsi devant un lion furieux[1]. »

C'est ainsi qu'il arrive que l'épouse, oubliant sa modeste destinée, et aussi par un sentiment de dignité, profite de l'inaction de son mari, pour s'arroger la haute main dans le ménage ; quant au mari, il continue sans se troubler à la contemplation et à couver les douze in-folio composant le Talmud, à en explorer les innombrables commentaires, à se livrer aux élucubrations les plus subtiles sur la signification présumée d'un texte obscur, et tout cela, non point dans un but d'utilité commune, ni pour procurer du pain à sa famille, mais par la vaine satisfaction de se faire considérer comme une merveille d'érudition et de science par une multitude ignorante, abandonnant, s'il y a lieu, sa femme et ses enfants, aux chances d'un commerce incertain, et enfin à la misère.

C'était pire encore à une époque non très reculée, où les parents fiançaient leur fils absent, adonné à l'étude Talmudique au sein d'une *Jeschiba*, (institut Talmudique), à

---

[1] Tract. Pesachim, fol. 3.

l'étranger.¹ Son mariage s'accomplissait à son retour, et sans avoir jamais eu l'occasion de s'exercer au commerce, il n'en embrassait pas moins, selon l'usage, l'état de marchand. Selon le proverbe : « on fait tout d'un *bachour*, (jeune talmudiste), on en faisait donc un commerçant et au moyen de la modeste dot, on fondait un petit établissement. Mais il arrivait habituellement, ce que l'on prévoit du reste, que cet établissement était mal dirigé par le jeune mari, peu versé dans les affaires, et il finissait le plus souvent par la banqueroute, de sorte que, sans plus d'autres ressources, il prenait le parti de se faire *rabbin*. ²

C'est un cœur profondément ému par la compassion fraternelle que je vous demande : qu'êtes-vous devenus ? que deviendrez-vous à l'avenir en persistant dans cette voie funeste ? en vous refusant à la réforme sociale et religieuse, impérieusement demandée par l'esprit du siècle et la voix même de vos coreligionnaires dans tous les pays civilisés ? Mais pour que cette réforme soit complète et durable, pour qu'elle vous assure ce bien-être physique et moral qui est le but de tous les efforts humains et pour lequel le créateur nous a doués de tant de précieuses qualités,

---

¹ En pareil cas, c'étaient surtout des personnes mal partagées quant à leur physique ou, pis encore, par leurs infirmités, qui devinrent le partage des Bachourim-Sechoré (jeunes savants du Talmud). Aussi à cette question : « Pourquoi la plupart des rabbins ont-ils des femmes laides ou infirmes ? » Un plaisant fit cette réponse : C'est, dit-il, parce que le bon Dieu, en agit envers les humains en bon père de famille ; et de même qu'un marchand, lorsqu'il possède dans son magasin une mauvaise pièce de marchandise qu'il ne parvient pas à placer, afin de n'en pas perdre tout-à-fait la valeur, l'emploie pour l'usage de sa maison et en fait des vêtements pour ses enfants, ainsi, le bon Dieu attendu que les mariages se décident au ciel, et que les savants talmudistes en sont les enfants.

² Voyez Peter Beer, *Histoire des Juifs*.

il faut envisager franchement et sérieusement la question, reconnaître les maux qui vous blessent, les causes qui vous retiennent dans votre abaissement actuel et ne plus répudier les moyens qui puissent vous sauver de là.

V

Quoique les Israélites Polonais de ce siècle se plaignent avec raison des mauvais traitements, de l'oppression, de ce que le gouvernement les tient sous le joug, qu'il ne les admet point aux droits des citoyens; mais un gouvernement juste et d'accord avec l'esprit de notre époque désirant le vrai bonheur de toutes les classes d'habitants du pays ne doit-il pas répondre à de pareilles plaintes en disant :

« Vous voulez être citoyens comme les Polonais chrétiens, comment saurions-nous vous reconnaître dignes de l'être? Est-ce par votre langue qui est tout-à-fait incompréhensible à nous, à d'autres nations de l'Europe et à vous mêmes. Est-ce par votre attachement au pays que vous habitez? mais vos rabbins même disent que vous

LE JUIF DE VARSOVIE ET SA FEMME.

Les Israélites de Pologne, par L. Hollaenderski.

n'êtes que les hôtes de ce pays, ¹ oui, les Polonais doivent répondre ainsi et ajouter encore ce qui suit : « Dans le dernier siècle, nous avons admis à la jouissance de nos droits et de nos libertés des milliers de Tartares, qui professent le mahométanisme, et des dissidents de toute sorte contre notre propre religion, avec lesquels nous étions presque toujours en guerre pour des intérêts matériels (car sur les dogmes et les consciences, Dieu seul peut juger), mais voyez bien, ces Tartares, ces protestants,—ne sont-ils pas bons citoyens? Ils versent leur sang volontiers en combattant avec nous nos ennemis communs; ils parlent, ils s'habillent comme nous; ² ils partagent avec nous le bien comme le mal. Et vous! vous voulez rester toujours étrangers; quant à vos mœurs, vos usages, vos préjugés, et, en même temps, être traités mieux que vous ne l'êtes. Vos rabbins vous défendent de vivre avec nous fraternel-

---

¹ C'est aux Juifs fanatiques orthodoxes qu'il faut le demander.

² La différence des habits juifs de celui des chrétiens était provoquée par les nobles polonais et les jésuites eux-mêmes, et ce n'était que pour ne pas encourir une responsabilité que les rabbins avaient inséré dans les règles religieuses de ne pas s'habiller comme les chrétiens. La mise des Juifs polonais est à peu près la même depuis un siècle et demi. Le costume des Juifs riches à côté de Varsovie et dans la capitale même est depuis quelque temps différent et plus propre que celui de l'autre endroit. Il tient quelque chose de l'ancien costume polonais et une partie de l'allemand, comme par exemple, de longues capotes, des ceintures, des bonnets avec des couvre-oreilles fourrés; quant aux culottes courtes, aux bas et souliers, tout cela semble s'être conservé dès leur arrivée d'Allemagne. Il est difficile d'approfondir pourquoi les Juifs polonais s'habillent toujours en noir ou du moins en couleurs sombres, car s'ils les avaient adoptées comme une espèce de deuil porté pour la patrie perdue (comme dans beaucoup de maisons juives on voit sur une paroi un carré avec cette inscription : *Sécher léchourben* (*Souvenir de la destruction de Jérusalem*), les rabbins auraient besoin de se mettre les premiers en noir et non en blanc, comme faisaient leurs prédécesseurs.

lement. C'est en Pologne, où depuis tant de siècles on vous donne l'hospitalité, où dix de vos générations ont vécu et déposé leurs dépouilles mortelles, où, enfin, vos générations futures devront vivre, Dieu sait jusqu'à quand; et vous osez proclamer une pareille terre d'asyle, étrangère pour vous ! Conservez votre foi dans son ancienne pureté, mais élaguez de vos commentateurs, de vos mœurs, de votre langage, tout ce que les rabbins et vos supérieurs, dans leur propre intérêt, pour spéculer sur vos consciences, y ont introduit de ridicules nuisibles et peu dignes de la foi de tout homme de bien ! Montrez-vous, au résumé, animés du même patriotisme que les Tartares, que les protestants polonais, adoptez leurs mœurs et leurs usages dans la vie publique, et nous vous regarderons avec plaisir comme nos compatriotes, comme nos frères. »

Comment les Israélites Orthodoxes en Pologne à qui nous parlons ainsi, répondront-ils à ces dures vérités ? oseront-ils les nier ? Non, la sincérité commande d'en convenir, et la raison dit qu'il faut se corriger de ses défauts. Or, s'il se trouvait des individus qui objectaient que leur conscience ne leur permettait pas d'abandonner les règles de leur croyance, nous leur répliquerions, personne ne vous y force, tout homme raisonnable désire seulement que vous abandonniez ce qui n'est pas dit dans les lois de Moïse, et ce qui est, pourtant, si nuisible au pays que vous habitez et à vous mêmes.

Nous allons maintenant examiner si les Israélites peuvent changer ou abandonner les règles de foi rabbinique. Les Juifs, dans plusieurs temps, ont été obligés d'abandonner beaucoup de leurs anciennes lois et usages primitifs. Ne leur était-il pas ordonné de brûler sur l'autel les animaux vivants, et de pratiquer les offrandes *pacifiques* et autres, de la tourterelle et de la colombe? Cependant, après la destruction du temple de Jérusalem, nous ne les voyons plus faire les sacrifices, non-seulement des taureaux, mais même de ceux d'un seul moineau

Il a été ordonné aux Israélites d'abandonner leurs moissons, tous les sept ans aux pauvres; de ne pas réclamer, après sept ans passés, leurs créances près de leurs débiteurs; cependant, où en trouver un seul, qui observe ces commandements?

Dans les temps anciens, les Juifs ne se mêlaient-ils pas avec les étrangers? Le roi David, le plus pieux parmi les rois des Hébreux, n'était-il pas le petit-fils de *Ruth*, une *Mohabite*; Salomon, n'a-t-il pas épousé une Egyptienne, la fille de Pharaon? le savant et le pieux *Mordechaï* n'était-il même pas reconnu comme Juif aux portes du roi *Asuerus*; *Esther*, si renommée par sa piété, n'était-elle pas connue non plus, comme Juive, par ses mœurs et ses usages, par son extérieur et son langage, lorsqu'elle se trouvait chez le même roi *Asuerus*. Moïse, d'ailleurs, avait expressément prescrit que le premier mois de l'année commençât de *Nisan*. Cependant, depuis la dispersion des Juifs, le mois *Tischri*, six mois plus tard que *Nisan*, est chez eux le premier mois de l'année. La loi de Moïse défend très sévèrement aux Juifs de se faire payer l'intérêt d'un prêt quelconque à leurs coréligionnaires; et nous voyons maintenant la plupart des rabbins polonais s'adonnant uniquement à l'usure. Si, par conséquent, les Juifs sont en contravention flagrante, vis-à-vis de tant de lois fondamentales de Moïse, si *Mordechaï* et *Esther*, comme nous venons de dire, modèles de piété, ne différaient en rien de ceux qui professaient une autre religion; pourquoi ne serait-il pas permis aux Israélites d'aujourd'hui de s'affranchir des règles, que leur imposent les fanatiques rabbins, qui, eux-mêmes, agissent par l'usure et l'impiété, directement contre la volonté divine.

Cherchons dans le Talmud même :

Les talmudistes[1] prennent du Pentateuque les six cent treize commandements, dont deux cent quarante-huit [2] sont des *commandements exécutifs*, et dont trois cent soixante cinq[3] sont des *défenses*. David réduit ces six cent treize commandements à onze. (Ps., ch. 15.) Savoir : d'agir avec probité, de faire justice, de parler la vérité du fond de son cœur, de ne pas calomnier, de ne faire arriver aucun mal à son prochain, de ne pas l'outrager, de ne point aimer ce qui est méprisable, d'honorer celui qui craint Dieu, d'accomplir le serment, quand même il est à son désavantage, de prêter son argent sans intérêt, et de protéger l'innocence sans corruption. Le prophète Esaïe les borna à six, (Esaïe. ch. 33, v. 15), savoir : d'agir vertueusement, d'être droit dans son parler, de ne point mesurer l'avantage de l'autorité, d'avoir ses mains pures de corruption, de fermer ses oreilles à un projet de meurtre, et de fermer ses yeux pour ne pas voir le vice. Le prophète Michée les réduit enfin à trois, (Michée b., v. 8), savoir : de faire justice, soigner la fidélité, de marcher devant Dieu avec modestie et humilité. Enfin, le prophète Habakuk borna tous les commandements à un seul, en disant que : « le juste vit dans sa croyance. »

Isaac Chabib dit dans son commentaire sur cet endroit que :

---

[1] Traité Makoth, p. 23.
[2] Au nombre des membres qui composent le genre humain.
[3] Qui sont du même nombre que les jours dans l'année.

« Les hommes étaient pieux au commencement, et pouvaient facilement se charger du joug de tant de commandements; les descendants qui vinrent après, n'étant plus aussi pieux que les premiers, et s'ils devaient pratiquer tous ces commandements, ils n'en seraient pas venus au bout ; alors, David était-il obligé d'en réduire le nombre à onze, pour qu'ils puissent aussi devenir bienheureux en pratiquant seulement ces onze commandements, et ainsi par la suite, les générations amoindrirent toujours le nombre des lois jusqu'à une seule. »

On peut voir par là que les talmudistes mêmes envisagent la religion plus sous le rapport de la pratique des notions morales que sous celui des cérémonies.

Il ne sera pas indifférent de connaître le nombre de modifications que les sages auteurs de la Michnah ont faites aux commandements pour en rendre l'exécution plus facile. Voyant d'après les circonstances temporelles qu'une ordonnance quelconque ne pouvait pas être exécutée, ou que cette ordonnance pouvait occasionner la transgression d'autres lois, ils s'efforcèrent de s'autoriser d'une loi mosaïque même, ou d'autres moyens pour abolir telle ordonnance ou telle défense, parce que la loi dit : « qu'Israël vive dans la loi, » ce qui veut donc dire, qu'il ne succombe pas à la suite des observations trop rigoureuses des commandements.

Aussi les talmudistes mêmes et les autres vrais savants israélites permirent-ils beaucoup de choses relativement aux dangers, aux afflictions, et, d'après le R. *Saraaï*, il est permis de transgresser une loi, quand bien même une passion seulement le presse ou qu'il est possédé d'un désir ardent.[1] On diminua la rigueur de beaucoup de lois, à

---

[1] Voyez Maor Sabath, ch. 22.

cause de soupçons ou de haine. On permit de faire du feu pendant l'hiver, par un non Israélite, à cause du froid,— et la loi dit pourtant : « Ne faites point de feu le jour du sabbath. » Ils ont ordonné d'allumer des lumières au jour de sabbath.

On a permis aux guerriers de manger la viande qui, d'après la loi de Moïse, est défendue aux Israélites, comme par exemple du porc, etc., [1] Le *Keseph Mischna* dit : que « celui même qui n'est pas militaire, qui a faim, et ne trouvant point de chose permise, qu'il peut manger tout ce qui se présente devant lui. [2] »

Aussi ont-ils défendu beaucoup de choses qui sont permises par la loi mosaïque, à cause des mœurs du pays où ils demeuraient, comme par exemple la polygamie qui était permise aux Juifs et qui est défendue depuis qu'ils sont venus en Europe, etc.

Les talmudistes disaient : « qu'on n'admettait dans les sanhédrins, que des hommes qui pouvaient épurer un reptile impur, par des démonstrations de la mosaïque même, » et ailleurs, on n'institue point de loi sur l'assemblée, qu'à condition que la plupart de l'assemblée la puisse supporter. Il est autorisé à tout juge célèbre d'alléger la sévérité de quelques lois, selon la nécessité du temps. Les talmudistes ont dit à ce sujet, qu'un homme ne doit pas dire : « est-ce que ce juge est comme Moïse ou comme Aaron ? (dois-je lui obéir ?) non ! celui qui est nommé le plus léger, doit être considéré comme le plus estimé. [3]

Quand nous faisons bien attention au Talmud, nous y

---

[1] Voyez Tract. Choulin, p. 17.
[2] Maimonides Halachath Machalim, ch. 8
[3] Tract. Rasch Haschanah, ch. 2.

trouvons que son opinion était toujours d'amoindrir et non pas d'augmenter les lois. [1]

Maïmonides a bien raison en disant : « que les sages doivent se conduire en rapport de la loi et de ses ordonnances, comme un sage médecin, qui coupe souvent un ou deux membres, pour que tout le reste du corps puisse se tenir en état de santé. »

Comme il est du commandement de Dieu d'apprendre la loi (chacun d'après son esprit et ses capacités), ainsi, chaque Israélite est tenu, à présent qu'ils n'ont ni prêtres, ni lévites, ni sanhédrins (qui autrefois étaient instruits dans toutes les sciences), de s'instruire si Dieu lui a donné un pur esprit et la faculté d'apprendre la morale et les sciences recueillies dans les livres de toutes les nations et de toutes les langues. Et jusqu'à ce que le temps vienne dans les travaux de l'intelligence, ce que leurs prédécesseurs ont dit que l'on doit passer tous les jours de sa vie dans le Talmud, mais ce mot doit recevoir une acception beaucoup plus étendue qu'il ne paraît l'indiquer et comprend ainsi toutes les autres sciences comme le dit Maïmonide « que le nom du Talmud, ne comprend pas seulement la Mischna et la Guémara, mais encore toutes les autres sciences. Voyez aussi Tractat Horiott, ch. 3. »

Il est aussi permis d'apprendre les lois civiles et morales de toutes les nations et de tous les hommes au monde, surtout des sages. On trouve beaucoup d'exemples dans le Talmud prouvant que les rabbins ont puisé des idées, des mœurs et des maximes des autres peuples. Comme l'opinion dans le Talmud : « que le monde retournera au néan

---

[1] Voyez Beth-Iéhoudah, p.   , et Théoudah-Beïsraël.

après six mille ans, » cette idée est celle du philosophe grec *Plato*. Et celle-ci, qui est d'Aristote : celui qui enseigne la loi au fils d'autrui, est comme s'il l'avait mis au monde. Et ailleurs, « l'amour dérange autant l'ordre que la haine. » C'est une idée de Plutarque, qui existait longtemps avant que le Talmud ne fût composé.

Les sanhédrins aussi étaient formés de la même manière que le sénat de Rome. Flavius Joseph a organisé la troupe des Juifs d'après l'organisation des troupes romaines. Les talmudistes ont appris des romains la division du jour en vingt-quatre heures, beaucoup de coutumes au repos dont il est fait mention dans Berachote et Arbé Pesachime, des usages pour le deuil, et beaucoup d'autres pratiques que les Juifs croient d'un ordre rigoureux, comme la couverture de tête pendant la prière et toute sanction sacrée, l'anneau de mariage sont autant d'usages pris des Romains.[1]

Mais à quoi bon de si nombreux exemples. Voici les paroles de la lettre, que le prophète Jérémie adressa de Jérusalem, à ce qui restait d'anciens parmi les captifs, aux prêtres, aux prophètes et à tout le peuple d'Israël, que Nabuchodonosor avait transférés de Jérusalem à Babylone : « Voici ce que dit le Seigneur des armées, le Dieu d'Israël, à tous les captifs, que j'ai transférés de Jérusalem à Babylonne. Bâtissez-vous des maisons et habitez-les ; plantez des jardins et nourrissez-vous de leurs fruits ; prenez des femmes et ayez-en des fils et des filles ; donnez des femmes à vos fils, et des maris à vos filles, et que votre race se multiplie au lieu où je vous ai transférés, et priez le Seigneur pour elle, parce que votre paix se trouve dans la sienne, etc. » Quand est-ce que ces paroles divines s'a-

---

[1] Voyez Beth-Iéhoudah.

dressaient aux Israélites? C'est lorsque leur royaume, après soixante-dix ans, devait refleurir. Avec qui leur était-il permis de vivre en communauté et en amitié parfaite? avec les idolâtres, qui ne croyaient point en Dieu, saccageaient le temple, détruisaient la ville de Jérusalem, exterminaient une partie du peuple d'Israël par le massacre et prenaient une autre partie en captivité, qui enfin riaient de Jéhovah et de ses saints commandements.

En France, en Angleterre, en Hollande, en Belgique, et principalement dans une grande partie de l'Allemagne, les Israélites n'emploient-il pas, pour parler et écrire, les langues de ces pays-là; ne s'habillent-ils pas comme les indigènes? En beaucoup d'endroits, ils adressent même leurs prières au Tout-puissant, en langue du pays. Dans quelques synagogues même, on entend chanter en chœur les psaumes et les hymnes de David, avec accompagnement d'orgue.

Nous avons de nombreux exemples que les Israélites d'autres pays ont institué des écoles, et se sont affranchis tout-à-fait de l'influence des préjugés rabbiniques. On les voit fort recommandables par leur moralité, leur patriotisme, l'amour de l'ordre et de la propreté est aussi à remarquer chez eux; en un mot, ils ne diffèrent en rien, quant à leur extérieur, des peuples les plus civilisés, au milieu desquels ils vivent. Ce n'est que dans les synagogues seulement qu'on les reconnaît professant les lois de Moïse; car, en résumé, Dieu ne nous apprécie pas par notre extérieur, mais il n'élit ses fidèles que par la pureté de nos cœurs; voilà ce que les savants rabbins disent bien dans les pyrké-aboth : « celui qui sait se concilier l'amour et l'estime de ses semblables est digne aussi de l'approbation et de la faveur du ciel. »

VI

Il est triste à considérer combien la foi aveugle des Juifs dans l'autorité des rabbins a laissé les Israélites de Pologne en arrière de la civilisation, tandis que leurs co-religionnaires d'autres pays ont fait de si grands progrès. Il est plus triste encore de dire que cette autorité rabbinique cache ses propres actions et réglements devant le peuple : ce dernier ignore par exemple quelle décision avait prise le sanhédrin [1], relativement à tous les Israélites de l'Europe, du temps de l'Empereur Napoléon. Cependant, il y était établi solennellement, en vertu de l'Ecriture sainte et particulièrement en vertu de ce que le prophète Jérémie (chap. 29) avait énoncé d'applicable à l'esprit de ce siècle,

---

[1] Décisions doctrinales du grand sanhedrin 1807.

pour le principal article de foi, que « nous devons regarder comme notre patrie le pays que nous habitons ; nous devons le défendre, prêter notre concours à sa prospérité, nous garder bien d'être parasites ; cultiver la terre, nous adonner sincèrement à tous les arts et métiers ; regarder enfin les lois civiles et politiques des pays que nous habitons, comme strictement obligatoires. »

L'un des plus grands rabbins de France, en s'adressant naguère, de sa chaire, aux Israélites français, s'est exprimé à peu près en ces termes : « Mes frères, vos devoirs vous sont clairement prescrits ; servez Dieu, exécutez ses commandements comme Israélites ; mais aussi aimez le roi et son gouvernement ; aimez et défendez le pays où vous vivez ; travaillez avec zèle dans tous les états, auxquels vos capacités vous appelleront comme citoyens et fidèles sujets. »

Un autre prédicateur israélite Allemand prononce :

« Mes frères ! Il n'y a pas de loi dans la religion de Moïse qui vous empêche de concourir de tous vos moyens au service de l'état auquel vous appartenez, de la patrie qui vous protège à toute heure, quel que soit le jour. Pères de famille, il n'y a pas de loi dans la religion de Moïse qui vous empêche de travailler incessamment au bonheur de vos enfants. Femmes ! jeunes et âgées ! il n'y a pas de loi dans la religion de Moïse qui vous défende de cultiver les nobles facultés de votre sexe et d'embellir par le charme de votre éducation le bonheur du foyer domestique. La religion de Moïse favorise tout ce qui peut contribuer à l'harmonie sociale ; elle défend tout ce qui peut en opérer la ruine, » etc. [1]

---

[1] Dr Salomon de Hambourg, dans son sermon prononcé au temple, le jour de la Pentecôte 1844.

Quand est-ce qu'on entendra un rabbin polonais parler de la sorte?

Il est peu, et trop peu de rabbins en Pologne, aussi généreux, aussi éclairés et aussi pénétrés de l'amour véritable du salut de leur pays. Au contraire, les rabbins polonais, les kahals et différentes congrégations supérieures, s'efforcent de remettre et d'anéantir toute tentative du gouvernement, pour introduire parmi eux une réforme salutaire. Si l'on employait la moitié de ces sommes d'argent, que les Juifs polonais consacrent à repousser la civilisation pour l'accepter franchement et aider à son développement, combien leur état serait heureux et florissant aujourd'hui! Depuis longtemps, ils n'auraient pas vécu dans la misère, méprisés et abaissés, comme ils l'ont toujours été et le sont encore!

Ils s'oppriment eux-mêmes ; le fanatisme et la fausse piété oppriment les Juifs. Le Juif polonais ne doit, selon le système rabbinique, avoir aucune communication avec les chrétiens. Est-ce que l'amour peut trouver lieu où il n'y a pas de contre-amour? On ne peut point regarder cette conduite comme une loi religieuse, puisqu'on ne trouve dans aucune histoire que les Israélites s'étaient conduits ainsi dans l'ancien temps, ou que leurs coreligionnaires se conduisent de cette manière. Il est vrai que les rabbins avaient le devoir d'empêcher les Juifs de communiquer avec les non-Juifs et les païens, pour maintenir la religion, car les chrétiens tâchèrent de toutes leurs forces de convertir les Juifs dans leur croyance ; mais la sainte inquisition n'existe plus, ni aucun fanatisme, c'est l'humanité qui gouverne les trônes et les peuples! L'humanité est le signal des sages et des héros. Toutes les religions se développent de leurs ténèbres, elles sont toutes tolérées dans chaque état, et leur pureté est prisée de tous les hommes raisonnables et de tous les savants.

Le gouvernement polonais a cherché à plusieurs reprises à établir de bonnes écoles pour la jeunesse israélite, mais les autorités israélites ont toujours tâché, au moyen de souscriptions et de collectes occultes, d'empêcher les desseins du gouvernement. Aussi, est-on parvenu à peine à fonder une seule petite école publique de cent élèves, à Varsovie, ville qui compte environ trente mille habitants israélites ; et encore aujourd'hui, dans cette école sous la direction du savant Eugendold, est-on obligé, pour ne pas repousser les parents, d'enseigner leurs enfants en langue allemande. C'est ainsi que la majorité des Israélites de Pologne préfère faire élever leurs enfants à la maison par des précepteurs ignorants et fanatiques, tels enfin que nous les avons dépeints en parlant de l'éducation primaire, que de les voir s'instruire avec les enfants chrétiens dans les écoles publiques, où ils pourraient acquérir des connaissances utiles et devenir plus tard de bons citoyens.

Tout ce que nous venons de dire sur l'état abject des Israélites de Pologne, et sur l'opiniâtreté de s'y laisser croupir, ne s'applique pourtant qu'à une partie d'entre eux, car des milliers n'attendent que des circonstances favorables pour réaliser une réforme dans Israël. Beaucoup d'ouvrages dans ce but se publient en hébreux, par des auteurs savants et éclairés, et tout-à-fait dévoués, comme par exemple : *Beth-Jehoudah*, *Kerem-Chemed*, *Téouda-Bëisrael*, etc., etc. Mais que manque-t-il pour atteindre ce but ? Nous répondons avec assurance : le *courage !* car la crainte de s'attirer des persécutions et surtout la malédiction des supérieurs juifs, tiennent ces hommes d'élite à l'état d'inertie. « Ce sont, dit le célèbre écrivain, historien et poète polonais, le sénateur Niemcewicz, des cailles se cachant et se tapissant dans l'herbe, qui voudraient s'envoler ; mais la vue des éperviers planant au dessus d'elles, les empêchent de faire le moindre mouvement. »

La masse des Israélites en Pologne, donne souvent des signes qu'elles sent bien le joug sous lequel ses supérieurs et rabbins la tiennent ; mais elle n'a pas assez de forces concentrées, et par conséquent, pas assez de courage pour le secouer. Il est temps donc que les coreligionnaires si puissants et si éclairés en France, en Allemagne et ailleurs, prêtent leur appui, afin d'introduire une réforme quelconque. Nous sommes sûrs d'avance que, pour exécuter un bon plan, il n'y aura d'obstacle ni de la part du gouvernement, ni de la part de la masse, au contraire, bien des hommes éclairés et puissants en Pologne, et le gouvernement d'aujourd'hui lui-même, en faciliteront le succès.

VII

Ne croyons pas que les Polonais en général et la noblesse en particulier, soient *maintenant* injustes envers les Israélites, et qu'ils nourrissent contre eux la haine du passé, où il y avait des torts et des droits des deux côtés. Nous pourrions citer mille exemples pour prouver que tout Israélite qui, par ses vertus, ses talents et ses services rendus au pays en véritable citoyen et patriote, savait mériter la considération d'un homme distingué, n'a jamais manqué, même dans le temps passé, d'être estimé, encouragé et récompensé. Nous nous bornons à citer le savant Kalmanson. Le dernier roi Stanislas-Auguste l'a honoré de son estime particulière et beaucoup de Polonais de se siècle d'or, appelé ainsi sous le règne d'Auguste, parce que, la littérature polonaise, protégée par lui, avait produit alors tout ce que l'Europe ne peut pas encore en attendre aujourd'hui, ont prodigué à Kalmanson, non-seulement des louanges et des flatteries, mais des secours réels, et de la manière la plus délicate. Nous avons vu aussi l'Israélite Berek, pour prix de sa belle conduite et de son courage, élevé à des grades supérieurs dans l'armée nationale. Abraham Stern, homme de talent, doué d'un rare esprit, siégeait parmi les plus savants Polonais et recevait des marques de bienveillance de la part du roi et de grands citoyens. Les frères Fugendhold, à présent encore à Wilna et à Varsovie, se livrent aux recherches littéraires, sont aussi respectés qu'admirés ; outre les décorations, ils ont de hauts grades dans la société.

Le savant Loevensonh de Krzemienice, est aussi bien estimé des Polonais que du clergé catholique ; il a même reçu une récompense du czar Nicolas pour son ouvrage intitulé : *Beth Jéhouda*, sur le *Judaïsme*. [1]

---

[1] Dans les gazettes de Varsovie et de Pétersbourg, du mois de janvier 1845, nous lisons ces mots: « Les membres (ci-devant) de la commission établie pour améliorer le sort des Juifs en Russie (donc et dans les provinces prises sur la Pologne), les rabbins Mendel Szneyerson et Isaak Jechakim, ainsi que le savant marchand Israël Halpern, comme s'étant distingués par leur zèle et bonne volonté dans leur part des travaux de la commission: ont été nommés *très honorables citoyens*.

TABLEAU STATISTIQUE DE L'ÉTAT ACTUEL DES ISRAÉLITES EN POLOGNE.

I

Population

Selon les données de Stanislas, comte Plater, la population des Israélites en Pologne est la suivante :

Dans le royaume de Pologne d'après le congrès de Vienne	400,000
Dans les provinces polonaises de la Russie . .	1,300,000
D⁰ D⁰ de l'Autriche. .	300,000
D⁰ D⁰ de la Prusse . .	90,000
A Cracovie et dans ses faubourgs	10,000
Total. . .	2,100,000 [1]
Le comte Ostrowski y a ajouté	400,000 [2]
Total général. . . .	2,500,000

---

[1] Voyez la Géographie de l'Europe orientale, par le comte St. Plater, édition de Breslau, 1825.

[2] Voyez les Pensées pour la réforme des Israélites, par le comte Ostrowski. — Paris 1834.

Il est injuste de reprocher à quelques auteurs polonais l'exagération de ce chiffre, en préférant s'en tenir à celui qu'indique la statistique du gouvernement, laquelle n'est nullement exacte et ne peut point, en général, servir de guide à un écrivain consciencieux, surtout quant à la population des Juifs en Pologne. D'abord, parce que les impôts y sont exigibles, non pas de chaque individu, mais des chefs des communes (kahals), qui, pour payer moins au gouvernement, a l'intérêt de cacher le véritable chiffre des populations, ce qu'ils font toujours ; ensuite, parce que dans le recensement des Juifs, dans les provinces polonaises-russes, lequel se renouvelle tous les vingt-cinq ans, on les inscrivait anciennement par leurs prénoms seulement, et comme ils ont, en général, très peu de prénoms [1], le même prénom se trouvant porté par plusieurs familles, il devenait tout-à-fait impossible de les contraindre d'une manière quelconque, d'autant plus qu'ils changeaient de domicile à chaque instant et voyageaient continuellement.

Le gouvernement, pour obvier à cet inconvénient, en 1821, ordonna à tous les pères de famille d'adopter des noms de famille, et leur délivra, en effet, des certificats, lesquels, pendant quelques années, devaient leur servir de passeport [2], et, en même temps, un réglement soumet-

---

[1] Les Israélites n'adoptèrent que les noms de patriarches, des douze tribus de Jacob, et de quelques prophètes. Ils ne prirent pas de noms de famille.

[2] Dans une certaine ville de Lithuanie, il a plu à un Juif de prendre le nom d'un noble des environs ; celui-ci porta plainte aux autorités du district, qui défendirent de choisir en général les noms se terminant en *ski* et *wicz*, et par conséquent, ceux d'entre les Juifs qui avaient déjà pris des noms avec de semblables terminaisons, devaient en retrancher les dernières syllabes. Ex. : Dobrowolski, Dobrowoler ; Lublinski, Lubliner, etc., etc.

tait tout changement de domicile à une autorisation spéciale. Ces deux mesures ont beaucoup contribué à introduire de l'ordre parmi les Juifs, mais il n'en est pas résulté une exactitude désirable dans le recensement; car l'adoption des noms et l'autorisation préalable pour le changement de résidence ne s'appliquaient qu'aux chefs de familles et aux majeurs; or, on sait que le Juif polonais de la classe pauvre et même moyenne, à dix et douze ans de son âge, commence à faire le commerce, en se portant d'un endroit à l'autre, et que, dès lors, la même difficulté de contrôle se représentait. En un mot, la population israélite ne pouvait et ne peut jusqu'à ce jour être exactement connue, surtout en Pologne et dans les provinces que la Russie s'est adjugées. Ainsi, le chiffre adopté par le comte Ostrowski, s'il n'est pas au dessous de la réalité, est loin d'être exagéré. Presque tous les Israélites, d'ailleurs, habitent les villes et y sont comptés pour $1/4$, $1/3$, $1/2$ et même dans quelques unes pour les $2/3$ de la population totale.

II

Les Israélites sous le rapport du commerce et de l'industrie en Pologne.

La classe moyenne des habitants de Pologne est composée en tiers d'Israélites. Il faut avouer que la Providence, en les privant de leur patrie, leur a laissé un bien précieux, un trésor inépuisable : c'est celui de l'esprit naturel, d'une intelligence extraordinaire et d'une mémoire prodigieuse ; mais, hélas ! à quoi servent tous ces dons ? Ils les mettent en œuvre pour enfanter des productions sans but, si ce n'est d'empêcher les lumières de se répandre en maintenant le fanatisme religieux et les préjugés. Le génie des Israélites, si naturel, si susceptible de créer de belles choses, privé qu'il est des moyens de se développer, et pris au berceau, comme nous l'avons dit ailleurs, se trouve comprimé par le mauvais système du gouvernement et par l'influence égoïste des rabbins.

LA BOURSE LITHUANIENNE.

Les Israélites de Pologne, par L. Hollaenderski.

Le Juif polonais n'apprend jamais à lire et à écrire dans une langue étrangère. Dans leurs écoles, on ne leur donne aucune idée des mathématiques; et cependant, la majeure partie de ce peuple parle et écrit le polonais et l'allemand, quoique sans nul principe, sans nulle règle; quant à la comptabilité, ils y excellent. Ils ont une aptitude toute particulière pour apprendre vite les langues, et pour se faire comprendre, quand leur intelligence, sans culture, mais impatiente, en trouve l'occasion. Mais aucun juif polonais ne s'adonne aux arts. L'apprentissage même de l'état de marchand ne se fait pas chez eux. Sortis de l'école rabbinique, ils s'établissent aussitôt en épicerie; plus tard, ils y joignent la soierie, la mercerie, les draps, etc.; puis, enfin, ils y réunissent la librairie étrangère, sans n'avoir jamais eu de notions premières sur toutes ces branches de commerce. Il est vrai que leurs affaires ne prospèrent pas toujours; cependant, il est rare qu'ils finissent par une banqueroute complète. Ils se jettent d'un genre de commerce à l'autre pour tenter la fortune, en disant : *qu'il faut essayer de tout pour parvenir.* Bref, il n'y a rien d'impraticable pour leur intelligence [1].

---

[1] En 1842, un Juif polonais donna plusieurs concerts à Berlin et même au château du roi, et fut fort applaudi, au dire de la Gazette : «Potsdam le 15 juin. Un chœur de chanteurs russes-polonais, la famille Kantarowitz (6 individus) de la religion de Moïse, d'origine de Grodno et Vilna, eurent l'honneur de se produire, pour la seconde fois, à l'occasion de la fête du Bataillon, sur le portail de la colonnade, en présence de LL. MM. le roi et la reine, et cette fois aussi, devant LL. RR. les princes et princesses de la cour du roi, devant le prince de Hanovre et une suite nombreuse de LL. MM. et ils ont reçu les plus vives expressions de la satisfaction générale. Ils ont donné la preuve de leur talent devant plusieurs habiles musiciens, dans la synagogue de Potsdam : nous pouvons assurer, qu'il y a quelque chose de merveilleux. C'est pour la première fois que notre ville est témoin d'un pareil concert. Nous ne voulons pas juger si la haute mu-

Tout le commerce intérieur et extérieur de Pologne reste entre les mains des Israélites, les Polonais éprouvant de la répugnance pour toute sorte d'industrie, ce qui s'explique d'ailleurs facilement : le noble, riche ou pauvre, après avoir vendu les produits de ses terres, regarde toute autre échange comme un abaissement[1] ; le bourgeois et les paysans ont aussi leurs occupations et profits des champs. Ainsi, « ce sont les Juifs, dit le propriétaire de Tomaszow (comte Ostrowski), qui se sont empressés d'aider de leurs capitaux mes propres fabriques et celles de tout le royaume... » « Nos draps, nos tissus de laine ont de la réputation dans tout l'empire russe, vont même jusqu'à *Kiachta* en Chine, et c'est aux Juifs que nous devons exclusivement ce commerce[2] »

---

sique y gagne ou non, mais ce phénomène musical est extrêmement remarquable et très intéressant. Cette troupe se propose de se rendre à Londres, et donnera ici, pour satisfaire à la demande générale, un concert public, etc. (*Berlin: Zeitung* 17 juin 1842).

Or, qu'elle avait été sa profession en Pologne? Il remplissait, dans une petite synagogue en Lithuanie, à peu près les fonctions d'un bedeau. Il n'avait aucune idée de la musique. Lorsque, en vieillissant, il se voyait sans moyen d'existence, il réunit quelques jeunes garçons, ses coreligionnaires, chantant passablement, les habilla et les exerça un peu à mettre de l'harmonie dans leurs jeunes voix, et le voilà parti, amusant le public, les rois et les princesses d'Allemagne, et se faisant payer largement. Il ignorait même qu'il y eût des notes de musique, car un jour il se plaignit naïvement de l'usage qu'on faisait des cahiers de notes que sa troupe devait tenir sur la scène, sans savoir y lire.

[1] Tout noble de naissance, ou créé tel, perdait ses droits de noblesse, s'il exerçait le commerce ou l'industrie, ou même s'il occupait un emploi municipal. (Voyez *des Juifs en Pologne*, P. O. L. Lubliner pag. 39).

[2] Voyez *Pensées sur la réforme des Juifs*, P. Ostrowski.

III

Du mouvement commercial et industriel dans les villes de Pologne.

Le commerce actif à Brody, à Berdyczew, à Lemberg, à Wilna, et le plus considérable à Odessa, n'est exercé en grande partie que par des Juifs. La seule entrée à la Bourse, dans ces villes, en donne la preuve. Il n'y a pas d'article de luxe ou de nécessité que l'on ne puisse se procurer chez eux; toutefois, on ne rencontre, dans leurs magasins, ni ordre, ni ce qu'on appelle *étalage*. Un étranger, passant par une ville, ne soupçonnerait jamais la richesse et l'approvisionnement des marchandises. Bien loin de là, il reculerait de dégoût, tant il règne de saleté et de désordre dans les boutiques et les magasins. De même qu'ils n'adoptent pas les mœurs, les usages et le costume du temps, de même aussi, dans le commerce, ils n'ont point de teneur de livres, ni de caissier: l'organisation est la même qu'il y a des siècles.

Les Juifs appelés riches s'occupent du gros commerce d'exportation et d'importation, des grandes entreprises, des fabriques, etc.

Ceux de la classe moyenne achètent et vendent le blé, le lin, la laine, etc., les différents tissus, la quincaillerie, la mercerie, etc. Ils tiennent les auberges, les cabarets, la boucherie et la boulangerie, etc.

Ceux qu'on appelle *karebelnike* achètent pour de l'argent ou prennent en échange de quelques articles des villes, chez des paysans, des poules, des veaux, etc., pour les revendre ensuite : mais leur vie est bien misérable.

Ceux enfin qui habitent les villes et les localités limitrophes, voyagent, d'ordinaire, continuellement en Allemagne, où ils pratiquent le petit commerce avec assez de fruit et ne reviennent qu'une fois l'année, au mois appelé *tyszry*.

Rien de plus triste que l'aspect de la classe pauvre des Juifs en Pologne. Nul ne croirait que la nature se fût plu à tant d'abaissement et de misère. Au surplus, voici l'état matériel d'un Juif pauvre en Pologne : sale des pieds à la tête, couvert de haillons, dont la crasse ne laisse reconnaître ni la couleur, ni le genre d'étoffe; les bas troués au talon, les pantoufles ou vieux souliers crottés, et, enfin, un bonnet reluisant de saleté et de sueur, collant sur la tête dont les cheveux sont, de temps à autre, coupés à ras, et un autre bonnet, non moins sale et râpé, mais plus grand, qui lui sert de chapeau ou de casquette : voilà le costume, fruit du mépris et de la misère.

Ordinairement, dans une seule chambre, si l'on peut appeler ainsi sa demeure, est entassée toute une famille; tout y est sale et horrible à voir[1] les enfants, couverts de gale

---

[1] Surchargés d'impôts ordinaires et extraordinaires, qu'y a-t-il de sur-

et de vermine, à demi nus, s'y traînent autour d'une cheminée, où une méchante marmite contient quelque mauvaise nourriture. Aussi, ne voit-on pas de Juifs de cette classe, qui ne soient d'une maigreur et d'une pâleur livide à faire pitié. Ils n'ont, hélas! ni courage, ni force pour travailler, et végètent au jour le jour, souvent avec un morceau de pain aussi noir et aussi sale que tout ce qui les entoure.

Le père d'un telle famille part le matin pour la campagne; là, des honnêtes paysans lui donnent un peu de farine et des pommes de terre; et il ne retourne à son triste foyer que le jour de sabbath.

Dans les derniers temps, cette classe nombreuse s'est adonnée aux métiers, au point qu'il n'y a en Pologne guère d'états dont les Juifs n'aient essayé. Il est vrai que leurs productions élaborées sans ordre, sont de mauvaise qualité, et l'imperfection de l'ouvrier se remarque au premier coup d'œil; mais cela résulte de ce que les enfants n'ont pas le temps de se perfectionner dans leur profession : les uns doivent se marier avant l'âge de dix-huit ans, d'autres sont impatients de se trouver à la tête d'un établissement

---

prenant à ce que le Juif soit obligé de vivre le plus économiquement possible, et même d'une manière parcimonieuse ? La cause de la malpropreté des habitations des Juifs prend sa source dans la défense de demeurer à leur choix, dans toutes les villes, et même dans l'une ou l'autre des sections de la ville; dans l'obligation absolue de se parquer dans quelques sections circonscrites. « Obligés de s'entasser tous dans un quartier limité, il en résulte l'impossibilité de se loger commodément, le nombre de maisons bâties sur un espace *circonscrit*, devant absolument renfermer toutes les personnes juives, il faut bien que plusieurs demeurent dans une même chambre, que plusieurs familles se logent dans une seule maison, dont l'étendue n'aurait souvent pas suffi à une seule pour y habiter commodément. » (*Des Juifs en Pologne*, par M. Lubliner, p. 120).

pour leur propre compte, avant de connaître le métier ; le père du pauvre est obligé de mettre son enfant en apprentissage chez un artisan qui ne fait que commencer lui-même. Le Juif plus aisé ne vise qu'à faire de son enfant ou un rabbin, ou un marchand, et se ruine par les efforts qu'il fait pour y parvenir, de sort qu'il devient pauvre et augmente la classe des indigents, qui n'est déjà que trop nombreuse.

Il y a encore en Pologne une espèce d'Israélites, dont nous avons fait mention plus haut : ce sont les Juifs *allemands*, appelés ainsi à cause de leur mise moderne. Ils diffèrent entièrement de la masse des Juifs polonais. Ils approchent, par leurs mœurs et leurs usages des Israélites étrangers, et se font remarquer par leur propreté. Quelques uns, parmi les plus riches, se vouent aux beaux-arts ; d'autres s'adonnent à l'industrie et au commerce, et s'y conduisent d'une manière exemplaire. Malheureusement, il y a, en proportion très peu de ces Israélites en Pologne : ils se trouvent en plus grande quantité dans le grand-duché de Posen, à Varsovie, à Kalisz, et en plus petite en Lithuanie et dans les provinces aujourd'hui russes ; cependant, on voit leur nombre s'augmenter, quoique insensiblement à Lemberg, à Wilna, à Brody, à Berdyczew, etc.

IV

De la moralité des Israélites.

On ne doit point accuser exclusivement les Israélites polonais, de fourberie dans le commerce, ni soutenir que leur manière d'agir avec peu de conscience, dépend de leur caractère ou de leur naturel. D'un autre côté, il ne faut pas non plus s'étonner des reproches, que des Polonais leur font à cet égard ; car, peu familiarisés avec les opérations commerciales, ils ont peine à concevoir que, pratiquées sur une petite échelle, elles puissent être consciencieuses, surtout là où la concurrence existe. Surowiecki, dans son précieux ouvrage sur la Décadence des villes en Pologne, l'a bien prouvé. Il ne faut pas attribuer à la race ce qui n'est que le résultat des occupations commerciales et d'une mauvaise organisation de l'industrie.

Quant au commerce en gros, nous ne savons pas que des plaintes se soient élevées sur la probité des négociants israélites.

En fait de petit commerce, nous le voyons en France, en Angleterre, en Belgique, en Allemagne, etc., entre les mains des chrétiens. Cependant, en fouillant dans toutes les branches de leurs opérations, ne sera-t-on pas convaincu qu'il se trouve plus de falsifications de matières et de marchandises, plus de tromperies dans les prix, que chez les Israélites en Pologne. C'est donc par la nature du petit commerce, en qualité de fripiers, que les Juifs en Pologne se servent de moyens peu loyaux. Ainsi, on devrait plutôt les louer à cet égard, que de les accuser[1]. En effet, au Juif polonais, persécuté qu'il est, méprisé par les chrétiens, opprimé par le gouvernement, tracassé par les fonctionnaires de tout grade, il ne lui reste qu'un seul moyen d'obtenir quelque répit de la part du noble, du gouverneur, du commissaire, du bourgmestre, de l'inspecteur, de l'agent de police : c'est celui de leur donner de l'argent[2]. Ce seul métal le soustrait à la misère, lui

---

[1] Le savant *Menasse ben Israel* ayant un jour reproché à un rabbin de Pologne, que les Juifs de ce pays tiraient de grands intérêts de leur commerce, aux dépens des chrétiens, il en reçut cette réponse : « Nous sommes forcés de le faire ; les chrétiens lèvent sur nous plus d'impôts en une seule fois, que nous ne saurions nous en *dédommager* pendant plusieurs années. » (*Menasse ben Israel*, édition allemande, p. 708).

[2] M. Lubiner dit avec raison : « Le Juif amasse de l'argent dans son coffre-fort, *et fait très bien, car tout l'y oblige*. Le Juif n'est pas un seigneur, auquel le bras des serfs apportent une fortune, qu'il dépense avec d'autant plus de prodigalité qu'il ne connaît point le prix du travail ; le Juif n'est pas un fonctionnaire, qui a la certitude d'avoir une pension dans sa vieillesse, et même de la laisser à sa femme et à ses enfants ; le Juif, en Pologne, n'est que marchand, devant travailler *par lui-même*, devant payer les impôts ordinaires et exceptionnels, devant s'attendre à ce qu'on le

donne un accès partout. En un mot, l'argent chez un Juif polonais constitue sa défense, son honneur, sa gloire, et toutes les charmes de sa vie; tandis que les Juifs qui n'en ont point sont de bien malheureuses créatures. Quoique la situation des pauvres soit partout à plaindre, elle ne peut pas être comparée à la leur en Pologne, parce qu'ils ne sont aptes qu'à exercer le commerce, pour lequel il faut absolument de l'argent, et sans argent, il ne lui reste que la plus affreuse misère.

L'abbé Grégoire, dans son ouvrage : *Sur la régénération des Juifs*, s'exprime ainsi à ce sujet : « Si les Juifs, devenus les courtiers de toutes les nations, n'ont plus guère d'autre idole que l'argent; si ces hommes sans patrie ont vendu si souvent leur probité au plus offrant, *les gouvernements doivent s'accuser de les avoir réduits à cette abjection, en leur ravissant tous les autres moyens de subsister*. Pourquoi ont-ils courbé ce peuple sous le joug de l'oppression la plus dure *en l'accablant d'impôts*, au point de lui faire payer l'air infect qu'il respire? En lui interdisant l'exercice des arts et des métiers, ils ont limité les objets de son travail, lié ses bras, et par là, ils l'ont forcé à devenir commerçant[1]. »

Le même auteur, membre de la Convention, s'exprime ainsi : «Amenez sur la scène vos brames tant vantés et ces paisibles Othaïtiens, interdisez-leur tout moyen de subsister autre que le commerce de détail, dont les gains sont précaires et modiques, quelquefois nuls, lorsque la souplesse et l'activité ne suffisent pas pour subvenir à des besoins impérieux et toujours renaissants; bientôt, ils appelleront à leur secours l'astuce et la friponnerie[2]. »

---

chasse de ville en ville, de section en section, selon les caprices de chaque gouvernement, etc., ». p. 122.

[1] *Régénération des Juifs*, édition de Paris, 1789. p. 84.

[2] *Ibid.* p. 157.

On impute comme un crime aux Juifs de Pologne, de pratiquer l'usure; mais on ne songe pas assez que l'usure, non-seulement est contraire aux principes religieux des Juifs mais elle est de plus antipathique à leur caractère national. La Bible aussi bien que le Talmud en fournissent la preuve. Le passage *Lénochri thaschich*, que des fanatiques aveugles veulent appliquer aux chrétiens, est rectifié par tous les savants et philologues. Par *Lénochri* il faut entendre les *étrangers* ou habitants d'un pays étranger; voilà le sens du mot (voyez notamment Gesenius); il n'a pas le moindre rapport avec la question religieuse. Les intérêts imposés dans les transactions avec les étrangers, étaient une mesure exigée par les circonstances et par la nature particulière des institutions de l'État (voyez *Théoudah Bëisrael*, § 24. La Bible de *J. Regio*, et la plus récente du docteur *Philippssohn*).

En second lieu, il est prouvé que l'usure n'est point le fait du caractère national des Juis, et cette preuve, elle résulte de l'histoire romaine, c'est-à-dire, de la période consulaire de Rome, où nous voyons la *noblesse* exercer l'usure de la manière la plus cruelle. Bien plus, les usuriers de ce temps eurent la plus grande influence dans les affaires de l'État, et souvent en avaient la direction (voyez Tite-Live, liv. 2, chap. 23-34).

Il est probable que la corruption de la noblesse romaine ne provenait pas du fait des Juifs, comme on impute, par exemple, aux Juifs de Pologne, de provoquer à l'ivrognerie le paysan, qui, à la vérité, ne trouve d'autre consolation dans sa détresse, que de jouir du seul produit du pays qui lui soit échu, afin d'oublier le plus possible une vie d'esclave, propriété exclusive d'un maître dur, insolent et rapace. De même, de ce que les marchands russes sont des fripons, on conclut que c'est la faute des Juifs, en ce sens que du temps de Catherine, il se trouvait des Juifs à Moscou. S'il est vrai de dire que *mercure* donna naissance aux marchands et aux fripons, quoi d'étonnant que le marchand, quel qu'il soit, Juif ou autre, soit un fripon! Le prophète dit : « Le marchand tenant dans ses mains des balances fausses. » Le fait de l'usure, loin d'être un vice de nature, n'est donc, au contraire, que le résultat de circonstances particulières dans lesquelles un individu se trouve placé, n'importe sa religion. Au lieu de forcer les Juifs au négoce, que les gouvernements, libéraux ou despotiques, en fassent des hommes et des citoyens, en les admettant à la jouissance des droits, comme les autres citoyens, et l'on verra si les Israélites sont nés pour l'usure plutôt que les marchands chrétiens de Russie, réputés fripons.

Malgré ces justes observations en faveur des Juifs polonais, nous n'aurons garde d'approuver les moyens de s'enrichir aux dépens de la conscience, que les Juifs polonais emploient.

Il est facile de se convaincre jusqu'à quel point les besoins absolus de l'homme opprimé et injustement persécuté, peuvent le démoraliser, changer son caractère, corrompre sa conscience, pervertir en quelque sorte sa nature, rien qu'en étudiant les causes et les effets de la misère parmi les Juifs polonais.

Nous croyons qu'il sera à propos ici de jeter un coup d'œil sur l'influence extraordinaire de la religion chez les Juifs polonais. Nous avons décrit plus haut leur manière vicieuse d'élever les enfants et de leur donner de l'instruction; les mauvais exemples des rabbins, les préjugés inhumains qu'ils perpétuent; tout cela ensemble inspire, en effet, une mauvaise opinion de leur moralité, en nous les montrant sous un aspect vraiment monstrueux; et si l'on y ajoute leurs tendances, d'ailleurs si naturelles, de s'enrichir, on pourrait croire qu'il n'y a sur la terre aucun être plus dangereux que le Juif polonais. Cependant, à côté de cette démoralisation, nous trouvons chez lui de la pitié pour les malheureux [1], de la reconnaissance pour les services qu'il reçoit, du penchant à pardonner à ses ennemis, et puis il est toujours un mari fidèle, un bon père, un

---

[1] Il y a dans toutes les villes de Pologne, plusieurs confréries, dont l'une se charge du soin de recueillir les aumônes pour les pauvres honteux, une autre pour la rédemption des captifs, une troisième pour doter de pauvres filles; celle-ci cherche des secours pour les écoliers, celle-là enfin s'occupe des souscriptions pour les pauvres Juifs qui sont en Palestine. Quelques personnes sont autorisées à faire la collecte ordinaire, et vont de maison en maison, sans pouvoir se séparer, dans la crainte d'être soupçonnées d'infidélité. Dans les villes plus peuplées, une autre personne est chargée de faire les distributions tous les samedis soir, les *parnassimes* et *gabaïmes* donnent à chaque pauvre les moyens nécessaires de nourrir sa famille et de chauffer sa chambre pendant la semaine. Lorsque quelques personnes se trouvent dans un besoin pressant, qui excède la charité ordinaire, on procède ainsi: le chantre traverse la synagogue et dit à chacun : « Dieu bénisse celui qui donne pour un tel besoin. » On promet au chantre une certaine somme, puisque les Juifs ne touchent pas d'argent le samedi, et on va ensuite la recueillir, car la promesse s'exécute très ponctuellement.

Les pauvres vieillards sont nourris chez les Juifs, chaque jour chez un autre. Aux pauvres qui viennent d'autres villes on donne la nourriture pendant quelques jours, et quelque argent ensuite pour leur voyage, et si le pauvre ne peut pas marcher on l'envoie dans une voiture, de ville en ville.

On les appelle ordinairement du nom de *justice*, c'est une maxime des talmudistes, qu'on ne doit jamais renvoyer le pauvre à jeun, que Dieu garantit de tout mal celui qui donne l'aumône, que sa table est un autel sur lequel s'expient ses péchés, comme il en était des anciens sacrifices; enfin, celui qui donne un quadrain au pauvre, ce bienheureux verra Dieu. (Talmud Jerosol : Péha fol : 15. Talm. babil : Baba Bathra, Rosche haschanah, fol : 4).

bon fils, sobre, circonspect dans ses paroles, estimant l'honneur et la réputation d'autrui, sachant enfin maîtriser ses passions mieux que qui que ce soit. Toutes ces qualités et vertus se trouvent réunies chez le Juif polonais, et il n'y a rien d'aussi docile, d'aussi patient, d'aussi résigné dans la misère que lui.

La cause de ces vertus provient de la législation de Moïse. Quoique ce ne soit qu'une étincelle restée chez eux des lois de Moïse, mais dérivant du foyer véritable, elle enflamme les cœurs, en résistant à la subversion de principes semés par des rabbins.

L'abbé Fleury ne disait pas sans raison : « Le peuple que Dieu avait choisi pour conserver la véritable religion est un excellent modèle de la vie humaine, la plus conforme à la nature. Nous voyons dans ses mœurs les manières les plus raisonnables pour subsister, pour s'occuper pour vivre en société : nous y pouvons apprendre non-seulement la morale, mais encore l'économie et la politique[1]. »

Le meurtre, de quelque genre que ce soit, est inconnu chez les Juifs, malgré la grandeur de la misère et des calamités qui les font souffrir. Durant toute l'année de 1844, parmi 15,528 individus accusés de crimes ou délits, on ne comptait que 2,300 Juifs dans tout le royaume, pour des vols de peu d'importance, pour insultes et désobéissance[2]; et combien trouverait-on dans ce nombre d'innocents, victimes de la police et des fonctionnaires auxquels ils n'avaient point d'argent à donner! Nous laissons en

---

[1] Voyez les *Mœurs des Israélites et des Chrétiens*, par l'abbé Fleury. 1682, p. 1.
[2] Voyez *le Courrier de Varsovie* de 1845, n° 47.

juger ceux qui connaissent le système du gouvernement russe.

Ainsi, nous pouvons déclarer hardiment, que tous les reproches adressés aux Israélites polonais, disparaitraient, si la noblesse polonaise voulait envisager leur cause du véritable point de vue, c'est-à-dire, si elle consentait à reconnaître que les Juifs sont aussi des hommes auxquels la vie et la tranquillité sont chères.

Le gouvernement accuse la masse des Juifs de la fraude qui se pratique généralement, et persécute, à cet effet, ce peuple en entier. Examinons donc si cette accusation est fondée. En 1844, dans tout le royaume, il ne se trouva que 308 Juifs s'occupant de contrebande[1]. Or, il faut noter que, dans ce nombre, il y en avait d'insignifiantes, comme par exemple, d'une petite quantité de tabac, d'une bouteille d'eau-de-vie, d'une livre de viande, d'un passage clandestin des frontières, etc., etc. Et, cependant, tout individu, convaincu de fraude quelconque, outre la confiscation de l'objet et d'une forte amende, reste reconnu comme fraudeur pendant toute sa vie; il ne lui est plus, dès lors, délivré de patente, et n'a plus droit de recours devant un tribunal en matière de commerce. Lorsque la fraude se trouve importante, il perd d'abord, moyennant confiscation, la moitié de son avoir pour les frais de l'enquête ; le reste s'en va en amende, et si cela ne suffit pas, sa personne elle-même répond par un emprisonnement.

Quant au caractère rampant et pusillanime que les Polonais reprochent aux Juifs, nous sommes d'accord avec l'avocat M. Lubliner, qui dit :

---

[1] Courrier de Varsovie de 1845, n° 47.

« Opprimé, persécuté, honni, devenu *paria* dans la société depuis un si grand nombre de siècles, on voudrait que le Juif conservât la dignité de caractère!!

« Quoi! d'une part on fait contre le Juif des lois vexatoires et fiscales, on le réduit à la plus grande abjection, et de l'autre, on aura le courage étrange de lui faire un reproche, — que dis-je ? de le *haïr*, parce qu'il subit *forcément* les conséquences dégradantes de la position que ses persécuteurs lui ont faite, et dans laquelle on continue à le plonger!! etc.[1]. »

M. Beugnot, dans son ouvrage, *Sur les Juifs d'Occident*, s'exprime ainsi à ce sujet :

« On l'a souvent répété, et c'est une vérité incontestable: les chrétiens ont avili les Juifs, en les forçant d'employer pour leur défense des moyens réprouvés par la morale, et en déposant dans leur cœur, à la place des sentiments généreux, le germe d'inclinations basses. Laissons donc à d'autres le soin d'attaquer ce peuple; pour nous, nous ne pouvons que le plaindre; il porte jusque sur son visage le mal que nous lui avons fait[2].

---

[1] *Des Juifs en Pologne*, pag. 118.
[2] 2º Partie, p. 22, édition de Paris 1827.

V

Costumes des Israélites polonais.

Pour compléter l'idée de l'état matériel des Juifs polonais, nous donnerons des détails sur leur costume : une longue capote ou redingote en étoffe noire, bordée de velours par devant à la largeur de deux pouces, et agrafée depuis le cou jusqu'à la taille ; une ceinture sur les reins, assez large, des bas, des souliers ou pantoufles ; un petit bonnet noir collant sur la tête, comme celui du prêtre en France ; un chapeau à larges bords ou grand bonnet, la plupart en forme de pain de sucre ou de cône tronqué, et largement bordé de zibeline ou autre fourrure ; enfin, un manteau aussi long que la capote ou la robe. Tout cela est ordinairement de couleur noire et en étoffes légères, comme soie, perkale ou bien nankin, etc. Rarement un Juif, même riche, possède plus de deux

LE JUIF LITHUANIEN AVEC SA FEMME ET SA FILLE.

Les Israélites de Pologne, par L. Hollaenderski.

costumes pareils, l'un pour les jours ouvrables, l'autre pour le sabbat : aussi, la couleur des étoffes dont il se sert finit-elle par devenir méconnaissable; les effets vieillissent sans être remplacés, et l'on en voit finalement des lambeaux pendre de tous les côtés. Enfin, quand il arrive qu'on les rapièce, le costume devient bigarré et hideux à voir. Les cheveux, au haut et par derrière de la tête, sont ordinairement coupés à ras et cachés sous le bonnet collant dont nous venons de parler; mais de grandes mèches sont réservées du côté des tempes et encadrent la figure, tandis que la barbe, inculte, pointue ou éparpillée, descend sur la poitrine. Les riches seuls prennent la peine au moins le vendredi, avant le sabbat, de démêler leurs cheveux et leur barbe, en y procédant avec beaucoup de précautions, afin de ne pas en perdre ou en arracher un seul. Les pauvres, au contraire, abandonnent tout à la nature; aussi, la vermine et la crasse abondent-elles chez ces derniers. Quant aux femmes, elles s'habillent comme les Polonaises, à la coiffure près; leur tête, qui est rasée, est couverte d'un fichu noué de diverses façons. Les Juives riches mettent de petites couronnes ornées de perles, de diamants, etc. Les perles, les médailles en or, diamants, colliers et longues boucles d'oreilles, se font toujours remarquer sur elles[1].

---

[1] Esterka, qui partagea la couche du roi Casimir-le-Grand, essuyait, de la part des dames polonaises, mille petites contrariétés et vexations. Une dame, dans un bal masqué, parut dans le costume israélite, pour faire allusion à la faveur inouïe dont jouissait la belle Israélite. Celle-ci, loin de s'en offenser, prit tout de suite le costume d'une Juive, parut au bal, et par sa beauté, par sa grâce, et par sa parure, captiva tous les suffrages, à la grande satisfaction du monarque.

LA SECTE DES KARAÏTES OU KARAIMES.

I

Les Karaïtes ou Karaïmes habitent la Lithuanie, dans la province de Pokucie, et la Wolhynie. Les rabbinistes Juifs[1] ont écrit sur cette secte souvent avec acharnement[2], et rarement avec modération. Les Karaïtes se sont défendre en écrivant avec franchise et vérité[3]. Les savants chrétiens, dans leur analyse de la théologie juive et d'an-

---

[1] On appelle rabbinistes, ceux d'entre les Juifs polonais qui suivent exactement le Talmud et les ouvrages des rabbins.

[2] Mischna en parle en termes généraux, seulement. Dans le livre de Cozari on trouve tous les griefs contre les Karaïtes. Abram Ben Dzor, dans son livre de Kabala, contredit leur antiquité. Abraham Zakut de Juchasyn, David Gantz, et R. Gadalia, dans son ouvrage sous le titre de Schalseleth hakabala, enfin, Maimanides dans son commentaire sur Pirke Aboth et beaucoup d'autres, ont écrit en blâmant les karaïtes.

[3] Aaron, dans son ouvrage Gan-Eden, Elie ben Moses dans son ouvrage Adereth Elia, Jacob ben Simon Menachem, Jacob fils de Simon Briani et autres.

tiquités hébraïques, parlent de l'origine des Karaïtes et de la différence de leur croyance[1].

Selden, dans le dix-septième siècle, rapporte leurs lois sur les mariages, tribunaux et successions, en les comparant à celles d'autres populations juives[2].

Charles XII, roi de Suède, voulant faire connaître les Karaïtes à l'Europe, envoya, en 1698, le professeur des langues orientales, Gustave Peringer, à leur synagogue de Lithuanie. Celui-ci s'adressa aux plus éclairés, compara leur langue avec leurs écrits et en rendit compte dans un ouvrage[3].

Salomon fils d'Aaron, de Poswole (ville lithuanienne), fit un voyage à Upsal, et dans cette principale école suédoise, déposa une dissertation concernant sa secte.

Schupport, à la fin du dix-septième siècle, commença à

---

[1] Morinus, dans son ouvrage : *Antiquitates orientales*. Richard Simonius, dans *Supplementum ad Leonem Mutinensem de ritibus judeorum*. Carprot, dans son ouvrage *Introductio ad theologiam Judaicam*. Raymundi Martini, *Pugisni fidei praemissa*. Gustaw Peringer, dans sa lettre insérée dans le Tenzel ; *in den gespraechen* 1691. Tenzel lui-même, en 1689 et 1692. François Budacus, dans son ouvrage *Introductis ad historiam philosophiæ hebraicæ*. Schupport, dans ses *Dissertations*. Buxdorf père, *in Lexico Talmudico rabbinico*. Buxdorf fils dans le livre : *Synagoga Judaica*. Joseph Skalliger dans les œuvres : *Trihaesio Judeorum*, et *de Emendatione temporum*. Ugolinus, dans les *Dissertations de Trihaeseris*, pag. 60, t. 22., *Thesaurus antiquitatum sacræ*. Selden dans ses œuvres ; Basnage et Prideaux, dans *l'Histoire des Juifs* ; beaucoup d'autres citent Wolfius.

[2] Cet homme savant a écrit à ce sujet, *Uxor hæbraica, seu de nuptiis et de divortiis libri tres, de successionibus, ad legem hebræorum*, édit. 1673.

[3] Voyez la lettre de ce même Péringer dans les discours de Tenzel, ainsi que Wagenseillus dans le livre sur : *Spe liberandi Israelis*, p. 25, (parle de ce voyage).

faire paraître différents écrits sur les Karaïtes ; ils ont été réimprimés en 1701 à Jena.

Jacques Trigland, hollandais, adressa en 1699, plusieurs questions aux Karaïtes polonais. Les principales étaient : *a*) «Si les Sadducéens et les Karaïtes étaient de la même secte? *b*) Si à l'époque de la deuxième église, les Karaïtes existaient déjà? *c*) S'il était vrai que les Karaïtes tirassent leur origine d'Anan? *d*) Si le Code saint était le même pour eux et pour les Rabbinistes?» (A Troki, ville Lithuanienne, les Karaïtes possèdent encore les copies des lettres de Trigland).

Mardechaï de Kulikow, ville située près Lemberg, en Galicie, répondit au nom de toute la secte, et Jean Christian Wolfius fit imprimer une autre dissertation à ce sujet, accompagnée de savantes notes[1]. Czacki ne s'est pas borné à analyser ces ouvrages qui, dit-il, en grande partie, donnent de savantes descriptions des différences des religions mêlées à d'insignifiantes bagatelles, comme jadis Trigland lui-même les considérait, au sujet de la nourriture des Juifs.

Czacki examina personnellement les Karaïtes, étudia leurs priviléges, analysa leurs actes, compara leurs constitutions et leurs usages avec ceux des Rabbinistes, et nous laissa une relation succinte sur cette secte.

---

1 Le titre de cet ouvrage est : Notitia Karæræ, ex Mordchaï karaci recentioris tractatæ haurienda, quem ex N. S. cum versione latina notis et præfacione de Karæorum rebus scriptusque edidit Joan Christoph Wolfius. Accedit in rebus Jacobi Triglandi dissertatis de Karacis Hamburgi et Lipsiac, 1714.

II

Cette secte reçut le nom de *Karaïm* (scrutateurs de l'écriture), mot dérivant plutôt du Chaldéen que de l'hébreux, parce qu'il signifie : des personnes qui lisent dans la Sainte-Écriture. Elle rejeta toutes les traditions rabbiniques, sous prétexte que la loi mosaïque doit rester la seule source de toute la vie religieuse et de toutes décisions juridiques.

En vérité, elle n'a pu faire autrement par la suite, que de se construire un autre édifice traditionnel; mais elle est pourtant restée fidèle aux principes, et d'ailleurs, selon eux, il est libre à chacun d'éclairer la Sainte-Écriture d'après sa propre exigence, sans égard aux commentateurs d'autrefois. Ils expliquent la Bible d'après les règles grammaticales, le génie de la langue hébraïque et d'après la raison.

R. Beschitzy dit, à ce sujet, dans son livre *Mathé Elô-him* : « Nous prenons la raison pour guide, partout où elle s'accorde avec la manifestation divine, et nous marchons ainsi, conduits par cette double lumière, sur le chemin droit qui nous mène vers le but de la vérité. Mais s'il arrive que la raison a quelque doute contre la manifestation et ne veut point *s'accorder* avec elle, nous sommes obligés de nous en tenir à la loi manifestée, quoique la raison comme la manifestation soient de Dieu. Car, ajoute-t-il, si la raison pouvait suffire partout, la manifestation serait inutile. »

Ils rejettent tous les commandements superflus, qui ne se trouvent point expressément dans l'Écriture sainte, ni dans leurs traditions. Ils disent : que l'homme ne s'abstienne de rien autre de ce que la loi lui défend *expressément*, parce qu'il n'aurait point de récompense pour cela, et, comme dit Salamon (Eccles. 7-16) : « Ne sois point trop pieux. »

Si l'on dit que les Karaïtes rejettent la tradition, on ne veut pas dire pour cela qu'ils n'acceptent point d'explication sur les lois de l'Écriture sainte. Il est vrai qu'ils ont des traditions, mais ils ne les regardent pas comme données par Dieu à Moïse. Ils considèrent ces traditions de leurs ancêtres seulement comme des règlements faits par les maîtres de la nation, et pour leur donner plus de sanction, ils les ont rapportées, selon eux, au texte de l'Écriture. Ils défendent rigoureusement de ne point confondre la sainte Écriture avec les commandements rabbiniques. Ils s'en rapportent à ce que dit Moïse (Deuter. 31-1) : « Que vous observiez tout ce que je vous ordonne aujourd'hui; n'y ajoutez rien et n'en ôtez point. »

III

Il est difficile de savoir si les Karaïtes se sont donnés eux-mêmes ce nom, ou si les Rabbinistes, par haine, le leur ont légué[1]. Bartalacci les confond avec les Samaritains et leur attribue l'opinion qu'ils n'ont point, qu'ils reconnaissent seulement les cinq livres de Moïse. Les Rabbinistes leur donnaient toujours et leur donnent encore le

---

[1] Morin, lib. 2, exercit VII, et I, prétend : que les Karaïtes eux-mêmes, prirent ce nom, et Trigland, au contraire, dit : que les rabbinistes le leur ont donné par dérision.

[2] Bibliotecæ magnæ Rabbiniæ, t. 1, n° 57, éd. Rom. Sur les samaritains. Voyez la savante dissertation d'Adrien Relande dans le livre de Thesaurus antiquitatum suorum. Ugolin, t. XXIII, p. 153. Le changement de leur opinion est divisé en trois époques. Voyez aussi la lettre des samaritains à la synagogue juive en Angleterre, à la suite du conseil de Huntington, écrite dans le même volume.

nom d'hérétiques. Beaucoup de savants Rabbinistes prétendent que les Karaïtes suivent les mêmes règles que les Sadducéens. Même les savants chrétiens ont cru que quelques principaux articles de la foi des Sadducéens ont été abandonnés, dans le moyen-âge, par les Karaïtes et que, du reste, ils suivent leurs règles[1]. Les Karaïtes donc prétendent qu'ils s'accordent et s'accorderont avec les Sadducéens, quant aux jours de fête, mais, comme leurs pères, ils ne croient pas à la résurrection, ni à l'incarnation des anges; ils ne contredisent pas l'immortalité de l'âme, quoique toutes ces croyances religieuses soient enseignées par les Sadducéens [2]. Les Rabbinistes, en grande partie, et beaucoup de savants chrétiens soutiennent que, environ l'an 750 de l'ère chrétienne, Anan[3] se sépara des

---

[1] La haine des Juifs a appliqué plusieurs noms ignominieux aux Karaïtes. Ils les confondent habituellement avec les Sadducéens. Buxdorf dit in Lexico : «Idem fuerunt cum saduccio ut plerique hebræarum tradunt». Buxdorf fils : Synagoga Judaica, p. 1. Beaucoup d'autres étaient du même avis ayant la dissertation de Trigland et celle du Juif polonais Mardechaï. Les Rabbinistes leur donnent le nom d'Epicuriens, etc.

Qui veut avoir l'idée jusqu'à quel point la haine entraine les Rabbinistes, contre les Karaïtes, qu'il lise la description du soulèvement des Talmudistes de Constantinople contre eux; qu'il lise l'Histoire d'Elie d'Orient, dont un extrait se trouve dans la dissertation de Rhenbach sur les supérieurs juifs, t. XXIV Ugolina. Les Talmudistes armés, prirent les dix commandements du sanctuaire de leur synagogue, et ont juré : 1º Qu'aucun d'eux n'enseignera jamais rien aux Karaïtes. 2º Aucun d'eux ne servira jamais dans leurs maisons. 3º Maudits soient à jamais les Karaïtes. 4º Aucune liaison ne peut se former entre ces sectes. L'historien Elie, lui-même, trouve cette rigueur absurde.

[2] Voyez la dissertation de Mordchai, depuis la page 16 jusqu'à 24 et *Thesaurus antiquitatem sacrorum*, Ugolina T. III.

[3] On trouve dans les archives Israélites de France, 1845, nº 8, f. 511, ce qui suit : « Au milieu du 8e siècle, une nouvelle secte se forma contre le rabbinisme, Anan ben David, poussé par l'ambition démesurée d'ob-

Rabbinistes à Babylone. La cause en est que la dignité de gaon ou docteur ne fut pas donnée à Anan. Les Karaïtes, au contraire, prétendent que leur secte existait déjà du temps du *premier temple*, et que c'est eux qui ne voulaient point retourner à Jérusalem, après la destruction du *premier temple* et rester dans les pays chrétiens, où, n'ayant rien appris du Talmud, ils avaient conservé simplement les lois de Moïse qu'ils observent avec quelques changements[1].

L'histoire de la Pologne ne parle point de l'époque à laquelle les Karaïtes s'établirent dans ce pays, mais il est certain que les premiers priviléges leur ont été donnés à Luck par Etienne Batory, et à Troki par Casimir Jagellon.

Cependant leurs colonies y étaient antérieures à ces priviléges, et il est à présumer qu'ils avaient eu d'autres priviléges, anéantis par quelque circonstance. Toutes les synagogues des Karaïtes s'accordent à dire que Witold-le-Grand, duc de Lithuanie, avait fait venir 383 familles karaïtes de Crimée à Troki, et que dans une deuxième expédition d'autres familles avaient été envoyées à Luck et à Halicz[2]. Les Karaïtes parlent la langue tartare. Le

---

tenir la première place dans la hiérarchie judaïque de Babylone, se sépara des Rabbins, et devint le chef et le fondateur de la secte des Karaïtes, etc. »

[1] Cette assertion d'un savant Chacham, (c'est ainsi que les Karaïtes appellent leurs rabbins) de Troki, se trouve dans un écrit de M. Jacques Tugendhold, censeur du gouvernement, pour les écrits hébraïques et chaldéens à Varsovie. Le Chacham y parle aussi d'une question adressée par l'empereur Nicolas, (lorsqu'en 1856, passant par cette ville, selon l'habitude de son frère Alexandre, il entra chez le savant karaïte), cette relation passée par les mains du feld-maréchal Paskiewicz et par la traduction de Tugendhold, établit que le Chacham avait répliqué par ces mots : « On ne peut pas nous reprocher d'avoir crucifié Jésus Christ, car nous n'étions plus à Jérusalem, depuis la destruction de la première église. »

[2] Les notes faites probablement par quelque Karaïte mal instruit, ren-

supérieur de leurs rabbins résidait à Kale près delà ville Bakczeseray, en Crimée. Ceux de Luck et de Troki, lors de disputes importantes, étaient jugés par le supérieur de Kale. Ainsi, l'établissement des Karaïtes en Lithuanie et leur origine sont incontestables. L'état des sciences chez eux s'accorde avec leurs besoins. Les Rabbinistes leur ont reproché une grande ignorance et ont prétendu que leurs écrivains n'avaient point contribué à l'interprétation de la Bible et des livres sur la religion[1]. Cependant, la bibliothèque des écrivains hébreux de Wolfius, les dissertations de Schuppert et autres, prouvent qu'ils ont écrit autant qu'il en fallait pour apprendre à leur secte les devoirs et les lois que la religion leur impose. Du reste, ils emploient les prières qu'Aaron, karaïte, au seizième siècle composa, ainsi que les psaumes et la Bible des Hébreux.

Ensuite, dit Czacki : « Ne cherchons point chez les Karaïtes la science, mais rendons justice à leurs vertus. Tous les documents attestent qu'aucun Karaïte, pendant quatre siècles, ne fut condamné pour crime. Ni la promesse de grandes récompenses, ni les menaces n'ont pu engager aucun d'entre eux à devenir espion. Pauvres, mais laborieux, ils ne cherchent jamais à s'enrichir, et vivent avec résignation du produit de leur travail. »

Sous Sigismond I, il régnait des querelles entre les Karaïtes et les Rabbinistes. Le supérieur de tous les Juifs en Pologne, désigné par le gouvernement, voulait exercer aussi son pouvoir sur les Karaïtes, mais ceux-ci, comme étant d'une autre religion, ne voulurent point s'y sou-

---

ferment à ce sujet d'étranges contradictions. Par exemple, le prince Witold régnait dans le treizième siècle, Ladislas Jagellon était fils de la reine Bonne, et il prend le grand-père pour le fils du petit-fils.

[1] Abraham ben Dior, ed. Mantuanœ. p. 21.

mettre. Gastold, grand chancelier de Lithuanie prononça sur ce différend en disant; que les priviléges accordés aux Juifs ne concernent point les Karaïtes qui ne devaient pas être soumis à un pouvoir étranger. Catherine II, par son ukase adressé au comte, depuis prince, Platon Zubow, gouverneur général de la Crimée et des provinces limitrophes, accorda quelques franchises aux Karaïtes.

Dans les lois polonaises, il n'y avait pas de différences marquées entre les sectes des Juifs. Le gouverneur de Galicie admit les Karaïtes aux mêmes droits que les chrétiens et les a exemptés des charges qui pesaient sur les Juifs.

IV

La secte des Karaïtes diffère de toutes les autres : 1° pendant leurs prières, ils sont agenouillés les bras et les yeux levés vers le ciel; ils prient deux fois par jour en langue hébraïque : le matin et le soir, au temps même où l'on avait sacrifié au temple de Jérusalem, ils ne font point la prière *théphilath arbith*, comme les rabbinistes. 2° Ils comptent différemment les degrés de parenté dans les mariages[1]. 3° Les unions sont plus indissolubles par la difficulté que l'on y éprouve pour le divorce. 4° On procède différemment pour la circoncision[2]. 5° Les femmes

---

[1] Le Karaïte ne peut pas se marier avec sa belle sœur, et le Rabbiniste au contraire a ce droit, pourvu qu'il ôte le soulier (*Chalitza*) à sa future.

[2] Les Karaïtes font la circoncision le huitième jour, mais ils ne déchirent

après les couches et affections périodiques, sont plus longtemps intactes pour leurs maris. La femme malade périodiquement, pendant sept jours ne doit toucher à rien. Après les couches, lorsque c'est un garçon, elle est dans le même cas pendant quarante jours, et si c'est une fille, quatre-vingt jours[1]. 6° La division de l'année en mois est différente : ils font leurs mois et leurs fêtes, d'après la nouvelle lune, et s'appuient sur ce que dit l'écriture (Nomb. 28, 14). « C'est le sacrifice du jour du mois, quand il se renouvelle[2], et il en est ainsi pour tous les mois de l'année. » Mais les rabbinistes supposent, qu'on doit faire les mois et les fêtes d'après le soleil astronomique[3], et s'appuient sur ce que dit le Pentateuque (Deuter, 4-6) « Contemplez la loi, car elle sera la gloire de votre sagesse aux yeux du peuple. » Quoique les Karaïtes comptent d'après l'apparition de la nouvelle lune, ils sont cependant obligés d'ajuster l'an lunaire avec l'an solaire. 7° Ils n'attachent point leurs *théphilines* au bras et à la tête, ni ne mettent les *zizesses* à leurs habits comme les Rabbinistes, mais ces objets sont

---

point avec l'ongle le prépuce, et ne sucent pas le sang. Anschel Herz Oppenheim, savant israélite, dans sa dissertation imprimée à Dessau en 1804, prétend que les Rabbinistes n'ont pas compris le mot hébreux qui, au lieu d'un ongle, désigne une lancette pour la circoncision.

[1] Le fameux Franck père, dans son livre : Medicinische polizey etc., a écrit sur ce sujet. Le lecteur peut y puiser la source de ses opinions.

[2] Le radical *Chodasch* a la signification de nouveau, c'est pourquoi en hébreux le mois s'appelle *Chodasch*, parce qu'il se dirige d'après le renouvellement de la lune.

[3] Voyez *Jad Hachasakah* par Maïmonides sur le calcul astronomique *Kidusch haschanah*. Le Jalkute (chapitre Bau) dit, qu'on exerce même au ciel le calcul astronomique des rabbins. « Les anges se groupent devant Dieu, et lui demandent quel jour sera le nouvel an ? Dieu leur répond : pourquoi me le demandez-vous ? vous et moi, nous devons consulter le juge du bas monde ». (sanhédrin).

appendus au mur de la synagogue, et ils y dirigent les yeux en récitant les passages qui les concernent. 8° Ils célèbrent le sabbat avec une grande rigueur et n'allument point de feu, même dans le plus grand froid. 9° Ils mangent du pain, sans levain, pendant les sept jours de pâques, mais il n'observent point les mêmes procédés en le cuisant, comme les Rabbinistes. De même ils n'extraient point le sang de la viande au moyen du sel. 10° Quand un d'entre eux tombe malade, on appelle le *chacham* pour le consoler. Celui-ci fait une prière pour le malade, avec tous les assistants, puis, il parle sur l'immortalité de l'âme, et la récompense dans l'autre vie.

Quelques mots sur le droit civil des Karaïtes.

Chez les Juifs talmudistes, les parents maternels n'héritent jamais les uns après les autres. Chez les Karaïtes, lorsque ces parents ne laissent point d'enfants, leur succession sert de dot ou de cadeau de mariage aux plus éloignés. Chez les premiers, la mère ne prend jamais de succession, chez les autres, elle le fait, si les frères ou sœurs manquent.

L'ordre de succession chez les Karaïtes est le suivant : 1° les fils ; 2° leurs enfants du sexe masculin ; 3° les filles ; 4° leurs enfants ; 5° les pères ; 6° les pères du grand-père ; 7° les propres frères ; 8° les mères. Les enfants naturels chez les talmudistes et chez les Karaïtes ne sont pas repoussés de la succession, mais chez les derniers, ces enfants doivent être nés d'une mère karaïte.

Les talmudistes peuvent disposer et faire donation de leurs biens d'après leur volonté. Les Karaïtes peuvent donner une petite partie seulement aux étrangers, et leur testament de succession ne doit pas être fait au détriment de leurs successeurs naturels, même les legs dans un but religieux ne sont pas valables. Les Karaïtes, à ce sujet disent que les successions prolongent l'existence du genre humain, et lorsqu'un homme meurt, son droit à la propriété disparaît, donc une transaction faite avant de mourir ne doit pas être exécutée si elle s'écarte de la justice et si les dons qu'elle renferme ne sont pas désignés avec la permission des successeurs. Chez les talmudistes, il est d'usage de donner à une fille la moitié de la valeur destinée au fils qui a le droit de payer sa sœur en argent.

Les Karaïtes n'observent pas cet usage et leurs femmes peuvent donner une partie seulement de leur dot aux maris, afin que l'injustice ou l'aveuglement d'amour ne les apauvrissent pas. Le partage entre frères est le même que chez les talmudistes, c'est-à-dire les deux parties échoient à l'ainé et le reste aux autres. Les substitutions dans le testament n'ont pas lieu chez les Karaïtes. La polygamie est prohibée chez les talmudistes, tandis que chez les Karaïtes l'opinion publique seulement s'y oppose. Chez les premiers, la bénédiction nuptiale ne serait pas donnée en cas de pluralité des femmes, chez les derniers, on peut prendre quatre femmes pourvu que l'on ait de quoi les nourrir, vêtir, cependant, en général, ils n'ont qu'une seule femme à la fois. Pour se marier, chez les Karaïtes on ne fait pas attention à l'âge, mais à la majorité des deux sexes. Après les fiançailles, les parties ne peuvent pas se dédire sans divorcer formellement. Le mari n'hérite jamais après sa femme, mais il prend ce qui a été stipulé en se mariant, et son droit sur le tout serait reconnu dans le seul cas où il n'aurait pas rencontré la virginité: ce cas constaté, après la première nuit, par les supérieurs, n'empêcherait pas néanmoins le mari de cohabiter jusqu'à la mort de la femme. Les causes de divorce sont : 1° stérilité pendant dix ans; 2° si la femme était sourde, muette, imbécile, ou bien si elle avait mauvaise haleine; 3° Si le mari ou la femme mangeait les choses prohibées, ou n'observait pas les jours de fêtes; 4° Si le mari cohabitait avec d'autres femmes; 5° Si la femme se refusait aux caresses du mari par obstination; 6° Si le mari délaissait sa femme et se mariait ailleurs avec une autre; 7° S'il ne veut pas nourrir, ni vêtir sa femme.

Les débats judiciaires chez les Karaïtes ne durent jamais longtemps. Leurs rabbins et arbitres vident tout différend en une seule séance. La bonne foi et la répugnance de la chicane font honneur à cette secte.

V

Les Karaïtes s'habillent selon le costume du pays; leur extérieur n'a jamais une grande apparence, jamais ils n'aspirent ni après la richesse, ni après le luxe.

Les articles de la foi karaïte sont les suivants: *a*) Tous les mondes, avec ce qu'ils contiennent, sont des êtres créés; *b*) Leur créateur n'est pas créé; *c*) Il est unique et il n'y en a pas qui puisse lui ressembler; *d*) Il a envoyé son serviteur Moïse; *e*) Il a promulgué par lui une loi parfaite; *f*) Qu'on comprenne la langue de la loi et son explication; *g*) Que l'esprit de Dieu était aussi aux autres prophètes; *h*) Dieu reveillera les morts au jour du grand jugement; *i*) Dieu récompensera chacun selon ses œuvres; *k*) Dieu n'a point rejeté son peuple dans la captivité, quoiqu'il le chatie, et c'est pourquoi l'on doit attendre journellement son salut par le Messie, le fils de David.

Dans un temps plus moderne fut faite la confession de foi par R. Béschitzy en ces termes :

1. « Je crois à l'existence d'un Dieu, unique et sans semblable, et celui qui est seul notre Dieu, est, fut et sera.

2. « Que ce Dieu unique est incorporel, et qu'il n'a point de qualités, ni de passions corporelles.

3. « Que lui tout seul a créé le monde entier, et qu'il le gouverne avec sa grâce. Il est le premier et le dernier.

4. « Que lui seul doit être adoré et personne autre que lui.

5. « Que toutes les paroles des prophètes sont vraies.

6. « Que les paroles de Moïse, notre maître sont vraies, et qu'il est le plus grand de tous les prophètes.

7. « Que la loi de Moïse, notre maître, comme nous la possédons aujourd'hui, ne changera jamais, et l'on ne doit y rien ajouter, ni en rien ôter.

8. « Que Dieu connaît non-seulement les actions des hommes, mais il connaît aussi leurs pensées, et il récompense ceux qui observent ses commandements, et punit ceux qui les transgressent.

9. « Que le roi, le Messie viendra, comme il est écrit dans la Bible (Habakuk, 23) : «S'il tarde de venir, attends-le; car, certes, il viendra et ne manquera pas de venir. »

« 10. Que Dieu réveillera un jour les morts, quand ce sera sa volonté. »

Ils disent, au sujet des récompenses et des punitions après la mort, que l'âme immortelle, quand elle est préparée par de bonnes actions dans ce monde, passera dans le monde spirituel *Aulam hâsichli*, et qu'on appelle *Aulam hâba* ou *Gan-Eden*, où elle vivrait éternellement dans la contemplation des choses qui sont au-dessus de l'esprit humain. Mais si, au contraire, elle est souillée de taches, elle vivra toujours, mais dans le sentiment de douleur et d'horreur (*son feu ne s'éteindra jamais et son ver ne cessera point.*)

Ils rejettent la croyance en un démon, et ainsi qu'en la métempsycose, qu'ils appellent une croyance folle et corrompue.

Ils disent que l'âme a une quadruple disposition : elle est *vivante*, quand elle évite le mal et pratique le bien. Elle est *saine* quand elle sait distinguer le bien du mal. Elle est *malade* quand elle ne voit pas la vérité et ne distingue point le bien du mal. Elle est *morte* quand elle reste si longtemps dans le péché que la pénitence devient impossible. Ils disent de la pratique du bien : « Si tu ne peux pas ce que tu veux, veuille ce que tu peux. »

Le même R. Beschitzy dit dans son livre *Assarah-Maamarath*, en ce qui concerne le Messie : « Tu dois savoir, que le roi Messie sera de la maison de David. Il n'ajoutera point à la loi écrite, ni n'en ôtera point. Il ne changera rien ni dans la création, ni dans la nature. Il n'est pas nécessaire que le Messie se distingue et s'annonce par des prodiges, soit par la résurrection des morts. Il assemblera les enfants d'Israël dispersés, fera la guerre de Dieu, vaincra tous les peuples, rebâtira le saint temple sur la place où il avait été, s'occupera de l'accomplissement du commandement divin, comme avait fait son fils David, et forcera tout le peuple d'Israël à marcher selon les commandements et les prescriptions de la loi. »

LA SECTE DES SCHABBÉTHY ZÈVY [1].

I

A l'époque de la diffusion de la cabale (1625, 1677), le fils d'un courtier de Smyrne, nommé *Schabbéthy Zévy*, était devenu, en cette matière, l'objet de l'étonnement général. Dès sa tendre jeunesse, il se faisait remarquer par une rare aptitude d'esprit. A quinze ans, il avait terminé toutes ses études talmudiques, et il n'en avait que dix-huit lorsqu'il enseigna la cabale. Des hommes de tout âge, enveloppés de leurs *thalith* et *thephilins*, se réunissaient dans une vaste salle pour entendre ses discours.

Plusieurs fois par semaine, il conduisait ses auditeurs aux bords de la mer, et s'y baignait avec eux. Il enseignait même en plein air, quoique ces pratiques le missent souvent en butte aux importunités et aux railleries du peuple turc.

[1] Voyez l'histoire des Juifs par M. le Docteur Jost.

Schabbéthy Zévy pratiquait la plus sévère abstinence, jeûnait presque tous les jours de la semaine, et allait souvent se baigner dans la mer, à minuit. Il se donnait du reste l'apparence d'un prophète et répandit surtout la persuasion de sa mission. Comme on lui reprochait de faire usage de parfums, il répondit qu'il exhalait de bonnes odeurs parce qu'il avait été oint par les trois patriarches. A vingt-quatre ans, il se donna à ses disciples pour le Messie, devant délivrer le peuple d'Israël du joug de l'islamisme et du christianisme. Afin d'affermir sa renommée, il affecta de prononcer le nom sacré de Dieu en hébreux, d'une manière cabalistique ce qui est défendu aux Juifs, et cette hardiesse surprit tous ses auditeurs.

Après avoir bravé les avertissements de la juridiction des rabbins à Smyrne, Schabbéthy Zévy s'enfuit à *Salonnik* où il fut accueilli avec transport. Mais là aussi les bizarreries de sa doctrine décidèrent bientôt les rabbins de Salonnik à prendre le parti de ceux de Smyrne. Il passa donc à *Athénes*, à *Maria*, à *Alexandrie* et au Caire, où les persécutions ne cessèrent de le poursuivre jusqu'à ce qu'enfin, arrivé à *Jérusalem*, il put enseigner la cabale pendant quelques années avec sécurité.

Il s'adjoignit dans cette ville *Nathan Benjamen de Gaza*; celui-ci jouait le rôle de précurseur du messie et envoya des circulaires à tous les rabbins de Palestine [1] où il leur

---

[1] Circulaire de Nathan aux rabbins :

«Mes frères d'Israël, je vous apprends par cette circulaire que le Messie né à Smyrne s'appelle *Schabbéthy-Zévy*, et qu'il manifestera bientôt son règne. Il ôtera la couronne de la tête du sultan, pour la mettre sur la sienne et le sultan le suivra comme l'esclave suit son maître. Puis, il deviendra invisible, et passera la rivière de Sambatian, y mariera une fille de Moïse, nommée *Rebecca*, et après que les dix tribus se seront jointes à lui, il entrera dans Jérusalem, accompagné de

annonçait que le Messie était déjà né à Smyrne, qu'il comptait parmi les vivants et par lesquelles il informait qu'il allait paraître bientôt dans toute sa splendeur.

Mais le Messie resta pendant quatorze ans à Jérusalem dans une inactivité apparente dont il ne sortit que pour aller en Égypte où l'attendait, disait-il, l'épouse qui lui était destinée. Il s'était marié une troisième fois avec une fille débauchée, que ses parents juifs avaient laissée en Pologne à la suite d'un seigneur chrétien. Il fit connaître que l'esprit du père de cette fille, détaché de son corps, avait passé de l'Asie jusqu'en Pologne pour requérir sa fille, et la transporter toute nue dans sa maison. *Zévy* l'épousa après qu'elle eut parcouru l'Allemagne, l'Italie, et il eut assez de crédit pour la faire regarder comme la reine de l'Empire qu'il devait conquérir. Le frère de cette femme qui était marchand de tabac à Francfort, quitta sa boutique, et alla rejoindre son beau-frère, dans l'espérance d'avoir part aux charges de la couronne; mais il revint, ayant été désillusionné comme les autres.

Le prétendu Messie traita cette femme comme ses deux premières, et la congédia par la suite. Cette conduite excita une inquiétude extraordinaire chez les rabbins. Ils s'assemblèrent et prononcèrent l'arrêt de mort contre lui. Ils écrivirent à Constantinople (car il y avait fui), et un conseil de rabbins composé de vingt-cinq hommes sanctionna cet arrêt, et l'envoya à Smyrne, pour en obtenir l'approbation des rabbins. Mais les frères et les sectateurs du Messie y avaient été actifs, et Schabbéthy-Zévy se décida à se rendre dans cette ville où, en effet il trouva tout changé.

Moïse et monté sur un dragon, dont les brides seront formées d'un serpent à sept têtes. ».

On vint à sa rencontre, on s'agenouilla devant lui, la foule vint baiser ses pieds, et ses discours excitèrent un grand enthousiasme. Quatre députés vinrent d'Haleb pour saluer le Messie annoncé par *Nathan*. L'ordre du conseil approuvé par les rabbins de la capitale resta sans effet, car personne n'osa s'approcher de l'homme saint, qui accompagné de milliers de personnes, passait par les rues, portant une bannière à la main et entonnant des hymnes, que les enthousiastes répétaient à haute voix.

Sa renommée se répandit partout ; des députés vinrent de tous côtés, pour le saluer et lui offrir des dons. Il donna des audiences, et souvent il fallait attendre quelques semaines pour être admis; vu les nombreuses demandes, on fit des prières dans les synagogues pour sa longue vie.

Rapport ayant été dressé de ces circonstances au divan, une information rigoureuse fut à craindre, *Schabbéthy-Zévy* résolut à la demande qui lui fut faite par ses amis, de se rendre dans la capitale. Il partit en effet au milieu de l'hiver, pour Constantinople et trouva là aussi de nombreux zélateurs.

Mahomed IV, qui était alors à Andrinople, donna ordre au *grand-vizir* d'arrêter le prétendu Messie. Agâ et cinquante *janiczaires turcs*, qui devait exécuter cet arrêt, revint sans avoir accompli sa mission. L'air respectable de *Schabbéthy-Zévy* l'avait empêché de mettre la main sur lui; il s'agenouilla même devant le Messie. Un second Agâ subit la même influence. Le Messie promit cependant de se constituer de lui-même en état d'arrestation. Il se fit accompagner de son frère Joseph, qui lui servit d'interprète, et fut amené comme prisonnier d'état à *Kuthujah*.

Cet acte enflamma davantage encore le zèle de ses partisans. Ils prêchèrent la pénitence générale, et instituèrent des prières pour la prompte délivrance du Messie. On répandit l'aumône, on se purifia, on pria et on jeûna; il y en eût même qui fermèrent leurs maisons, pour employer tout leur temps à faire pénitence.

Cependant, le Messie vivait en seigneur; établi dans un appartement somptueux, il recevait des dons et des présents. Il avait du reste toujours une *thora* à la main, chantait des psaumes et parlait du prochain empire du Messie. Il promulgua des ordonnances, changea les jours de jeûne en jours de fêtes. [1]

Le nombre de Juifs accourus à Kutajah était énorme.

---

[1] Voici l'instruction que le soi-disant Messie envoya à toutes les communautés juives pour abolir le jour de jeûne du 9 ab, (jour pendant lequel on jeûne encore aujourd'hui, en souvenir de la destruction de Jérusalem). et de le changer en un jour de grande fête : « Que le nom de Dieu soit béni et glorifié ! mes frères et mon peuple ! mes fidèles coreligionnaires, hommes, femmes et enfants, qui demeurez ici ou ailleurs, où arriveront les ordres et la loi du roi, que la paix vous soit donnée par le Seigneur et par moi son fils chéri ! — Je vous ordonne, que vous célébriez le neuvième jour du mois d'*Ab* prochain, comme une grande fête de joie, et que vous le distinguiez des autres fêtes, tant par des repas extraordinaires que par des illuminations et des chants de joie. Car ce jour-là, est le jour de naissance de Schabbéthy-Zévy, votre roi, le plus grand des monarques de toute la terre, etc. Vous aurez aussi à réciter ce jour-là, la prière suivante: « O Dieu! tu nous donnas par ton amour plusieurs jours de fête, et entre autres ce jour présent de consolation (Yôm hanachamah), comme le jour de naissance de notre roi et messie Schabbéthy-Zévy, ton serviteur et fils premier-né. Que ce grand jour soit un signe de l'alliance éternelle entre toi ô Dieu ! et ton peuple d'Israël ».

« Obéissez-moi, que votre âme se réjouisse, venez vers moi, écoutez, et que votre esprit se rafraichisse. Je contracte avec vous une alliance éternelle ; ma faveur est assurée à David! (ce sont ses propres paroles), formidables à tous les rois de la terre. Ainsi parle l'homme qui est audessus de toutes les gloires et de toutes les louanges, etc. »

(Voyez Zizath Nobel Zévy; par R. Jacob Sasportas. Amsterdam 1737).

Parmi ces étrangers, se trouva un Juif polonais nommé *Néhémiah*, cabaliste, qui était venu là pour démasquer le Messie. Il lui déclara en face qu'il était un imposteur. Il s'empressa d'aller trouver le grand vizir, et reçut de celui-ci, sous prétexte, d'embrasser le mahométisme, une recommandation spéciale près du sultan qui l'admit en sa présence. Il lui représenta que *Schabbéthy-Zévy* égarait le peuple, et parvint, en un mot, à exciter contre lui le sultan.

Aussitôt le sultan fit venir le prisonnier à Andrinople. Une foule innombrable le suivit jusqu'au palais. A peine devant le sultan, le sang froid abandonna le prétendu Messie. Un Juif prosélyte nommé Moïse ben Raphaël, de la famille d'*Abarbanel*, médecin du sultan, lui fut donné pour interprète, qui en lui donnant l'avis de ne point dire de faussetés au sultan, l'embarrassa encore davantage. Il expliqua donc simplement qu'il était rabbin, comme tant d'autres, qu'il ne s'était point imposé de son chef et qu'il ne devait son élévation qu'à la reconnaissance publique. Le sultan répondit à cela qu'il allait tenter sa qualité de Messie en tirant sur lui trois flèches envenimées, et dans le cas où ces flèches ne lui feraient point de mal, il se mettrait lui-même sous sa bannière.

Ayant entendu cet arrêt, l'anxiété s'empara de tout son être. Il attendit l'avis de son interprète, qui lui fit comprendre que seulement l'intention manifestée de convertir tous les Juifs au mahométisme, pouvait le sauver. *Schabéthy-Zévy* suivit ce conseil. Pendant que l'interprète informait le sultan, que l'accusé n'avait attendu que ce moment pour se convertir au mahométisme, celui-ci manifesta sa volonté en prenant le turban d'un courtisan dont il se couvrit. Le sultan satisfait, ordonna aussitôt de traiter avec bonté le nouveau Musulman et l'honora du titre d'Effendi.

A la suite de cet événement, cinquante rabbins devaient perdre la tête; mais sur les instances et les supplications qui furent faites auprès du sultan, la grâce de ces malheureux fut accordée.

Mais là ne se bornèrent point les fruits de la cabale. Il est vrai, beaucoup revinrent à l'ancien ordre de choses, et les remontrances des rabbins furent écoutées; mais quelques croyants au Messie, cherchèrent cependant à donner le change par des fables, et prétendirent que ce n'était qu'une forme apparente du Messie, qui avait adopté le mahométisme, que lui-même était allé au ciel; d'autres prétendirent que le mahométisme étant désormais la nouvelle religion du soi-disant Messie, et celui-ci ayant eu soin de répandre et d'accréditer cette idée, afin de conserver ses anciens disciples, il convertit de la sorte beaucoup de Juifs au mahométisme.

II

Nathan, qui s'était enfui à Damash, enrôla de nouveau des sectateurs à Habeb Smyrne, et causa par son voyage une révolte à Smyrne et Brusa. L'anathême renouvelé des rabbins contre les rebelles fit peu d'effet. Le grand-vizir étant absent, les rabbins demandèrent au *kaïmakan*, d'obvier au désordre, mais celui-ci ne voulut point s'en mêler. Enfin, les rabbins de la capitale et d'Andrinople chassèrent eux-mêmes Nathan, dont les prédictions ne se réalisèrent point.

Pendant ce temps, *Schabbéthy-Zévy* jouant toujours le rôle de Messie, se maria pour la quatrième fois avec la fille d'un philosophe nommé Joséphe. L'anathême atteignit celui-ci, mais il l'évita en adoptant le mahométisme.

Beaucoup de Juifs suivirent son exemple. Le Messie

visita pourtant les synagogues, jusqu'à ce que le grand-vizir, prévenu par les plaintes, le fit mettre aux arrêts dans le *Castel* de la capitale. Là aussi, il reçut des visites, et enseignait la cabale, mais on menaça plus tard tout visiteur de cinquante coups sur le talon. Enfin, les rabbins déterminèrent le grand-vizir de l'envoyer à Bosmen, où il mourut.

Encore à présent, on trouve à Salonnik près de six cents familles, qui sont attachées à cette secte, et qui sont connues chez les Mahométants, Juifs et Chrétiens, sous le nom de *Dolmach* ou *Apostats*.

Ils aiment à demeurer ensemble, et ne marient leurs filles, ni aux Mahométants, ni aux Juifs. Bien qu'eux-mêmes, comme leur chef, professent la religion mahométane ; néanmoins, ils ne visitent que très rarement les *mochées*, et ils ne se réunissent en assemblées qu'entre eux-mêmes. Ils veulent pourtant être regardés comme des Mahométants, et aujourd'hui encore, les Turcs n'exigent point d'eux le *haradsch* [1].

Mais beaucoup de riches négociants se trouvant parmi eux, il leur est souvent reproché par le *pacha* et le *kadi*, de n'avoir pris le turban que pour ne point payer la taxe, et pour repousser cette acusation, ils sont souvent obligés de donner des présents considérables afin de n'être point forcés de se conformer en tout aux usages des Mahométants.

Il est vrai qu'ils circoncisent leurs enfants au huitième jour, mais c'est la seule coutume qu'ils observent avec les Juifs ; ils ne jeûnent guère plus avec les Juifs qu'avec les Mahométants, ne célèbrent point le jour du sabbat, et estiment les cantiques de Salomon plus que les livres de

---

[1] Impôt que les Juifs et autres non mahométans sont obligés de payer.

Moïse et le *Koran. Niebuhr* observe : « je n'ai jamais connu de *Dalmach*, et si même j'avais occasion d'en connaître, il ne m'aurait rien découvert des principes de sa religion. Des gens qui les connaissent bien, assurent qu'ils tiennent ponctuellement à leur parole, et qu'ils ne visent point à de trop grands bénéfices dans leur commerce »[1].

---

[1] Voyez le livre intitulé : Des différentes nations dans l'empire Turc etc., 1784.

LA SECTE DES FRANKISTES [1].

I

Un certain Jacob *Frank* [2], né en Pologne en 1712, exerça dans sa jeunesse la profession de distillateur d'eau-de-vie. Plus tard, il voyagea dans la Krimée et dans les contrées voisines de la Turquie, et revint dans sa patrie avec la renommée d'un cabaliste. Il se fixa en Podolie où il s'attira un grand nombre d'adeptes parmi les Juifs polonais et même parmi les rabbins les plus estimés. Ses plus chauds partisans furent les Juifs des communautés de Landskron, Busk, Osiran, Opotschnia, Kribtschin et plusieurs autres localités. Il répandit chez eux la doctrine de *Schabbéthy Zévy* mais, comme il paraît, avec diverses modifications. Il

---

[1] Voyez l'*Histoire des Juifs*, par Peter Beer.
[2] Il obtint ce surnom en Turquie parce que les Turcs donnent le nom de *Frank* à tous les Européens, chrétiens ou Juifs.

écrivit dans ce but un livre intitulé : *Je viens aujourd'hui à la source*, et il en fit circuler des copies manuscrites parmi ses adhérents. Cependant, on n'a pas dit de lui qu'il se fût fait connaître par des prestiges, comme ses devanciers, ou comme son rival contemporain *Bescht*[1], mais on a attribué ses succès à l'influence directe de l'intelligence céleste, à laquelle on croyait alors. Les rabbins jaloux de la célébrité qu'il avait acquise, le persécutèrent lui et ses adhérents avec la plus vive animosité. Il avait montré le désir de faire avec plusieurs de ses sectateurs un pèlerinage à Salonnik, où séjournait alors leur chef *Berachia*; les rabbins les dénoncèrent au gouvernement polonais, comme voulant émigrer du pays ; et sur leur dénonciation, les pèlerins furent arrêtés sur la frontière et jetés en prison. Leurs amis s'étant alors adressés à l'évêque de la Podolie, connu pour un homme de bien, obtinrent, par son crédit, une lettre patente du roi, par laquelle il leur fut permis de se fixer en Podolie, conformément à leurs principes, et de former une secte particulière sous le nom de *Zoarites*, (ils avaient adopté le livre de la cabale, qui porte le nom de *Zoar*, comme fondement de leur religion, et ils rejetèrent le *Talmud*), ou bien sous celui de *Anti-talmudistes*.

Les deux partis s'étaient déjà livrés plusieurs fois à des discussions religieuses dans les églises de Kamieniec-Podolski et de Lemberg, en présence de plusieurs cardinaux et des officiers du roi. Ce fut à cette occasion que la nouvelle secte des Frankistes fit connaître les articles de la croyance.

Les voici[2] :

1° « Nous croyons à tout ce que Dieu nous a, de temps

---

[1] Voyez l'article de *Chassidims*.
[2] Cette profession de foi rédigée en polonais et en hébreu rabbinique a

immémorial, communiqué par la tradition et la révélation, et nous nous regardons comme tenus, non-seulement à pratiquer ce qui nous est commandé par sa loi, mais encore à pénétrer plus avant dans le sens de nos doctrines, afin d'y découvrir aussi les mystères qui y sont renfermés. Car Dieu n'a-t-il pas dit à Abraham (*Gen.* XVII, 11) : « Je suis le Tout-Puissant; marche devant moi, et sois sincère? » N'a-t-il pas dit ailleurs (*Deutéronome*, X, 12) : « Et maintenant, Israël, que demande de toi l'Éternel, ton Dieu, sinon de craindre l'Éternel, ton Dieu, de marcher dans toutes ses voies et de l'aimer ; de servir l'Éternel, ton Dieu, de tout ton cœur et de toute ton âme: c'est-à-dire de garder les commandements de l'Éternel et les statuts que je t'impose aujourd'hui pour ton bien? » Tout cela prouve qu'il faut être fidèle à Dieu et à ses préceptes, et s'appliquer à comprendre clairement le sens de la loi ; il faut en outre le respect du Seigneur : « La crainte de Dieu est le commencement de la sagesse. » (. III, 10.)

« Cependant l'amour et la crainte de Dieu ne sont point suffisants : il faut aussi que l'homme reconnaisse la grandeur de Dieu dans ses œuvres. C'est d'après ce principe que David, sur son lit de mort, disait à son fils Salomon (*Chronique*, I, 28, 9) : « Reconnais le Dieu de ton père et sers-le. » Là dessus, le *Zoar* demande : « Pourquoi lui a-t-il demandé d'abord de connaître Dieu, et seulement ensuite de le servir? C'est qu'un culte divin qui n'a pas été précédé de la connaissance de Dieu n'a aucune valeur. » Il faut que ce culte soit fondé sur la sagesse et la vérité.

été publiée simultanément dans ces deux langues, à Lemberg. Comme elle paraissait trop longue à rapporter tout entière, on s'est contenté d'en donner des extraits qui suffiront à en faire connaître l'esprit.

« La sagesse, dit le *nouveau Zohar*, au nom de Simon-ben-Jochaï, la sagesse qui est nécessaire à l'homme consiste à réfléchir sur les secrets du Seigneur, et tout homme qui abandonne ce monde sans avoir acquis cette connaissance, sera repoussé de toutes les portes du paradis, quel que soit le nombre des bonnes œuvres dont il pourra d'ailleurs être accompagné. »

Nous lisons dans le même livre : « Celui qui ne sait pas honorer le nom de son Dieu, il vaudrait mieux pour lui qu'il n'eût pas été créé ; car Dieu n'a mis l'homme en ce monde que pour qu'il s'efforce d'approfondir les mystères renfermés dans son divin nom. » A propos de ces paroles de David (Ps. 145, 18) : « Dieu est près de ceux qui l'invoquent avec sincérité, » le Zohar demande : « Est-il donc possible de ne pas invoquer Dieu sincèrement ? — Et il répond : oui. Car celui qui invoque Dieu et ne comprend pas quel est celui qu'il invoque, celui-là est dans l'erreur. Par là, il est démontré que c'est un devoir pour tout homme de croire en Dieu et à sa révélation, d'étudier ses lois, de le reconnaître, lui, ses lois et ses jugements, et d'approfondir les mystères de la Thora. Celui qui croit de cette manière, accomplit la volonté et l'ordre de Dieu, et celui-là seul mérite réellement le nom d'Israélite. »

2° « Nous croyons que Moïse, les prophètes et tous nos maîtres qui les ont précédés s'expriment souvent dans leurs écrits d'une manière figurée, et qu'un sens mystérieux se cache sous leurs paroles. Ces écrits sont semblables à une femme voilée qui n'expose pas sa beauté à tous les yeux, mais qui exige de ses adorateurs qu'ils se donnent quelque peine pour soulever le voile qui la couvre. C'est ainsi que le voile du symbole enveloppe ces paroles, et toute la sagesse humaine ne parviendrait pas à le soulever, sans l'assistance d'une grâce céleste. En d'autres termes, il est parlé dans la Thora de choses qui ne doivent nullement être prises à la lettre; mais il faut invoquer l'esprit de Dieu, afin qu'il nous aide à découvrir le fruit renfermé sous l'écorce. »

« Nous croyons donc qu'il ne suffit pas de lire les prophètes et d'en comprendre le sens littéral, mais qu'une assistance divine est nécessaire pour pénétrer le sens réel d'une foule de passages. C'est pourquoi David s'écrie (Ps. 119, 18) : « Ouvre-moi les yeux, ô Seigneur, afin que je contemple les merveilles de ta loi. » Si David eût pu tout comprendre à l'aide de l'enseignement ou de ses propres recherches, de quel besoin lui aurait été le secours divin? Mais il l'invoquait, ce secours, afin de pouvoir approfondir les mystères renfermés dans la loi. «Malheur, dit le Zohar, malheur à l'homme qui ne voit dans la loi que de simples récits et des paroles ordinaires! Car, si réellement elle ne renfermait que cela, nous pourrions, même aujourd'hui, composer aussi une loi bien plus digne d'admiration. Pour ne trouver que de simples paroles, nous n'aurions qu'à nous adresser aux législateurs de la terre chez lesquels on rencontre souvent plus de grandeur. Il nous suffirait de les imiter et de faire une loi d'après leurs paroles et à leur exemple. Mais il n'en est pas ainsi : chaque mot de la loi renferme un sens élevé et un mystère sublime...

« Les récits de la loi sont le vêtement de la loi. Malheur à celui qui prend ce vêtement pour la loi elle-même! C'est dans ce sens que David a dit : «Mon Dieu, ouvre-moi les yeux, afin que je contemple les merveilles de la loi. » David voulait parler de ce qui est caché sous le vêtement de la loi.

Il est incontestable que sous la lettre de la loi sont renfermés de grands mystères que tout vrai fidèle doit s'efforcer d'approfondir. A ce propos, le Zohar dit encore : « La loi ressemble à une belle femme aimée qui se cache dans un endroit secret, et ne laisse voir que son portrait. Si son ami déploie une grande persévérance, s'il se donne des peines infatigables pour arriver jusqu'à elle et lui témoigner de cette manière son respect et sa tendresse, elle lui ouvrira ses portes et lui permettra un libre accès auprès d'elle. »

3° « Nous croyons que de toutes les explications de la loi, celle que donne le Zohar est la meilleure et la seule véritable, et que les rabbins, au contraire, lui donnent dans le Talmud un grand nombre de fausses interprétations qui sont en contradiction manifeste avec les attributs divins et la charité enseignée par la loi.

4° « Nous croyons qu'il n'y a qu'un seul Dieu qui n'a pas eu de commencement et n'aura pas de fin ; qui seul a créé les mondes et tout ce qu'ils renferment, aussi bien ce que nous connaissons que ce qui nous est inconnu. C'est pourquoi l'Écriture dit (*Deutéronome*, VI, 4) : « Écoute, Israël, l'Éternel notre Dieu est un Dieu unique. » On trouve aussi dans les Psaumes : « Tu es grand, ô Seigneur ! Toi seul accomplis des merveilles. » C'est-à-dire, non comme les rois de la terre, qui ne peuvent rien accomplir sans le secours d'autrui ; Dieu a créé seul le ciel et la terre, sans aucune autre participation, et seule, sa Providence veille sur tout.

5° « Nous croyons que, bien qu'il n'y ait qu'un seul Dieu, il se compose néanmoins de trois personnes (*Parzouphim*), parfaitement égales l'une à l'autre, parfaitement indivisibles, et qui, à cause de cela, ne font qu'un. La loi mosaïque, aussi bien que les autres prophètes, nous enseigne cette vérité. Le Zohar dit : « La loi commence par la lettre (beth); cette lettre se compose de deux lignes horizontales réunies à une verticale ; ce qui fait allusion aux trois natures divines réunies en une seule. La croyance en cette trinité divine est fondée sur les saintes Écritures, et confirmée par d'innombrables passages. Nous ne voulons en citer ici que quelques-uns : par exemple, Moïse dit (Gen. I, 2) : L'esprit (*rouach*) des Dieux (*Elohim*) (au pluriel) flottait sur les eaux. » S'il n'y avait qu'une seule personne divine, Moïse aurait dit : « L'esprit de Jéhovah ou du Seigneur flottait, etc. ; » mais il voulait dès le principe établir la trinité en Dieu. Plus loin (Gen. I, 26), Dieu dit : « Faisons l'homme selon notre image et notre ressemblance. » Le Zohar commente ainsi ces paroles : Il y en a deux et encore un, ce qui fait trois, et ces trois ne font qu'un[1]. Ailleurs il est dit (Gen. III, 22) : « Les Dieux, Jéhovah, dirent : Voici l'homme qui devient semblable à l'un de nous. S'il n'y avait pas trois personnes, il y aurait seulement : « Jéhovah dit, etc. » Pourquoi *les Dieux*? Mais c'est une preuve de la trinité divine. Quand il est dit (Gen. XI, 15) : « Jéhovah descendit pour voir la ville et la tour, » voici en quels termes il s'exprime : « Descendons et mettons la confusion dans leur langue, etc. » A qui Jéhovah s'adressait-il? Ce ne pouvait pas être à ses anges qui sont serviteurs, et auxquels il aurait commandé sans employer avec eux la forme de la prière. Mais Dieu parlait ainsi aux personnes divines qui sont ses égales en dignité. « Trois anges apparurent à Abraham (Gen. XVIII, 2, 3); il courut au-devant d'eux et dit : Seigneur, etc. » Il en voyait donc trois et ne s'adressait qu'à l'un d'eux, parce que ces trois

---

[1] Ces paroles du *Zohar* ne se rapportent pas à la trinité divine, mais à la trinité humaine et à certains cas de métempsycose.   A. F.

ne font qu'un. Moïse dit (Exode, XII, 7) : « Ils prendront du sang de cet agneau et en mettront sur les deux poteaux et sur le linteau de la porte. » Pourquoi, demande le Zohar, pourquoi ce sang doit-il précisément être mis sur trois places? C'est pour que la croyance parfaite en son saint nom éclate sur les trois places. » Ceci fait encore allusion à la trinité divine, « Quel est le peuple si grand, dit Moïse (Deutéronome, IV, 7), qui ait les Dieux (Elohim) aussi près de lui que nous? » S'il n'y avait point plusieurs personnes divines, il faudrait ici *El* (Dieu) et non point *Elohim*, les Dieux.

» Jéhovah, est-il dit (Gen. XIX, 24), fit pleuvoir sur Sodome et Gomorrhe une pluie qui venait de Jéhovah. » Preuve nouvelle de plusieurs personnes divines, Dieu dit à Moïse : « Monte vers l'Éternel. » (Exode, XXIV, 4). Ici, il y aurait simplement : « Monte vers moi, » s'il n'existait plusieurs personnes en Dieu. Sur le passage suivant : « Écoute, Israël, l'Éternel notre Dieu est un » (Deutéron VI, 4) , voici le commentaire du Zohar : « Trois font un » (*Thelath chad inoun*). Il est dit (Ex. III, 6) : « Le Dieu d'Abraham, le Dieu d'Isaac et le Dieu de Jacob. » Le nom de Dieu, répété devant celui de chacun des patriarches, fait allusion à la Trinité divine. Josué disait (XXIV, 19) : « Vous ne pouvez pas servir Jéhovah, car il est *les Dieux Saints*, » (*Elohim kedoschim*).

» D'une part, il y a Jéhovah, de l'autre *les Dieux Saints*, ce qui prouve la Trinité réunie en Dieu.

6° « Nous croyons que Dieu apparaît incarné sur la terre, et alors il boit, il mange et accomplit d'autres actions humaines; mais il est dégagé de tout péché. La preuve en est dans ce que dit Moïse (Gen. VI, 3) : « Quoiqu'il soit chair. » Le Zohar donne de ces paroles l'explication suivante : « Dieu devient chair, pour se tourner vers le corps; ce qui veut dire qu'au moment de la création, Dieu s'incarna dans Adam, et lorsque ce dernier eût péché, Dieu se retira de lui et en demeura éloigné jusqu'à ce qu'il s'incarnât de nouveau dans ce même corps. « A propos des quatre éléments, le feu, l'eau, l'air et la terre, le Zohar dit : « Dieu se revêtit de ces éléments et il eût un corps. » Ne lisons-nous pas dans Moïse (Ex., XX, 115, 19) : « Le peuple vit la voix, etc.? » Pourquoi n'y a-t-il pas que la voix fut entendue? Mais Dieu se montra aux Israélites sous une forme humaine afin de les instruire qu'un jour, à l'époque du Messie, il apparaîtrait de nouveau sous la même forme. Dieu dit par l'organe de Moïse : « Je marcherai au milieu de vous. » (Lév. XXVI, 12). Le livre Jalkut (*Jalkot*) explique ainsi ces paroles : « Ceci nous rappelle un monarque qui se promène dans son jardin et devant qui le jardinier confus cherche à se cacher. Afin de le rassurer, le roi s'adresse à lui et lui dit avec douceur : Que crains-tu, mon fils? Vois, je suis un homme comme toi, et je marche à tes côtés. C'est ainsi que Dieu revêtit une forme humaine afin d'instruire humainement les hommes. C'est aussi pourquoi le prophète s'écrie (Isaïe, XXX, 20) : «Tes yeux verront ton maître.» Quand Dieu dit (Deut. XXXII, 40) : « J'élève ma main vers le ciel, » il ne pouvait, puisqu'il remplit tout de sa présence, prononcer ces paroles qu'en tant qu'homme et marchant sur la terre. Que signifient ces paroles du prophète Amos : « Dieu a établi son faisceau sur la terre,» sinon que par ce faisceau, il entend la réunion des trois personnes divines tandis qu'il habitait la terre? Nous trouvons dans Salomon ces paroles (Cantiq, V, 1) : « J'entrai dans mon jardin, etc., et je mangeai de mon miel. » Comment, demande le Zohar, comment peut-on dire de Dieu, dont il est question durant tout le cours de ce chant, qu'il a bu et qu'il a mangé ? Mais ceci ressemble à un ami qui en visite un autre, et fait pour lui plaire mainte chose qu'il n'a pas coutume de faire ; par exemple, il mange sans avoir faim et boit sans avoir soif. Ainsi fait Dieu quand il apparaît aux hommes, puisqu'alors, il descend à toutes les occupations et à toutes les actions humaines.

7° « Nous croyons que Jérusalem ne doit jamais être rebâtie. Car il est dit dans l'Écriture (David, IX, 27) : « Le peuple d'un puissant monarque détruira la ville et le sanctuaire. La destruction sera complète comme par un déluge. » Le prophète Jérémie dit aussi (IV, 6) : « Les péchés de la ville de mon peuple (Jérusalem) sont bien plus grands que les péchés de Sodome, qui a été détruite de fond en comble. » Si l'on ne doit plus rebâtir Sodome, bien moins encore Jérusalem sera-t-elle construite, puisque le prophète dit expressément que les péchés de Jérusalem surpassent ceux de Sodome.

8° « Nous croyons que les Juifs attendent en vain le Messie mortel qui, d'après leur croyance, doit les délivrer, les élever au dessus de toutes les nations, et leur apporter richesses et grandeurs. Mais Dieu lui-même apparaîtra sous une enveloppe humaine et rachètera les hommes de la perdition qu'ils ont encourue par la faute de leurs ancêtres ; cependant, il ne rachètera pas seulement les Juifs, mais tous ceux qui auront foi en lui, tandis que les incrédules seront tous plongés dans les abîmes de l'enfer.[1] »

Comme, dans ce symbole, on ne dit pas de quel Messie il s'agit, et que, d'un autre côté, on y professe plusieurs principes communs au christianisme, le cardinal crut pou-

---

[1] Voyez la cabale, par M. A Franck, pages 403, 409.

voir, avec le temps, porter facilement cette secte à l'adoption du christianisme; il leur accorda donc sa protection et s'intéressa en leur faveur avec beaucoup d'énergie auprès du gouvernement. Pour se venger des tracasseries que lui suscitaient les Juifs talmudistes, cette secte fit tant auprès du cardinal que celui-ci fit brûler tous les livres talmudiques qui se trouvaient dans son diocèse. L'insolence de ces sectaires alla si loin, qu'un d'eux se promenant à cheval un jour de sabbat dans une rue des Juifs, s'arrêta devant la maison du rabbin et y brûla un exemplaire du Talmud. A la vue de cette impiété, les rabbins devinrent furieux, ils s'adressèrent, par l'intermédiaire d'un fournisseur nommé Baruch de Sklow, au comte Bruhl, ministre polonais, qui les recommanda au nonce du pape alors présent à Varsovie; ils lui démontrèrent que quoique beaucoup de principes de cette secte parussent s'accorder avec ceux du christianisme, ils ne disaient cependant pas distinctement dans leur symbole que Jésus fut le Messie, mais qu'ils entendaient par le Messie le *Schabbathai-Zévy* et qu'il était à craindre que cette équivoque ne trompât les chrétiens et ne leur fit embrasser ces principes. On les accusait entr'autres choses de commettre l'adultère et d'user réciproquement de leurs femmes. Le nonce adressa à Rome un rapport sur cette affaire qui fut soumis à un examen. Le cardinal de Kamienitz étant mort sur ces entrefaites, et la secte ayant perdu en lui son appui principal auprès du gouvernement polonais, les rabbins prévalurent contre la nouvelle secte et poussèrent si loin la persécution qu'une grande partie des Frankistes se décida à émigrer en Moldavie, et à s'établir à Choczim et dans les environs de cette ville. Mais les premiers qui arrivèrent dans ces pays furent dénoncés au pacha et au kadi, par les rabbins qui leur dirent que ces étrangers n'étaient point de vrais Juifs, ne relevaient pas du Chacham Baschi (grand rabbin de Constantinople), et qu'aucun d'eux ne s'intéresseraient en leur faveur auprès de la Porte. Sur cette déclaration, les Turcs dépouillèrent les nouveaux venus. En apprenant cela, les autres Frankistes renoncèrent à aller s'établir en Moldavie. Ne pouvant compter, en leur qualité de Juifs, sur la protection de qui que ce fût, ni dans leur pays ni à l'étranger, surtout comme ennemis du Talmud, une grande partie de ces zoarites polonais, résolut de passer à la religion chrétienne et d'embrasser extérieurement le catholicisme, de même que leurs confrères en Turquie avaient embrassé le mahométisme; ils se firent donc baptiser en croyant qu'ils pourraient néanmoins vivre secrètement d'après leur doctrine et leurs principes, comme leurs co-religionnaires de Salonnik. Mais les chrétiens ne se montrèrent pas aussi tolérants que les Musulmans. Lorsque l'on eût appris que les nouveaux convertis tenaient des assemblées secrètes, on leur fit raser la moitié de la barbe pour témoigner qu'ils n'étaient ni Juifs ni chrétiens, et ils furent envoyés en cet état pour travailler à la construction d'un fort.

Parmi ces zoarites convertis, se trouvait Jacob Frank. Mais comme il était encore attaché à ses adhérents juifs et qu'il faisait partout des prosélytes, les rabbins le dénoncèrent comme enseignant aussi ses principes aux chrétiens. Sur cette dénonciation, il fut renfermé dans le fort où il resta pendant plusieurs années. Cependant, ses partisans se multipliaient tant en Pologne qu'en Allemagne. Mais lorsque les Russes envahirent la Pologne, ils prirent aussi le fort de Czenstochow et Frank fut délivré. Il parcourut alors la Pologne, la Bohème et plusieurs autres pays, et reçut de grandes sommes d'argent.

II

En 1778, Frank alla à Vienne avec une suite pompeuse formée de ses prosélytes des deux sexes, et escorté de secrétaires et de palefreniers; on voyait aussi parmi les premiers, beaucoup de rabbins. Il mena dans cette ville le train d'un grand seigneur. Mais ses dépenses outrées et dont on ignorait la source, excitèrent les soupçons de la police, et il fut enfin chassé de Vienne. Il se rendit à Brünne, parce qu'il avait beaucoup d'adhérents dans chaque communauté de la Moravie, d'où il envoya ses disciples dans tous les pays. L'entretien nécessaire à lui et à sa suite, qui se composait de plusieurs centaines de jeunes Juifs des deux sexes, lui fut fourni très abondamment par ses sectaires, et plusieurs fois par année, il arrivait à Brünne ou dans les autres pays où il séjournait des tonneaux pleins d'or de diverses contrées, et principalement de la Pologne, sous l'escorte de sa propre milice. Quand il sortait, ce qui arrivait presque tous les jours dans l'après-midi, pour faire la prière dans les champs hors la ville, dix ou douze cavaliers couverts d'or et habillés de vert et de rouge, comme les Hulans, armés de lances surmontées d'aigles, de cerfs, de soleils et de lunes dorés, entouraient son char traîné par des chevaux magnifiques. Un cavalier monté sur un coursier superbe couvert de clochettes d'or suivait toujours le char, portant une outre remplie d'eau, au bout de laquelle se trouvait un arrosoir, et après la prière, il versait cette eau dans l'endroit où l'on avait prié. Le but de cette cérémonie est inconnu, car elle n'est fondée ni sur la religion juive ni chrétienne, ni sur la religion mahométane. On n'en trouve même point de traces dans le Zohar.

Il se rendit de nouveau à Vienne quelques années après. Mais ses prétentions singulières, qui étaient beaucoup au-dessus d'un simple particulier, le train de sa maison qui égalait celui d'un monarque oriental, tout cela excita de nouveau les soupçons de la police, et il fut banni de Vienne pour la seconde fois, quoiqu'il prétendît jouir de la protection d'une grande princesse du nord. Il s'adressa alors au prince de Hambourg qui lui permit de se fixer à Offenbach avec cinquante personnes de sa suite, et lui loua en même temps son propre palais, que Frank occupa dès l'année 1788 avec le titre de baron. Ne renonçant ni à son train ni au luxe de sa maison, sa suite s'éleva bientôt au nombre de mille personnes, tant hommes que femmes et enfants, et tous, sans exercer aucune profession, furent entretenus richement aux dépens de sa propre caisse. Il se rendait lui-même inaccessible; on ne pouvait le voir que lorsqu'il était à sa fenêtre ou dans sa voiture, quand il allait faire la prière journellement à quatre heures de l'après-midi, à l'église catholique de Birgelein, village éloigné d'un quart d'heure d'Offenbach, où il allait tous les dimanches à la messe. Il y avait toujours deux gardes à l'entrée de sa maison et deux à la porte de sa chambre, tenant le sabre en main. Il ne priait à l'église ni debout ni à genoux, mais il s'étendait sur un tapis magnifique à la manière orientale, le visage contre terre, et dans cette position, il faisait sa prière en silence. Il n'ôtait jamais son petit bonnet rouge, pas même à l'église. Tous ses disciples lui portaient un respect presque divin, et celui qui en manquait, était puni très sévèrement. Ils vivaient tous pacifiquement tant entre eux qu'au dehors ; ils ne donnaient point occasion aux disputes ni aux querelles, et jamais la justice n'eût de plainte contre eux. Trois ou quatre cents Juifs de sa suite qui demeuraient avec lui dans la même maison, s'exerçaient souvent aux armes, soit dans le jardin soit dans la cour.

On ne sait pas dans quel but ils étudiaient entre eux la chimie et faisaient de temps à autre des expériences chimiques, dont les résultats restaient inconnus.

Un grand nombre d'hommes de cette secte qui joignaient la vertu au savoir, allèrent en ce temps là en pélerinage en Marovie et de la Pologne à Offenbach. Plusieurs familles riches tombèrent dans une position très fâcheuse par leurs pélerinages trop fréquents et par leur long séjour dans les villes, car ils négligaient leurs affaires et sacrifiaient des sommes énormes pour l'entretien de Frank. Il y eût des gens qui ayant envoyé auprès de lui leurs filles adultes, ne les revirent plus et n'en eurent aucune nouvelle, à l'exception de deux qui s'échappèrent de la maison de Frank au péril de leur vie.

Il est à remarquer que deux aventuriers, *Frank* et *Cagliostro*, qui étaient contemporains, se ressemblaient en plusieurs points. On ne connaissait des deux ni les ressources de leurs richesses ni comment ils suffirent à leur pompe seigneuriale pendant leur célébrité. La magnificence de la maison de Frank, comme celle de Cagliostro, leur donna de l'importance aux yeux de leurs sectateurs, ils voyageaient en princes, précédés de courriers et accompagnés d'une grande suite de serviteurs richement habillés, l'un et l'autre affectaient un visage sévère, un air imposant qui les fit juger aux yeux du peuple beaucoup au-dessus de leur rang. Leur plus grande célébrité, à l'un et à l'autre, eût lieu dans les années 1788 et 1789,

Quoique Frank fut regardé par ses adhérents comme immortel, enfant d'Adam, il n'en paya pas moins son tribut à la nature, et mourut frappé d'apoplexie le 10 décembre 1791. Malgré cette mort subite contraire à l'attente de tous les sectateurs de Frank, ses funérailles furent très pompeuses. Le 12, à trois heures de l'après midi tous ses adhérents présents à Offenbach, et dont le nombre s'élevait à plus de huit cents, accompagnèrent le corps de Frank à sa dernière demeure. Les femmes et les jeunes filles, au nombre de deux cents, marchaient devant le cercueil, vêtues de blanc, les cheveux entrelacés de rubans blancs, et portant des cierges allumés. Après, suivait le cercueil découvert du défunt porté par ses serviteurs, et enveloppé dans un talar de soie rouge doublé d'hermine, qu'il portait ordinairement pendant sa vie. Après le cercueil, venaient ses trois enfants, puis la livrée avec les gardes du corps, au nombre de soixante-dix hommes. Enfin, le peuple fermait la marche du convoi, portant des flambeaux, le crêpe au bras, et les femmes ayant des rubans blancs dans les cheveux. Le convoi se rendit ainsi au cimetière public; là on s'arrêta un instant et l'on couvrit le cercueil. Le couvercle était garni de satin blanc et orné de franges banderoles et autres ornements d'or. Pour le descendre dans le tombeau, on se servit, au lieu de cordes, de draps blancs dans lesquels le cercueil fut, de plus, enveloppé.

Alors, les huit cents personnes qui étaient présentes, hommes, femmes et enfants, (portés sur les bras de leurs mères), firent retentir l'air de cris lamentables, et l'on vit des larmes couler en abondance de tous les yeux. Peut-être était-ce qu'au moment de descendre leur maître au tombeau, ce qu'ils croyaient ne devoir jamais arriver, qu'ils sentirent plus vivement leur perte en se voyant trompés dans toutes leurs espérances. Chacun des assistants prit une poignée de terre et la jeta dans la tombe. Un des gardes du corps du défunt, qui avait perdu la vue depuis quelques semaines, voulut aussi accompagner son maître à sa dernière demeure, il se fit conduire par deux amis, et pour lui montrer son respect et son attachement, il jeta aussi sur son tombeau une poignée de terre. Toute la suite porta le deuil pendant une année entière, un ruban blanc dans les cheveux, et un crêpe de même couleur au bras.

III

Après la mort de Frank, les sources d'argent tarirent peu à peu. C'était ou parce que l'illusion avait disparu avec l'acteur, ou parce que ses adhérents n'avaient pas bien étudié leurs rôles, et leurs représentations firent moins d'impression. Les enfants délaissés de Frank, Rochus, Josephe et Eve, se trouvèrent bientôt, après la mort de leur père, sans ressources, et ils furent forcés d'avoir recours aux emprunts, et, plus tard, aux inconvénients qu'ils entraînent. Ils tentèrent donc un dernier effort, et tâchèrent de donner à leur dessein une nouvelle vie par la circulaire suivante écrite à l'encre rouge par les vrais disciples de Frank, et adressée à tous les Juifs de l'Allemagne et de la Pologne :

« Que le Seigneur de la paix vous donne à vous et à toute la maison d'Israël la bénédiction de la paix.

« Nos bien-aimés de la maison d'Israël ; sachez que lorsque notre saint-maître (Frank), était assis à la porte méridionale de Czenstochow.[1] Il envoya un saint écrit à la ville de Brody avec le contenu suivant :

« Ecoutez-le, vous, cœurs endurcis, qui êtes très éloignés de la vertu, et qui marchez dans des sentiers tortueux. Qui d'entre vous craint assez Dieu pour entendre la voix du prédicateur des peuples ? Vraiment Dieu ne fait rien s'il n'avait pas découvert auparavant ses mystères. Malheur à vous si le grand lion se réveille et se rappelle l'agneau. L'Ecriture (Amos. 3, 7) dit : Dieu n'exécute aucune chose sans avoir auparavant communiqué son arrêt à ses serviteurs les prophètes. Si vous êtes les enfants de Dieu, pourquoi ne vous a-t-il pas découvert ce qui arrivera à la fin des jours, savoir : Dans les temps présents, ce qui est prédit est arrivé, je vous annonce maintenant une nouvelle et vous prédis la fin au commencement, savoir : que vous pleurerez les habitants de Krakovie et de ses environs, et que vous porterez le deuil à leur mort. Pleurez, ceignez vos reins de sacs et ordonnez des deuils publics, car une flamme sortira de leurs nombreuses iniquités et consumera cette ville par la famine, la peste et la captivité. Les cadavres seront partout dispersés comme des monceaux de fumiers dans les champs, et les chiens lècheront leur sang. La tempête de Dieu éclatera avec furie, se précipitera sur la tête des impies et consumera tout, jusqu'au

---

[1] Il est dit dans le Talmud (Tract. sanhedrin), le Messie est assis. (*Apitheha Derômô*), Les opinions ne sont pas d'accord sur cette expression, les uns disent que cela veut dire à la porte de Rome ; mais d'autres croient que cela signifie à la porte méridionale (du sud), nous acceptons la seconde opinion parce que la première convient encore moins dans le contexte.

plus profond abîme. Celui qui échappera à l'épée, se précipitera dans la tombe, etc. C'est pour cela que vous devez pleurer et vous lamenter sur leur sort. Mais ils pleureront aussi et se lamenteront sur le vôtre. »

» Car la nation des descendants d'Edom a déjà paru, le bruit guerrier presse déjà un royaume contre l'autre, le peuple alors sera purifié, et les vicieux tomberont dans la damnation éternelle. Les impies ne veulent pourtant pas le comprendre, et ce n'est que les judicieux qui sentiront que celui qui descend d'Abraham, d'Isaac et de Jacob, est forcé de se convertir à la sainte religion *Edomite*[1]. Celui qui adoptera cette religion par amour sera sauvé de toutes les souffrances et participera comme tous les vrais croyants aux biens qui ont été promis par Esaïe et les autres prophètes. Je pourrais bien en dire davantage, mais cela doit suffire pour les intelligents, et un seul signe suffit pour le sage. Signé : Jacob-Josephe FRANK. »

Il écrivit cela en l'année 1767, une année après, étant encore à Czenstochow, il fit circuler parmi tous les Juifs l'écrit suivant :

« Une forte voix fut entendue d'en haut jusqu'en bas, (du ciel à la terre). Nous vîmes avec des yeux ouverts comment la roue se mit en mouvement d'en haut vers tous les points, et nous entendîmes la voix qui appela du haut en bas; réveillez-vous, vous qui sommeillez, qui dormez dans vos trous et qui ne vous apercevez de rien, qui avez des yeux et ne voyez point, et dont les cœurs sont fermés,

---

[1] Probablement les Chrétiens, car d'après l'opinion de quelques rabbins et principalement du R. Moïse ben Nachman, et du R. Abarbanelle, les premiers Juifs qui se convertirent au christianisme descendaient des Édomites qui furent incorporés au peuple juif déjà au temps des Machabéens.

à qui la doctrine est devant les yeux et qui n'y faites pas attention. Cette doctrine appelle à haute voix. Ouvrez vos yeux, ô insensés, mais personne ne répond à son appel, personne ne lui prête une oreille attentive. Jusques à quand marcherez vous encore dans les ténèbres de votre volonté. Cherchez à connaître, et une lumière qui luit en son temps se manifestera devant vous. Donc vous êtes sages à vos yeux et vous devez savoir comment on manie l'arc à la guerre. Si on le tend faiblement, la flèche vole à une grande distance. Sachez maintenant que l'arc de Dieu n'était que faiblement tendu jusqu'à présent, mais il viendra un temps où vous oublierez vos femmes et vos enfants à cause du fléau de Dieu, car tous les princes, les seigneurs et les gouvernements, (le gouvernement prussien pas même excepté), vous haïront, et celui qui verra un Juif lui crachera au visage. Vos plaisirs se changeront en peines, et il vous arrivera des fléaux inconnus jusqu'à ce jour. Ne croyez point que le présent écrit ressemble à celui que je vous ai envoyé il y a quelque temps, dont le contenu n'était pas encore réalisé. La première lettre ne contenait qu'une exhortation, la présente, au contraire, vous annonce ce qui arrivera bientôt dans tout le monde entier, mais surtout dans la grande et petite Pologne, la Lithuanie, la Russie, la Hongrie, la Walachie, la Moldavie, la Tartarie, dans tout l'empire Turc, la France, l'Allemagne, la Bohême, la Moravie, la Prusse, et principalement dans toutes les contrées où résident des Juifs. Malheur! Malheur! à ce temps qui arrivera à vous et à vos enfants. Ceux qui seront dans la maison, périront dans la maison, les fossoyeurs ne suffiront pas pour enterrer la grande multitude des morts. Ceux qui seront aux champs, périront aux champs, et les chiens disperseront leurs ossements çà et là; pour écrire tout ce qui arrivera, le papier n'y suffirait pas, et un signe suffit au sage, mais je vous fais savoir qu'il n'en sera pas autrement, jusqu'à ce que la loi de Moïse soit accomplie [1] et que vous entriez dans la sainte religion des Edomites. Nous trouvons aussi de Jacob qui dit à Esué la tige des Edomites, (1, L. de M., 33, 14), que mon Seigneur vienne avant son serviteur jusqu'à ce que je vienne après mon Seigneur, à Seir, et ailleurs (4, L. de M., 20, 14), Moïse envoya un messager au roi d'Edom. Ainsi, celui qui descend d'Abraham, d'Isaac et de Jacob, est obligé d'adopter la sainte religion d'Edom. Quand le torrent déborde, et certes, il débordera à la fin, or il arrivera un démêlé. C'est de l'argile commune, et les doigts des pieds sont en partie de métal et en partie d'argile, parce que le royaume est en partie stable et en partie fragile [2]. Mais moi je vous dis que le faible frappera le fort. O s'ils étaient sages, ils auraient fait attention à ceci, et auraient pris à cœur la fin de cet événement.

« Ici, ajoutent les auteurs de cette circulaire, ici était signé son saint nom, lorsqu'en 1773 il s'en alla de Czenstochow, il nous envoya à Lubbin, à Lemberg et à Brody, et dans beaucoup d'autres villes pour annoncer à tous les hommes de Dieu, qu'un temps approche où tous les Juifs seront

---

[1] Cette expression a une équivoque, ou elle veut dire accomplir, achever (Bois, 8-15); et elle peut signifier ceci, jusqu'à ce que tout le mal annoncé par Moïse (5, L., 26, 10-41) soit arrivé, ou ce mot signifie finir, se perdre (comme P. E., L. de M. 12-4), et a rapport à la loi de Moïse même qui, d'après l'opinion de ses épistolographes cessera un jour, et il viendra à sa place la loi des chrétiens ou même celle des zoarites ou de Frank.

[2] Ce vers obscur rapporté ici (Daniel, 2-42) paraît être moins mystique, cela vient de la faiblesse que l'auteur éprouve à s'exprimer distinctement.

obligés d'accepter le baptême, parce qu'il est ainsi ordonné par Dieu. Celui qui entre à l'ombre de la maison de Jacob (*Frank*), le dieu de Jacob sera à son aide, qu'il ne perde point les deux mondes (le présent et l'avenir), car nous vivons à son ombre parmi les peuples. Ne vous moquez pas de ceci, afin que vous n'augmentiez pas le mal. »

» Nous vous annonçons donc que Dieu nous a communiqué qu'il arrivera dans cette année (1800) un temps funeste pour les Juifs, et alors toutes les souffrances qu'il a prédites (*Frank*) dans la sainte lettre, se précipiteront sur leurs têtes. Notre cœur en est affligé, car comment pourrons-nous voir tranquillement la ruine de notre peuple et le sort affreux de notre famille ; il est aussi de notre devoir de vous donner le dernier avertissement, afin que vous sachiez tout ce qu'il vous a ordonné dans son saint écrit, car ce n'est qu'alors que vous pourrez avoir bonne espérance en l'avenir.

» Rappelez-vous que c'est le temps où l'on doit abolir la loi pour l'amour de Dieu, réfléchissez à ce qu'ont dit nos sages dans le Talmud (*traité sanhedrin*). Le Messie ne viendra pas avant que tout le royaume ne soit plongé dans l'hérésie, car il est dit (*Levit*, 13, 13), si tout en lui (lépreux) est devenu blanc, alors il est pur ; c'est le temps dont parle Jacob (le patriarche, *Genèse*, 34, 14) ; jusqu'à ce que je viendrais à mon Seigneur (Esuë la tige des

---

[1] David dit (Ps. 119, 12), il est temps de faire pour Dieu, car ils ont aboli la loi ; il voulait dire par ceci comme le marque le contexte, que la punition de Dieu ne manquerait pas à cause de la désobéissance de la loi. Le Talmud (*Tractate Themura*) interprète ainsi ce vers : Quand il est temps de faire quelque chose pour Dieu, on peut transgresser à la loi ; c'est-à-dire, pour soutenir une loi importante, on peut transgresser à une moins importante. Les auteurs de cette lettre veulent faire allusion à ceci, etc.

Edomites) à Seïr. Nous ne trouvons point qu'il ait accompli cette promesse, mais c'est à présent que notre saint maître (Jacob Frank) l'accomplit, lui qui est le vrai Jacob, le vrai élu des patriarches, qui tient fermement aux deux côtés (savoir, au judaïsme et au christianisme), et a ainsi uni le bout antérieur (le judaïsme), avec le dernier qui devait se former sur la terre (le christianisme), et qui est le supérieur. En vérité, ce Jacob n'est pas mort[1], c'est lui qui nous a introduit dans la religion des *Edomites* et nous a appris que tous les descendants d'Abraham, d'Isaac et de Jacob sont obligés de marcher dans le sentier dans lequel nos patriarches ont fait marcher leurs enfants du dernier temps. Abraham alla en Egypte, Isaac vers Abimelech, et Jacob sortit de Beér Saba, ce qui vient dire d'après l'explication du Zoar, qu'il se sépara de la croyance du pays d'Israël et alla dans une autre contrée, savoir, à Charan, car, comme l'explique le *Zoar*, la délivrance ne peut parvenir que du plus mauvais endroit. Il arriva de là à la fontaine, y trouva Rachel, roula la pierre de la fontaine, servit Laban, prit sa part, le quitta et alla vers Esuë. Mais dans ce temps là, il n'accomplissait pas entièrement la promesse, car quoiqu'il eût roulé la pierre, celle-ci est pourtant revenue au même lieu. Mais tout ceci n'était qu'un symbole pour montrer le chemin dans lequel marchera le plus parfait Jacob (Frank) dans le temps futur. Car, d'après ce qui est dit dans le Zoar, il y a deux Jacob, savoir : Jacob le premier (le patriarche), il est vrai qu'il fut parfait, mais le dernier Jacob (Frank), est le plus parfait, et c'est lui qui accomplira le tout. Le Zoar dit aussi : il viendra un homme

---

1 C'est une allusion à un passage du Talmud, où il est dit : le patriarche Jacob n'est pas mort.

à la figure d'Adam et une femme comme Eve [1]. C'est pour cela que nous sommes obligés de marcher dans son sentier, car les sentiers de Dieu sont droits et les justes y marcheront.

» Quoiqu'il soit nécessaire de se taire et de tout endurer, que le cœur ne doive rien confier à la bouche, le prophète dit pourtant (Esaïe 14, 16), je conduirai les aveugles par des sentiers inconnus et les mènerai sur des chemins qu'ils ne connaissent point; pour la lumière, je leur donnerai des ténèbres; et un chemin tortueux pour un sentier droit. C'est pourquoi nous sommes obligés de vous dire comme dit le Zoar, (Jacob Frank par sa conversion), savait honorer son maître. Les paroles de la prophétesse Deborah font aussi allusion à cela : (juges 54) Jehovah ! lorsque tu sortais de Seir, tu t'avançais dans les champs d'Edom, (Esaïe, 63, 1). Qui est celui qui vient d'Edom? etc. Sur quoi l'école d'Elias donne l'explication suivante ; il viendra un jour où les anges chercheront Dieu, la mer dira il (Dieu) n'est pas chez moi, et l'abîme, ni chez moi non plus. Où donc le trouveront-ils? Réponse, en Edom, car il est dit qui est celui qui vient d'Edom. Ainsi celui qui le suit dans cette religion et s'attache en même temps à la maison de Jacob, trouvera un asile à son ombre, le prophète dit : (Aam. 4, 20). Nous vivons dans son ombre parmi les peuples, et ailleurs, (Micha 4, 2). Alerte ! montons le nom de Dieu et marchons vers le temple du Dieu Jacob, qu'il nous conduise dans ses chemins, et que nous marchions sur son sentier. Car c'est un sentier de vie pour tous ceux qui le trouvent. Faites ceci et vous aurez le

---

[1] C'est une allusion à la fille de Frank qui étant juive, se nommait *Rachel*, et qui après le baptême prit le nom d'Eve.

bonheur d'être attachés au vrai Dieu, et voilà ce que dit Moïse (*Deuter*, 4, 29). Vous chercherez de là Jehovah, votre Dieu, et vous le trouverez, ainsi ce n'est que là (dans la religion des Edomites), que vous trouverez Dieu, comme on n'aperçoit la lumière qu'à travers l'obscurité. C'est pourquoi, dit le prophète, (Micha, 78), quand je suis dans l'obscurité, j'ai Dieu pour lumière. Prenez donc à cœur nos paroles et vous participerez bientôt à tous les biens que Dieu nous a promis par ses serviteurs les prophètes, car ceux qui entrent dans la maison de Jacob trouvent assurément la source de l'eau rafraîchissante [1]. Nos chers amis, si nous voulions vous décrire tout ponctuellement le papier n'y suffirait pas, c'est par cette raison que nous ne vous avons découvert que la plus petite partie des mystères, car il est dit : (proverbes 9, 9), donne au sage un signe et il deviendra de lui-même plus sage, faites des recherches dans la bible et dans tous les autres livres anciens, et vous trouverez que la vérité est de notre côté. Cherchez et vous trouverez. Faites attention à nos paroles et suivez tout ce qu'il (Frank) vous a prescrit; alors le Dieu de Jacob avec vous, vous serez garantis de tout malheur et de toute souffrance; l'héritage de Jacob, une possession sans bornes vous sera en partage, et vous serez heureux tous les jours du monde. »

Signés : Franciszek Wolowski [2] nommé autrefois Salomon, fils d'Elischa Schor de Rohatin.

Michel Wolowski, nommé autrefois Nathan, fils d'Elischa Schor de Rohatin.

---

[1] Ils veulent pas là faire allusion à l'eau bénite du baptême.

[2] *Wol* veut dire *bœuf* en langue polonaise, qui répond à *schor* de la langue hébraïque, et la terminaison *ski* est ajoutée à presque tous les noms polonais. (Voyez plus haut, pag. 29.)

Icmerdski Dembromski, nommé autrefois Jeruchin, fils de Lippmann de Czartkow [1].

Ce moyen restant infructueux, le parti de Frank se dissipa peu à peu, et le petit nombre qui restait encore à Offenbach, fut forcé, pour vivre, de travailler dans les fabriques, ce qui était d'autant plus fatiguant, que ces adeptes avaient été accoutumés à l'oisiveté. On ne sait ce que sont devenus les enfants de Frank, un de ses fils, qui était officier dans l'armée russe, passa en 1814 à Prague, où il visita les amis et les adhérents de son père. Il fut très bien accueilli par eux et ils lui donnèrent beaucoup d'argent. Depuis ce temps, on n'en a plus entendu parler.

C'est ainsi que disparurent avec l'acteur tous les décors de la scène, les figurants et les souffleurs se cachèrent dans les coulisses, mais on continua pourtant à jouer encore cette comédie en petit; les adhérents de Frank et de ses prédécesseurs ne sont pas tous morts, et les enrôlements continuent toujours. Il est vrai, ce n'est plus comme autrefois, en grand, mais cependant en détail, dont le dépôt général se trouve présentement à Varsovie. [2]

---

[1] Cette lettre écrite dans l'original avec de l'encre rouge (qui peut faire allusion au mot *adom*, qui signifie en hébreu aussi rouge), à la suscription : Aux intendants de la communauté des Juifs pour la communiquer à toute la communauté à Prague.

[2] La police de la France a fait tout son possible pour découvrir les mystères de cette secte politocosmique. Des agents furent envoyés dans tous les pays, et ils se donnèrent beaucoup de peine pour soulever le voile, principalement à Varsovie, où est le siége général de cette secte : mais ils n'en rapportèrent que des conjectures et non des explications claires.

LE CHASSIDE ET SA FEMME.

Les Israélites de Pologne, par **L. Hollaenderski**.

LA SECTE DES CHASSIDIMS, OU BESCHTIANIENS.

I

L'expression *Chassid* signifie dans la langue hébraïque : *faire plus que l'ordinaire* par un zèle trop exagéré d'une chose, ou de pratiquer quelque chose *d'extraordinaire* tant en mal qu'en bien. Et on entend par ce mot, un homme qui suit exactement tout ce qui est prescrit par la religion, mais qui par amour pour Dieu fait encore plus, et se prive même de la jouissance des choses permises afin de ne point commettre des choses défendues. Ils ne mangent, par exemple, non-seulement pas de viande, mais encore rien de ce qui vient d'un être vivant, tels que des œufs, du beurre, du miel, etc. Ils portent un habit poilu sur le corps nu, avant la prière du matin, ils se plongent dans l'eau froide (*Mikvah*), même pendant les hivers les plus rigoureux, voyagent toujours à pied, sans séjourner plus d'une nuit dans un endroit, jeûnent souvent trois ou six jours de suite sans prendre aucune nourriture, se couchent dans la neige en hiver et sur des épines en été, et se refusent toutes les jouissances de la vie.

La plupart de ces hommes s'occupaient de la cabale et croyaient ne pouvoir être dignes de s'instruire dans cette science mystique que par la mortification de toutes les passions, afin de pouvoir se rendre dignes d'entrer en relations avec les esprits et avec Dieu lui-même.

Vers le milieu du siècle dernier, quelques-uns d'entre eux, par motif de sainteté, crurent pouvoir s'imposer toutes ces mortifications, mais ils se trouvèrent incommodés par la privation de toutes les jouissances et par la mortification du corps. Ils suivirent alors une route moins pénible, ils bornèrent la réunion de l'homme avec Dieu seulement au temps de la prière, et dirent que la prière devait être faite avec dévotion, c'est-à-dire, avec tous les efforts de l'esprit et de l'âme et avec l'anéantissement total de l'extérieur de l'homme. Ils disent que c'est le seul moyen par lequel l'homme peut s'unir avec Dieu, se détacher des choses terrestres pour être en communication avec les régions célestes. Ils supposent que hors le temps de la prière, l'homme est obligé de développer tous ses sentiments naturels, de mettre en action autant que possible ses capacités spirituelles et corporelles, et de se procurer le plus d'activité possible.

En l'année 1740 vécut en Pologne dans le bourg de *Tluszty* qui appartenait autrefois au département de *Zaloszezyki*, et maintenant à celui de *Czartkow*. Un nommé *Israël*, qui plus tard s'établit à *Medzebórz*, ville située dans la province de Podolie; là, il fit connaître sa doctrine et ses principes et s'attira un grand nombre de disciples.

Une légende faite par un certain R. Bar, sous le titre de *Schewoche Habescht*[1], imprimée en 1814, et qui jusqu'en 1848 eût cinq éditions, rapporte les actions merveilleuses de cet homme. Les principes faits par le fondateur de cette secte qui montrent la croyance et la conduite que ses sectateurs doivent suivre, se trouvent dans un livre fait par lui-même sous le titre *Sépher-Hamidoth*, ou livre de mœurs. Les rabbins orthodoxes les plus célèbres de ce temps là, résistèrent autant qu'ils le purent contre cette innovation, mais les anathèmes qu'ils lancèrent contre ces sectateurs restèrent inutiles, et les poursuites les plus rigoureuses furent éludées. Au contraire, les adhérents de Bescht formèrent une secte organisée, et se répandirent dans toute la Pologne, la Walachie, la Moldavie, et plus tard, ils firent leur entrée dans la Hongrie, surtout dans les contrées qui bornent la Galicie. Dès sa jeunesse, Bescht s'occupa de la cabale, s'acquit par cela une réputation de sainteté. Il affirma que son âme se séparait souvent de son corps et montait vers les régions célestes, et pénétrait ce que l'on arrêtait dans le sénat [2] qui était en rapport avec la terre, qu'il avait le pouvoir de gouverner les délibérations de ce divan

---

[1] Ce nom est composé des premières lettres des mots *baal schem taube*, qui désignent un homme d'une grande réputation par ses talents et sa capacité à faire des choses surnaturelles, par l'invocation mystérieuse des noms sacrés de Dieu et des anges.

[2] Les cabalistes disent qu'il y a dans le ciel un sénat composé de plusieurs anges, et qui est présidé par Dieu et par Satan, ils nomment ce conseil la famille du ciel : *Pamalie, Schel mahlé*, et fondent leur opinion sur ce que dit Daniel (7, 10) : « J'ai vu des chaises et un vieillard assis, ses vêtements étaient blancs comme la neige, etc. Ils démontrent qu'il y a aussi un fiscal céleste, ou *Kategor*—cathegor. Par le passage de Job où il est dit que, lorsque les anges se rassemblaient devant Dieu, Satan y était aussi pour accuser Job. (V. Job, 118 ; Zacharie, 1, 3.)

céleste d'après son avis, c'est-à-dire d'en expédier les bonnes et de laisser les mauvaises.

Bescht, par la bienveillance qu'il avait acquise des sénateurs célestes, avait le pouvoir de faire des prodiges, comme par exemple, au temps de la guerre des Russes avec les Turcs, il avait, par ses prières, fait remporter la victoire à l'armée russe ; avait rendu fécondes les femmes stériles; ressuscité les morts; délivré des damnés de l'enfer; tiré des âmes des corps des animaux où elles étaient passées; fait monter jusqu'à Dieu les prières qui ne pouvaient y parvenir ; puni ceux qui ne croyaient pas à ses prodiges ; d'un seul mot, il faisait parler les muets, et rendait muet ceux qui parlaient. Il ne lui fallait qu'un signe de la main pour guérir les aveugles et rendre aveugles les clairvoyants.

Après la mort de Bescht en 1760, ses disciples qui avaient appris de lui son charlatanisme se répandirent dans toutes les contrées de la Pologne, chacun se fixa dans un district et prit le sceptre sur les *Chassidims* qui y demeuraient, en prenant le titre de *Zadik*.

Cet arrangement existe encore aujourd'hui. On ne peut parvenir à cet honneur sans avoir beaucoup de connaissances talmudiques et cabalistiques. Mais il faut surtout être rusé, avoir beaucoup de finesse, de connaissance des hommes, d'effronterie et de courage. Ces *Zadiks* ou chefs, n'ont aucun salaire fixe et semblent n'administrer leurs fonctions que pour l'amour de Dieu et de leurs disciples, mais ils sont cependant entretenus par les communautés en général et par chacun des sectaires en particulier, et cela assez richement pour qu'ils puissent vivre dans l'abondance.

II

Voici les principes qui font la base de la religion chassidéenne :

Emounath Chachamim Wéhithkaschroth katzadik, c'est-à-dire : *croyance aveugle et attachement inséparable au Zadik*.

L'exécution des ordonnances du *Zadik* qui sont la volonté de Dieu doit être le seul règlement que doit suivre chaque *chasside* dans ses pensées et dans ses actions, et que rien ne doit empêcher[1]. Ce chef a la puissance de remettre les péchés en tout ou en partie, puisqu'il est le représentant de Dieu[2]. Il est du devoir de chaque *chasside* d'aimer

---

[1] L'essentiel et le fondement de la croyance de chaque *chasside*, consiste dans la croyance au *Zadik* ; si parfois le *Zadik* agit contrairement à la loi, on doit croire qu'il fait ce qui est juste. (*Likuté Mahram*, § 43.)

[2] Le *Zadik* est un être surnaturel (*Kesser Schemtob*, p. 18). Le Zadik

le Zadik pardessus toute chose [1], de le louer, de le soutenir par des dons honorables[2] et surtout de lui procurer des plaisirs autant qu'il lui est possible [3]. L'étude des sciences est non-seulement vaine et inutile, mais aussi très nuisible à la félicité de l'âme du Chasside, et celui qui s'en occupe est considéré comme hérétique. Il leur est défendu d'apprendre les langues étrangères, et la médecine est regardée comme une science tout-à-fait inutile [4].

Ce principe de la croyance chassidéenne est très avantageux pour les *Zadikim* de cette secte, puisque chaque chasside fait tout son possible pour s'attirer les faveurs de ceux-ci par toutes sortes de services. Voir le *Zadik* en face ou l'entendre parler, est déjà une œuvre méritoire et agréable à Dieu [5]. Tout Chasside est obligé de prier le *Zadik* d'intercéder pour lui auprès de Dieu, pour chaque événement de sa vie bon ou mauvais, et de lui demander

---

a le pouvoir de montrer à chaque homme sa place dans le ciel ou dans l'enfer. (*Sepher hamidoth*, § 87.)

1 Cet amour doit surpasser celui que l'on porte à sa femme et à ses enfants; car aimer le Zadik, c'est comme aimer Dieu. (*Mabasser Zédak*, § 42.)

2 Le seul moyen que le pécheur a d'obtenir le pardon de Dieu, est de tâcher d'augmenter les revenus du Zadik. (*Sepher Hamid*, § 141.)

3 La prière de celui qui procure des plaisirs au *Zadik* est infailliblement écoutée. (*Id.* § 10.)

4 Celui qui sait prier Dieu, n'a besoin ni de médecin, ni de remèdes, la cure principale consiste en un *pidion*.... Cette opération se fait en faisant avec cent soixante petites pièces de monnaie de cuivre ou d'argent, de petits monceaux, les réunissant plusieurs fois ensemble, et en disant en même temps une prière. Tout ceci doit être fait par le Zadik lui-même. (*Lik. Mahram*, P. 2 et 115.)

5 La seule vue du Zadik effarouche les vices, et étouffe les mauvaises passions. (*Seph. Hamid*, § 14). Celui qui entend parler le Zadik attire à lui l'esprit divin. (*Kizor Lik. Mahram*, § 37). Savourer la fumée au sortir de sa bouche; alors seulement, il peut espérer d'être heureux et sauvé. (*Megalé Femirin*, p. 25.)

sa bénédiction au commencement d'une affaire importante. Si dans tous les cas, la prière ou la bénédiction ne fait pas accorder le résultat désiré, la cause ne doit pas en être attribuée au *Zadik*, mais plutôt aux péchés de celui pour qui le Zadik s'intéresse [1].

Comme le jaloux Satan tend des pièges aux prières du Zadik afin qu'elles n'arrivent pas jusqu'à Dieu, le Zadik se sert souvent d'une petite ruse pour tromper Satan. Par exemple, il n'adresse pas sa prière directement à Dieu dans la forme ordinaire, mais il s'entretient avec une personne sur un autre sujet, et entremêle sa prière avec son entretien, afin que Satan ne s'aperçoive pas de son intention et c'est de cette manière qu'il se trouve trompé par le Zadik, plus adroit que lui [2].

On pourra s'attirer tous ces avantages qui sont offerts par l'attachement que l'on doit au Zadik. Chaque Chasside s'empresse de le voir aussi souvent qu'il le peut. Ils s'assemblent pour cela chaque soir du sabbat pour faire le troisième repas *Séhoudé Schelischith* [3].

Dans ces assemblées qui durent ordinairement jusqu'à

---

[1] Dieu n'écoute souvent pas la prière du *Zadik*, parce que les péchés de celui pour qui il prie sont trop nombreux, ou parce que Dieu prévoit que si cette prière était accordée, celui pour qui l'on prie pourrait tomber dans quelques faux pas. (Seph. *Hamid*, § 83.)

[2] Cette proposition se fonde sur l'opinion cabalistique qui soutient que l'on ne doit pas sonner le *saquiebat* à la veille du nouvel an pour tromper Satan, *Léarbéb hassatan*; c'est-à-dire, pour qu'il croie que le jour du nouvel an est passé, qu'il s'est trompé, et qu'il ne doit plus paraître devant Dieu, et que trompé par cette finesse, Dieu oubliera les péchés des hommes pour cette année. Il est vraiment étonnant que Satan si fin se laisse tromper ainsi tous les ans, sans consulter son almanach !

[3] Chaque Israélite doit faire trois repas, savoir le vendredi soir au commencement du sabbat; le samedi à midi, et après les vêpres.

minuit, on chante des cantiques chaldaïques faits par R. Isaac Luria.

Traduisons pour exemple un de ces chants mystiques. *Béné Héchalah Dichsiphin.* « Les enfants du palais, qui se gênent de voir le *Seïr Anphin*[1] peuvent paraître à cette table où le roi est présent avec son image. Réjouissez vous tous dans cette assemblée au milieu de laquelle se trouvent des anges ailés de toute manière. Réjouissez-vous dans ce moment où il ne règne dans les régions célestes que la bonne grâce et point de colère. Approchez-vous, regardez une assemblée dont tout esprit impur est repoussé. Ils sont repoussés, et ces chiens arrogants n'osent point y entrer. Le vieillard (*Dieu*) a arrêté que vers le soir ils doivent disparaître, c'est sa volonté d'anéantir tous ces *esprits impurs Keliphin*. Il les conjura un jour dans leurs trous entre les cavités des rochers. Vraiment c'est à présent vers le soir que règne la paix chez le *Seïr Anphine*. » A cette occasion, la cruche de *Meth*[2], la bouteille *d'eau de vie*, sont prises pour moyen d'inspiration divine[3]. Le Zadik alors montre son savoir, son esprit et son don de deviner, chaque assistant cite un verset de la Bible et le Zadik en donne l'explication et fait un discours, dans lequel il réunit tous ces versets ensemble comme s'ils avaient toujours été un *tout*.

Quoique les talmudistes conviennent que les paroles de l'Écriture sainte ont diverses explications; ils disent ce-

---

[1] Les cabalistes nomment souvent Adam Kadmon aussi par l'expression de *seir amphin*, petit visage (*microcosmus*), en réplique de *Arich anphin* (*macrocosmus*).

[2] Une espèce de boisson en Pologne. (*Miod*)

[3] L'homme reçoit l'inspiration par le *meth* et *l'eau de vie* et c'est un moyen de réveiller la dévotion (*Lik. Amarim*, p. 31).

pendant que l'on doit s'en rapporter à la plus simple, c'est-à-dire à l'explication convenable à l'esprit de la langue hébraïque, qu'ils appellent en langue chaldaïque *peschath* (simple)[1]. Mais les Chassides supposent que l'expression *peschath* ne dérive point de la chaldaïque, mais de l'hébraïque. Et pour la signification : (*ôter, déshabiller*), ils disent, comme les cabalistes, que le sens littéral n'est qu'une enveloppe du sens mystique qui y est caché; c'est pourquoi le sens littéral doit être considéré comme nul, et le sens mystique comme l'essentiel de l'Écriture[2]. Ils supposent que ce noyau caché sous l'écorce du texte est le seul but par lequel Dieu a fait connaître la sainte Écriture, l'a, pour ainsi dire, incorporée et en a donné la clé au *Zadik*[3].

L'assemblée générale des Chassides chez le Zadik[4] se

---

[1] C'est que dit le Talmud (*Traité Bétzah*) : « On ne doit point, en expliquant la sainte Ecriture, s'éloigner de la juste littéralité. »

[2] Les cabalistes supposent qu'il n'est plus nécessaire de suivre la loi mosaïque, parce que l'on n'était obligé de suivre cette loi que lorsque le monde était dans *l'olam hatohou* (c'est-à-dire dans le *chaos*), et non maintenant que le monde est dans *l'olam hatikoun* (de la *perfection*).

[3] Comme l'homme consiste en un corps grossier et visible, uni avec une âme spirituelle et invisible, ainsi l'écriture consiste dans un sens littéral, qui est le corps, et dans un sens mystique, qui est l'âme de cette écriture. Il est accordé au *Zadik* le pouvoir de dépouiller la loi de la *couverture* qui enveloppe le sens mystique, et de la montrer toute dévoilée. Comme le but du *Zadik* est de faire les accouplements célestes ; c'est-à-dire celui de Dieu avec la *matrone* (*la schechinah*), et comme le déshabillement est usité dans l'accouplement, on doit aussi découvrir de son vêtement la *thorah* qui est la fiancée de Dieu. (*Zémach lèbh*, p. 4.)

[4] Le Zadik de *Warka* (ville située près de Varsovie), s'étant fâché avec le fournisseur des boissons en 1840, quitta cette ville et alla s'établir ailleurs, le fournisseur ne vendit plus rien, et perdit par là son revenu, mais le gouvernement n'y perdit rien, car le nouvel établissement du Zadik qui lui était loué, au lieu de rapporter 3,000 florins, en rappor-

fait tous les ans au mois de *tischri*₁, chacun s'empresse de lui rendre quelques services, comme par exemple de lui allumer sa longue pipe, et de le voir en face. Le Zadik sert de chanteur aux jours de fête, le devoir du Chasside pendant la prière est de crier, de battre des mains avec un grand bruit, ou de les frapper contre les murs, de sauter çà et là et d'agiter convulsivement le corps. Si un Chasside est raillé à cause de ses grimaces, il doit le supporter avec patience, car il exécute le commandement du Zadik.

Le Zadik fait, en outre, presque chaque année un voyage dans son *diocèse*, les Chassides l'accompagnent en foule dans ce voyage en chantant autour de la voiture, ; ils lui servent de gardes, sont en faction à sa porte afin d'empêcher les émeutes du peuple, conversent avec ceux qui viennent le voir et reçoivent les présents qu'on lui apporte³. Avant son arrivée dans une ville, tous les Chassides vont au-devant de lui, le reçoivent avec beaucoup de joie et l'accompagnent en chantant jusqu'à son logement. Là, toute affaire, toute dispute ou querelle est décidée par le Zadik; car il est, comme un tribunal de première ins-

---

tait 50,000 vu la grande consommation qui s'y faisait, occasionnée par la résidence du *Zadik*, et le bourgmestre de Warka qui venait d'être nommé à cet emploi quitta cette ville devenue déserte.

1 Dans lequel sont la plupart des fêtes suivies, comme le nouvel an, le jour d'expiation et la fête du tabernacle.

2 En 1855 le gouverneur moscovite rencontra une pareille foule de chassides avec leur Zadik, et comme ils ne voulurent pas évacuer le passage et qu'ils criaient d'une manière fanatique: *C'est notre roi, notre prophète sacré*, le gouverneur fit arrêter les plus effrénés et les envoya en Sibérie.

3 Le Zadik, pour être entouré d'une foule de chassides, prétend qu'il est obsédé par les mauvais esprits, et que la solitude pourrait être dangereuse pour son corps. (*Megalé Temirin*, p. 66).

tance, pour chaque Chasside, et chacun est content de la décision de cet homme déifié.

Ils conservent parmi eux une égalité fraternelle : le pauvre, le riche, le jeune, le vieux, le savant, le sot, le courageux et le poltron, s'estiment également : ce qui est à moi est aussi à toi ; ce que tu es, je le suis. Telle est leur devise, tel est leur *mot d'ordre*.

III

Les assemblées du Zadik avec ses fidèles sont les sources abondantes de sa richesse ; car chaque Chasside se fait un bonheur de faire accepter au Zadik un présent de lui. Après la mort du Zadik, ses vêtements se vendent très cher, car on les croit un moyen efficace pour le pardon des péchés et un préservatif contre les menaces de Satan. Le tombeau du Zadik est regardé comme un sanctuaire, et une foule de pélerins y vient prier[1]. On fait sur la tombe un petit mausolée dont la clé est chez la veuve ou les héritiers du

---

[1] Celui qui vient visiter la tombe du Zadik obtient les faveurs de Dieu, quand même il en serait indigne par ses autres actions, et un chicot du toit de son tombeau est un remède éprouvé contre les douleurs de l'enfantement, et chaque femme enceinte doit avoir un chicot semblable qu'elle achète des héritiers du Zadik (*Seph. Hamid*, 55.)

Zadik, et si quelqu'un veut y entrer, il est obligé, pour obtenir la clé, de donner quelque monnaie. Il y a de ces mausolées à Zloczow, Sulsziver, Lizczik et Romanow.

Tout Israélite (comme ils l'affirment) a deux âmes, l'une mauvaise, renfermée dans un vaisseau à gauche du cœur, et l'autre bonne, qui habite le cerveau ; ces âmes luttent entre elles avec acharnement, l'homme prie pour que la bonne âme ait toujours la supériorité sur la mauvaise et quand cela arrive, il peut s'offrir à Dieu. L'une des *Zadikes* (disent-ils) a si bien su perfectionner son âme qu'elle fut transportée dans le ciel, eut un entretien avec le Messie, elle lui demanda le temps de sa descente sur la terre et eut pour réponse que cela arrivera lorsque tout le monde aura aussi bien suivi la cabale qu'elle l'a fait[1].

Les Chassides pensent que la réunion avec Dieu est le principe de leur religion, ils croient que l'âme est un écoulement de la divinité, c'est pour cela qu'ils supposent que l'homme doit faire son possible pour s'unir avec la haute intelligence par la concentration de l'homme avec son âme ; ils appellent cela l'aspect de Dieu par la croyance, et croient ensuite que le seul but de l'homme et sa plus grande félicité est de se mettre tellement en contemplation avec Dieu que tout ce qui se passe autour de lui disparaisse, et qu'il ne sente rien autre chose que le goût de la joie céleste[2].

Mais comme l'homme n'est pas toujours disposé à ces contemplations, les Chassides y destinent le temps de la prière, ils ont dans ce but quelques paroles cabalistiques

---

[1] Voyez *Zemer Orizim*, p. 65.

[2] Ils appuient ces paroles à ce que dit le Talmud (*Traité sanhedrin*) : la récompense après la mort ne consiste ni dans le boire ni dans le manger, mais seulement dans le plaisir de contempler la *majesté de Dieu*.

qui renferment les noms de Dieu ou des anges[1], ils les disent avant chaque prière et les appellent *kavouath*.

La réunion de l'homme avec Dieu ne peut avoir lieu que par la joie et la gaîté. Or, si la mélancolie ou la tristesse s'empare d'un Chasside, il doit la chasser.

Le troisième principe des Chassides consiste à s'armer de courage, d'avoir de la résolution et de l'effronterie *Azèth*.

Les Chassides tiennent aux cérémonies du Talmud tant qu'elles s'accordent avec la cabale et l'ordre du Zadik; les Juifs orthodoxes, au contraire, ne tiennent point aux cérémonies cabalistiques qui contredisent le Talmud.

Les Chassides ne se servent point du livre de prières du rite allemand et polonais, mais de celui des Orientaux, *sephardim* dans lequel se trouvent beaucoup de prières qui ont rapport à la cabale.

Les Chassides ne vont jamais à la synagogue; ils ont dans chaque endroit, où se trouvent dix Chassides, une maison de prière à part qu'ils nomment *klosel* (clause) ou maisonnette des Chassides. Ces *klosels* ne leur servent pas seulement pour la prière, mais encore de club où chacun se rend aussitôt que ses affaires le lui permettent pour s'y entretenir (raconter des nouvelles ou des merveilles du Zadik), on y boit, mange et fume du tabac pour chasser les mauvais esprits. Ce clausel sert souvent de chambre à coucher pour le Zadik.

Adonnés uniquement à la spéculation, les Zadiks s'ha-

---

[1] Les trois mots du Psaume, 148, 16, (*ouvre ta main*) forment de leurs lettres finales le mot *chatach*; c'est, disent les cabalistes, le nom de l'ange employé à la nourriture, et disent-ils, on doit penser aux lettres finales en récitant ce verset; car celui qui les prononce avec attention est sûr de ne jamais manquer de nourriture.

billent en blanc, proclament le devoir de la perfection supérieure de quelques âmes et de la plus grande confiance en Dieu. Ils feignent de pouvoir guérir miraculeusement les malades [1], se réservent le droit de bénir toute entreprise commerciale des Chassides. Ce qui fait qu'aucun des sectaires n'oserait jamais sans consulter ou sans voir son Zadik former un établissement quelconque. Beaucoup de femmes appartiennent à cette secte [2]. Les Zadiks entre eux, les Chassides d'un Zadik avec les Chassides d'un autre Zadik, et tous ensemble avec les Juifs communs rabbinistes vivent en mésintelligence et se querellent sans cesse.

A coup sûr, les Israélites doivent craindre que cette crédule et dangereuse secte n'entrave pas la civilisation parmi eux, car il est défendu sévèrement de développer les facultés intellectuelles; au contraire, il est enjoint de les entraver et de les anéantir.

Les Chassides disent que plus un pécheur est coupable, plus il ressemble à la divinité, que les supérieurs ont le droit non seulement d'absoudre, mais de décerner à certaines conditions des récompenses aux pécheurs [3].

Aussi tous les rabbinistes éclairés parlent-ils de la secte des Chassides avec le plus profond mépris. Il est à souhaiter

---

[1] Les femmes des chassides, particulièrement, font le voyage de plusieurs dizaines de milles pour voir le Zadik, surtout quand elles sont stériles. Le Zadik, après être payé des deniers appelés *pidion*, bénit la pénitente, et lui assigne des règles à suivre, en cas de non réussite. Il l'appelle de nouveau et lui fait des reproches de n'avoir pas accompli quelques prescriptions imaginaires, et il la bénit de nouveau parce qu'elle le paie.

[2] La riche Juive nommée Berksonawa de Praga (faub. de Varsovie), appartenant à cette secte a obtenu la permission de tolérance de la part du gouvernement lors de sa querelle avec les Juifs rabbinistes.

[3] Voyez *Sulamith*, 1, ch. II, p. 508.

que les gouvernements se hâtent de prendre des mesures efficaces pour empêcher la ramification de cette secte si dangereuse, qui se propage dans les masses inertes avec beaucoup de succès, et dont presque toutes les synagogues de Pologne sont déjà empoisonnées [1].

---

[1] Il n'y a rien d'étonnant dans cette secte des Juifs polonais à moitié barbares, si nous considérons qu'ici, dans l'exil, parmi les Polonais chrétiens éclairés, et jouissant de tous les bienfaits de la civilisation, il se trouve des gens qui adhèrent à une pareille secte au sein de la chrétienté. Ceux qui ont entendu parler des prophéties de Towianski et de leurs déplorables suites, sauront bien ce que nous voulons dire.

LA RÉFORME.

I

Depuis bien longtemps, comme nous l'avons dit dans la première partie, les Israélites respirent le même air que les Polonais, vivent des mêmes fruits, partagent les mêmes vicissitudes de la vie, et sont avant tout pareils à tous les autres hommes. « Qu'ils ne se tourmentent donc pas la tête, dit l'honorable Polonais, tous ces anti-philantropes, faiseurs de projets, dont les uns rêvent, comment et dans quels steppes chasser les Juifs? les autres, par quelles lois nouvelles comprimer les préjudices qu'ils portent au pays? d'autres encore, de quelle manière les forcer à la réforme religieuse? Tout cela est en pure perte[1] » Les *moraliser, les civiliser, les émanciper et les admettre à la jouissance des libertés, comme les autres citoyens*; voilà le seul moyen de remédier au mal.

---

[1] Pensées sur la réforme des Israélites. Paris, 1835.

Les préjugés, le fanatisme des anciens siècles, le défaut de tolérance, l'égoïsme des castes et surtout l'exercice du monopole par les grands, ont été, comme on le sait depuis longtemps, la gangrène et le fléau de l'humanité.

L'esprit de liberté, sous le rapport moral et politique, dans ce siècle-ci se manifeste partout; chaque cœur humain y dirige ses vœux ; ces deux points, savoir : liberté politique et de conscience, doivent constituer l'indépendance et le bonheur des nations, tout en admettant des réformes dans les lois et dans les droits, en proportion du progrès de la civilisation.

Dans le pays où le despotisme et l'aristocratie ont déjà succombé, où tout homme, selon ses capacités, règle en quelque sorte sa destinée et peut dire toute sa pensée, là la liberté intellectuelle, ce trésor, se répand progressivement avec ses bienfaits parmi le genre humain.

Cette *liberté* de l'*esprit* n'est point inconnue aux Juifs polonais. Quelques étincelles en ont déjà pénétré jusqu'au plus profond de leur cœur; et quoique l'effet n'en soit pas aussi évident que chez les peuples plus libres, cependant, suivant l'impulsion de sa nature, elle va fécondant les générations, avant de retourner à son foyer sacré, et ne manquera pas d'accomplir ainsi sa bienfaisante mission. Ce n'est que le défaut de moyens de développer leur intelligence qui empêche les Juifs de s'incorporer moralement et politiquement dans la nation au sein de laquelle ils vivent depuis si lontemps; mais il est à espérer que ces obstacles au développement du bon sens et de la raison ne dureront pas.

Le fanatisme religieux cède déjà à la raison et à l'esprit de la véritable piété : la tolérance est presque partout dans les mœurs des peuples et dans les lois des gouvernements. Les peuples sentent déjà un besoin d'harmonie, de concorde et d'association réciproque, seuls moyens de parvenir à la jouissance des avantages dont la discorde, la jalousie et le fanatisme religieux les avaient privés jusqu'ici. Déjà il surgit spontanément une nouvelle tendance organisatrice parmi les hommes, et qui s'étend instinctivement sur l'humanité entière. L'antipathie entre les hommes et les nations disparaît peu à peu; le cœur humain devient plus accessible à la véritable charité et n'offre plus de prise au sentiment d'une vindicte fanatique. La lutte entre le despotisme et la dignité de l'homme a déjà cessé en partie dans le monde politique, et n'existe plus que dans le monde moral. En un mot, les masses, jadis si passionnées, si sanguinaires, se présentent aujourd'hui, grâce à la philosophie, pleines de belles et merveilleuses espérances. Cette philosophie même commence à constituer pour les masses une nouvelle croyance politique, et ouvre à la raison et à la vertu un champ libre pour y créer des réformes de plus en plus salutaires.

Ce grand changement des choses dans le siècle actuel nous permet d'en attendre des fruits bien doux, mais tout en attendant, la philosophie ne doit pas discontinuer ses travaux, afin d'entretenir ces heureuses dispositions: comme la médecine qui doit, elle aussi, continuellement exercer son art dans le monde politique, parce qu'ici, comme dans le monde moral, il y a toujours des malades.

Nous ne sommes pas, peut-être, bien loin de cet avenir où le médecin du monde moral s'appellera *la vérité*. Voici ce qu'un estimable auteur a dit au commencement de ce siècle :

« Toute l'Europe a changé de face : il est fort douteux que l'intolérance puisse jeter de profondes racines au temps où nous vivons; c'est ce qui doit rassurer les Israélites et contre l'influence locale de quelques jalousies mercantiles, et sur les intentions magnanimes des principaux souverains. Le catholique, le luthérien, le protestant, le juif, l'anabaptiste, le socinien, le quaker, sentent tous qu'ils sont frères, construits également de chair et d'os, jetés au hasard sur cette terre de douleur, pour y vivre et mourir le moins mal possible : ils se passeront donc mutuellement leurs erreurs, pour concourir au maintien de l'ordre social, et le dix-neuvième siècle ne verra point s'élever de nouveaux *Torquemada* (fameux inquisiteur). Le ridicule est une barrière presque insurmontable aux excès du fanatisme, à l'esprit des sectes, si étrangers à la véritable piété et à la tranquillité des États. On ne renouvellerait pas aisément les atroces folies des siècles d'ignorance, et il serait peut-être plus facile aujourd'hui d'amener les hommes à l'unité de croyance, que de heurter de front le sens commun : on ne sait plus heureusement ce que c'est que la *controverse*; ce mot est vide de sens pour la génération actuelle. On chérit l'indulgence: c'est elle qui encourage la vertu, sur laquelle se fonde l'obéissance aux lois et aux puissances de la terre. »

La civilisation et l'esprit de liberté n'ont pas fait beaucoup de progrès chez les Juifs de Pologne. Ils sont, à l'heure qu'il est, sous tous les rapports, les plus malheureux. Les Polonais, en général, les considèrent comme un os dans le gosier (tel est le proverbe en Pologne), os qu'il est impossible d'avaler ni de cracher. Mais comme le nombre des Juifs y atteint le chiffre de 2,500,000, il est important d'approfondir la cause de leurs malheurs et de s'occuper à les en faire sortir. Supposons un instant que ce peuple soit coupable envers Dieu d'avoir conservé ses croyances depuis l'origine du christianisme. Est-ce aux Polonais, d'ailleurs, ou aux chrétiens, en général, qu'appartient la vengeance du ciel? La religion chrétienne, basée sur l'amour du prochain, ne dit-elle donc pas : *Malheur à ceux que Dieu choisit pour l'instrument de sa vengeance!*

Il faut savoir être impartial et dire la vérité à tous, aux

Juifs comme aux autres. Les Polonais avouent, et les Juifs doivent avouer de leur côté, que les uns et les autres, ils ont manqué de prévoyance. Le cœur noble des Polonais souffre d'avoir persécuté injustement les enfants de la même terre, de les avoir éloignés des bienfaits de la patrie et de la protection des lois. Mais les souffrances des Juifs sont plus grandes, plus amères (comme leurs fautes sont plus grandes aussi), et tandis que leurs coreligionnaires en France, en Belgique, en Hollande, etc., se font distinguer par leur moralité, par leur éducation, sont admis à toutes les dignités, à tous les bienfaits de la civilisation, qu'ils comptent enfin parmi les nations où ils vivent et y jouissent des droits communs, les Juifs polonais avec leurs préjugés, leur rabbinisme, leur fanatisme, se trouvent plus encore que par le passé, opprimés, haïs par les chrétiens[1]. Ils souffrent donc doublement sans posséder aucun moyen de défense.

---

[1] Victor Hugo dit, dans son écrit au rédacteur des Archives : « Monsieur, au temps où nous vivons, les Juifs, comme vous, sont pleins de science et de lumière, et les chrétiens, comme moi, sont pleins d'estime et de considération pour les Juifs comme vous. » (Voyez les Archives Israélites, 1843, pag. 376).

Le comte Ostrowski dit, dans son ouvrage sur la réforme des Juifs :
« Il n'y a rien de plus sale, de plus dégoûtant, que les Juifs polonais, personne n'aurait cru, sans l'avoir vu, que la nature de l'homme créé à l'image de Dieu, ait pu s'abaisser de la sorte, etc. »

De même que les chrétiens en France ne peuvent contester la remarque de M. V. Hugo, de même aussi, les Juifs polonais ne sauraient nier la justesse du tableau que fait d'eux le comte Ostrowski.

II

Le Juif en Pologne n'était pas regardé comme une créature de Dieu. Particulièrement dans l'aristocratie des nobles on disait et on dit encore : tout Juif est un *fripon* et un *traître* : c'est le préambule ordinaire de toute mention de ce peuple chez presque tous les nobles.

Ainsi que nous l'avons dit, dans notre amour pour la vérité, que nous faisons entendre à tous, il est vrai que les Juifs polonais méritent généralement le mépris des chrétiens : mais il faut avoir égard aux circonstances.

Le gouvernement polonais, tout en tolérant toutes les classes d'habitants et toutes leurs croyances religieuses, chose dont ce pays peut, à juste titre, se vanter, pourquoi ce gouvernement, composé d'hommes supérieurs, n'a-t-il jamais envisagé la question des Juifs du bon côté? Pourquoi n'a-t-il jamais proclamé une mesure exceptionnelle en faveur des Juifs éclairés et de bonne conduite? Pourquoi n'a-t-il pas admis ces derniers à la jouissance des mêmes droits que les chrétiens et les citoyens de la même patrie?....

L'attention de tout magistrat éclairé aurait dû être éveillée et comprendre que la vie d'un Juif est aussi précieuse que celle de tout être humain, car autrement, quel motif pouvait servir à encourager ce Juif à se civiliser, à sortir de l'abrutissement, à renoncer aux mœurs et aux usages de ses coreligionnaires? Et quand même ce Juif se résignerait à abjurer ses erreurs, ne s'exposerait-il pas à mille désagréments et persécutions de la part de ses coreligionnaires, à la perte de ses moyens d'existence? Les chrétiens, d'ailleurs, ne viendront point en aide à un Israélite civilisé ou à sa famille. Et si le gouvernement ne le prend pas sous sa protection, il est forcé de rester toujours enchaîné à la destinée d'autres Juifs et enveloppé dans le même mépris qui couvre leur saleté et leur ignorance depuis si longtemps.

Une loi de quelques lignes seulement aurait pu sauver de la honte et du malheur les 2,500,000 juifs et leur épargner tant de maux, tout en disculpant de reproche les Polonais dont le noble cœur doit souffrir en contemplant l'état abject de la neuvième partie des habitants de leur pays. Or ces quelques lignes auraient dû être inscrites ainsi dans leurs lois.

Tel seulement d'entre les Juifs est exempt de la protection des lois du pays qui, par ses mœurs, ses usages, sa moralité, son langage et son éducation ne veut pas ressembler aux chrétiens. Quant à la pure religion de Moïse, la présente loi ne prétend pas y toucher.

Mais non, jamais ces mots salutaires ne furent prononcés en Pologne, même en temps de paix, lorsque quelques bonnes lois y furent faites; et, par conséquent, ceux d'entre les Juifs qui s'y sentaient le mieux disposés pour la réforme, qui se distinguaient par leur moralité et leur éducation, restèrent et restent encore soumis à la rigueur des lois contre les Juifs en général; aussi leur esprit est-il abruti à un tel point que dans ce siècle-ci, ils sont plus malheureux et plus arriérés dans la civilisation qu'il y a cinquante ans; nul législateur, aucun écrivain polonais, excepté Czacki n'a été animé d'un esprit favorable en parlant de la réforme des Juifs, et quand il s'en trouvait quelqu'un, quasi ami de l'humanité entière, qu'a-t-il conçu dans sa sagesse, en parlant des Juifs? Nous répondons hardiment que l'on y lisait à ce sujet les plus grossières insultes accompagnées de malveillantes insinuations, propres à offenser et la Providence et l'humanité. Et puis, ils ne craignaient pas de descendre aux plus ridicules descriptions, comme celles du nez, des yeux, des jambes, du corps maigre et mal tourné, des cheveux crépus, etc., etc. des Israélites et attribuaient tout cela à la nature et à la mauvaise constitution de la race juive. Il est juste de dire que le comte Ostrowski a écrit son ouvrage sur la réforme des Juifs, dans un but louable; mais à partir de l'introduction, il a bâti tout son édifice sur un terrrain mal choisi. Nous citons de lui ce qui suit : « L'expression de la figure d'un Juif démontre l'antiquité de sa race. Le nez ordinairement en bec d'aigle, des cheveux touffus et frisés, mal peignés, la barbe et les mèches de cheveux couvrant les tempes, les yeux à fleur de tête, dans lesquels se reflète la ruse ou une pensée secrète, ou l'inquiétude intérieure de l'âme; le visage tout entier n'ayant habituellement aucune expression pour inspirer la confiance, mais au contraire, trahissant les qualités les plus dangereuses pour la société, c'est-à-dire, proférer un mensonge sans hésiter, nier la vérité à chaque instant, à toute occasion, être prêt à tromper par quelque artifice ou par la ruse, en tout ce qui peut lui produire un profit quelconque. On n'y reconnaît point d'instruction, ni aucun sentiment supérieur, etc. [1] »

Et cette peinture du physique et du caractère des Juifs, contraire à la vérité et à la justice (en quoi nous nous rapportons à l'opinion générale des nobles polonais), sert d'introduction à la réforme des Juifs, à la guérison (comme le réformateur s'exprime souvent) de ce peuple; enfin à son salut contre la haine des chrétiens!

Bien loin de là, cette introduction avec de pareilles peintures, a pour résultat la condamnation et le mépris

---

[1] L'auteur a oublié ses propres paroles, écrites sur la page précédente de son ouvrage : « Ayant eu, y est-il dit, occasion dans les ateliers de ma fabrique, et lors de mon commandement de la garde nationale, de connaître les Juifs, je n'ai pu remarquer chez eux aucun défaut dominant, et particulièrement, celui d'ingratitude; au contraire, j'ai la conviction qu'ils ont un penchant opposé, malgré toute leur démoralisation et leurs mauvais sentiments, sous tous les autres rapports, et qui sont le fruit des malheurs pendant longtemps éprouvés. En étudiant le caractère des Juifs à fond, j'ai reconnu qu'il s'y découvre l'antique et primitive vertu de l'homme : par exemple, la profondeur du sentiment religieux, et quoiqu'il tombe parfois dans les préjugés, leur cœur en est cependant tellement pénétré, qu'il sert souvent de frein au vice, où ce peuple se laisse parfois entraîner, car il y est poussé par l'absence de toute législation qui tende à le moraliser. Ils savent apprécier (les Juifs) les services rendus, ainsi que la protection qu'on leur accorde contre l'outrage, le mépris et l'abaissement. En pareil cas, non-seulement, d'après un article de leur foi, ils doivent prier Dieu pour leurs bienfaiteurs, mais ils sont fiers et heureux quand ils peuvent rendre service pour service. En un mot, ils adorent leurs bienfaiteurs, et, par conséquent, ils aimeront la Pologne lorsqu'elle leur rendra justice. »

d'un peuple innocent, et non pas une réforme utile au pays. Comment, par exemple, les soldats d'un régiment ou d'une compagnie envisageraient-ils leur camarade, si le commandant leur disait dans un ordre du jour : « un tel est, par son naturel, par son âme et son cœur, traître, menteur et, sous tous les rapports, méchant; cependant il faut avoir pitié de ce vaurien, car il est homme! » Nous demandons maintenant s'il ne résulterait point d'un pareil langage le plus grand mépris et la plus funeste haine contre ce malheureux camarade? [1].

Au reste, il nous semble, qu'autant cet auteur a manqué à tout un peuple et à soi-même par une description insensée et erronée, autant il a bien dit :

« Triste et déplorable est certainement l'état des Israélites de Pologne, et ce tableau peu consolant de leur manière d'être. Cependant, cela ne doit désespérer personne, et l'on ne doit pas penser que cette existence des Juifs est incurable. Il fallait surtout démontrer fidèlement cet état pour chercher les moyens de remédier aux maux qui proviennent plutôt de leur position que de la nature corrompue de l'homme. Le Juif peut se moraliser; il est toujours assez sensible à l'élévation de sa condition humaine. On peut éveiller en lui les sentiments d'honneur et d'hon-

---

[1] Nous nous étonnons beaucoup que, de la plume d'un si estimable auteur, soient sortis une si grande inconséquence et un tel mépris de la vérité; car en dépeignant le caractère d'un peuple entier, on ne peut pas prendre mesure sur quelques misérables, peut-être de Tomaszow (ville appartenant à l'auteur). D'ailleurs, n'y a-t-il pas des misérables parmi les chrétiens ?

Nous ne nous permettrions pas de critiquer le réformateur dont nous pourrions réfuter l'injustice entre tant d'autres écrivains, si le noble palatin et général Ostrowski, par sa préface et de vive voix, ne nous l'avait pas permis.

nêteté, car la misère et le besoin le poussent au brocantage plutôt que son goût. Et de quel côté en est la faute primitive? du nôtre, incontestablement, nous connaissons depuis longtemps ces maux, mais nous manquons de courage pour y remédier hardiment. »

III

Jetons un coup-d'œil sur la religion en général, qui, selon les plus savants théologiens, est l'indispensable moteur de la réforme et de la civilisation.

De l'élément de toutes les religions naissent les civilisations, en animant leurs conditions accessoires, tirées de circonstances favorables, qui ne manquent jamais dans un peuple tant que dure sa vitalité. Or, chaque civilisation prend la physionomie de la religion du peuple qui la professe. Dès que la société s'est composée, sa raison vitale et organisatrice se manifeste aussitôt, en élaborant avec activité un gouvernement, une législation civile et religieuse, une philosophie quelconque, enfin elle passe à la vie historique avec son caractère primitif, et entre dans la voie de la civilisation. Ainsi, la base de toute vie sociale, et, par conséquent, de toute civilisation, est une religion, car la religion la plus erronée même, doit avoir, pour le moins, quelques germes de vérité propres à servir au progrès ; or, c'est là que la société puise les conditions de sa civilisation, et lorsqu'elle ne reproduit pas la grande pensée religieuse d'une nation, on peut conclure que c'est la preuve du défaut de forces vitales et organisatrices, que l'on ne saurait emprunter à d'autres religions sans anéantir la sienne.

La civilisation donc étant le produit de la religion d'une nation quelconque, ne s'avance qu'en raison de ses forces génératrices et de celles qu'elle peut cumuler sur son passage, au moyen des circonstances favorables.

Nous avouons, qu'indubitablement le progrès dans l'humanité est poussé au plus haut degré sous la forme chrétienne; mais nous croyons qu'ils se trompent, ceux qui prétendent qu'un Juif polonais ne peut pas devenir un bon citoyen, tant qu'il reste fidèle à sa religion ou tant qu'il ne se fait pas chrétien.

La civilisation, ou les sentiments humains perfectionnés, ne se sont-ils pas manifestés chez les Hébreux plus tôt que partout ailleurs? car chez eux l'esprit social était le plus fort et le moins exclusif parmi tous les peuples d'alors; chez eux, un esclave participait à leur association religieuse, assistait, avec son maître, aux cérémonies, et quoique acheté, après six ans de services, il pouvait être admis, s'il le voulait, à la jouissance de sa liberté et des droits du peuple. Mais ce n'est pas en cela seulement que consistait la civilisation des Hébreux : l'amour de la patrie, chez eux, n'était pas terni par cet égoïsme national, dont les effets sont d'autant plus dangereux qu'ils revêtent tous les caractères de la vertu

Ainsi, ce sont les Israélites seulement qui respectaient les lois des autres peuples, et qui, dans les leurs, ont réservé une place, puisque pour les étrangers, leur grand-prêtre ferait des sacrifices en faveur de tous les peuples de l'Univers.

Les sentiments de l'humanité ne s'éteignaient même pas chez les Israélites, lors de leurs guerres. Le chapitre 20 du *Deutéroname* prouve combien ils étaient supérieurs aux Romains du côté du lien social.

D'ailleurs, pour appuyer notre opinion à cet égard, nous prions nos lecteurs de consulter les œuvres de Châteaubriand, de Mirabeau, de l'abbé Fleury, du comte Rzewouski, etc. Là, il est dit et prouvé que de tous les peuples anciens, les Hébreux étaient les plus civilisés. Donc, il n'est pas permis de croire que la religion de Moïse soit un obstacle à la civilisation des Juifs polonais, mais qu'au contraire, cette religion, épurée de fanatiques préjugés, peut devenir un guide et un soutien dans les voies de la civilisation même.

Le clergé catholique, en Pologne, est de notre avis. Malczewski, archevêque de Varsovie, primat et sénateur du royaume, pénétré des sentiments de l'humanité, s'est mis à travailler avec zèle, pour améliorer l'état des Israélites en Pologne. Un homme aussi haut placé et aussi puissant par sa naissance et sa fortune, ne dédaigna pas de s'adresser d'abord à un savant Israélite, pour s'éclairer sur plusieurs questions; celui-ci élabora un projet de réforme,[1] et le soumit à l'illustre archevêque, qui dut l'écarter, parce qu'il s'y trouvait des tendances pour accor-

---

[1] Ce projet de réforme, avec la lettre de l'archevêque, ont été imprimés en 1819.

der ou plutôt fondre les deux religions, ce qui a paru à juste titre impossible à l'archevêque.[1]

Un autre ecclésiastique polonais, célèbre par ses vertus et sa science, l'abbé Kollontay, avait traité aussi la question des Israélites. Voici ce qu'il écrivait dans une lettre au maréchal de la grande diète, Malachowski : « Lorsqu'on considère la religion, quelle qu'elle soit, comme règle de la conscience, le gouvernement doit le tolérer, et ne jamais opprimer ceux qui la professent, car autrement, il corromprait le caractère de l'homme, dont les mœurs sont basées sur des règles adoptées par lui, et profondément enracinées dans son cœur, par son éducation et ses habitudes. »[2]

---

[1] Les Juifs polonais ayant appris que ce projet de réforme impossible devait rester sans aucun effet, en témoignèrent leur reconnaissance en ces mots : « Rendons grâce à la justice des gardiens de notre religion. Leur œil vigilant veille sur ce trésor le plus cher pour nous, et écarte, par sa pure doctrine, toutes les erreurs du pays polonais. O Hébreux, vous ne soupçonniez pas l'orage qui vous menaçait, et que la main d'un apostat s'efforçait de vous arracher la seule relique qui vous restât du riche héritage de vos pères; un évêque catholique nous l'a sauvée, sans en être prié par nous; mais il l'a fait en consultant sa propre conscience. Semons donc des fleurs sur sa tombe etc., etc. »

Voyez l'ouvrage sous le titre : Réponse à un auteur anonyme, par Samuel Baum, 1821.

[2] Voyez les œuvres de Kollontay. Varsovie. 1788, tome 3e, page 328.

IV

Pour donner une idée exacte de la religion juive actuelle, nous posons trois questions :

1. De quelle manière les Israélites envisagent-ils les peuples d'autres religions, et croient-ils au salut de leur âme ?

2. Quel sentiment inspirent les Israélites à l'égard des chrétiens ?

3. Si les maximes des Israélites, en matière de religion, sont ou non nuisibles à la société au milieu de laquelle ils vivent ?

D'abord nous prendrons l'exemple de Job. On sait qu'il n'était pas Juif, ni circoncis, ni de la génération de Jacob, ni soumis aux lois de Moïse. Il vécut loin de la terre des Israélites, selon les uns, en Mésapotamie, selon les autres, en Arabie, et pourtant le prophète Ezéchiel (chap. 14 et 20) le compte parmi les hommes vertueux à côté de *Noah* et de *Daniel*, et même il est appelé, comme Moïse et les patriarches : *le vrai serviteur de Dieu* (Job, 4, 7 et 20). De là il est facile de se convaincre que les Israélites, tout en professant la religion de Moïse, ne doivent pas envisager les hommes qui ne sont pas de leur religion, comme indignes du salut de leur âme.

« Les devoirs, dit un savant rabbin, des Israélites envers leur prochain, ne sont en aucune façon limités par une distinction quelconque de religion ou de nation. Il est connu de tout talmudiste de bonne foi que les anciens rabbins s'efforcèrent de faire naître dans le cœur de tout Israélite des sentiments d'amour et de fraternité envers tous les peuples sans exception. Et, du moment qu'ils agissaient ainsi envers des nations idolâtres et païennes, à plus forte raison le feraient-ils aujourd'hui à l'égard des chrétiens, qui, reconnaissant notre loi, sont plus évidemment nos frères. »

Rabbi *Moïse Mikoutzy* dit, dans son livre *Semague*, qu'on doit rendre une chose perdue même à un païen (*Nochrie*).

Maïmonides, dans son écrit au Rabbi *Hasdaï Halevy*, s'exprime ainsi : « En ce qui concerne les autres peuples, sache, ami, que Dieu ne voit qu'au cœur de l'homme, et juge les actions des hommes selon leur conscience; c'est pour cela que nos sages nous apprennent que les vertueux des autres nations participent à la félicité éternelle, selon qu'ils s'appliquent à la connaissance de Dieu et à la pratique de la vertu. »

Ménasché ben Israël cite, dans son Traité *Nischmath Chaïm*,

Beth-Jéhoudah, ch. 71, page 147.

divers endroits du Talmud, du Zoâr et des autres livres qui confirment, en tout point, ce sage principe.

Le grand Sanhédrin de Paris a décidé :

« En vertu de la loi donnée par Moïse aux enfants d'Israël, il leur est prescrit de regarder comme leurs frères les individus des autres nations qui reconnaissent Dieu, créateur du ciel et de la terre. Il est du devoir de tous d'aider, de protéger, d'aimer leurs concitoyens, et de les traiter sous tous les rapports, à l'égal de leurs coreligionnaires, parce qu'ainsi le veulent la lettre et l'esprit de notre sainte loi.

» Tout individu professant la religion de Moïse, qui ne pratique point la justice et la charité envers tous les hommes, pèche notoirement contre sa loi. Cette doctrine est enseignée par les docteurs de la loi et les prophètes qui établissent qu'*Israël n'est pas l'ennemi de ceux qui professent une autre religion* [1]. »

Daniel dit à Darius qu'il n'a été sauvé de la fureur des lions que pour avoir été également fidèle à son Dieu et à son roi (qui n'était pas Israélite).

Maïmonides, dans l'ouvrage *Jad-Chazaka*, chap. 8, dit dans le 12ᵉ siècle aux Israélites :

« Les peuples, parmi lesquels vous vivez *à présent*, ont une idée vraie des commandements de Dieu, car ils rendent ou font rendre ce qui ne leur appartient point; leur religion leur défend de toucher aux biens d'autrui et condamne toute injustice; nous devons donc leur rendre la pareille, car notre religion aussi nous défend d'être injustes. »

Le Talmud de Jérusalem Tract. Baba mézia, dans le chap. 2, renferme cet exemple :

---

[1] Voyez les Décisions doctrinales du grand Sanhédrin, 1807.

« Rabbi Simeon ben Schétach, ayant trouvé une pierre précieuse dans le harnais d'un cheval qu'il venait d'acheter à un homme d'une autre religion, lui rendit le diamant en disant : qu'il avait acheté son cheval et non pas le bijou dont le prix était inestimable. »

Jalkut Schymony (livre III, fol. 505), cite le fait suivant :

« Un individu, israélite, a déclaré devant un savant, qu'ayant vendu à un homme d'une autre religion des fruits, il les avait mesurés dans un lieu obscur et par conséquent, il lui avait fait tort : après, lorsque pour le même argent il venait d'acheter de l'huile, la mesure, en étant remplie, se brisa : le savant alors lui répondit que c'est Dieu qui l'en avait puni, car il ne faut jamais tromper son semblable, et *que tous les hommes sont nos proches.* »

On dit que les Israélites apportent dans la société la mauvaise foi, autorisée même par leur religion, parce qu'ils peuvent être dispensés de leur serment. Nous répondrons à cette supposition injuste par un exemple du Talmud *Tract Nadarim* (fol. 65) qui s'exprime ainsi : « Le roi *Zédechie* avait péché et s'était attiré la colère de Dieu, parce qu'il s'était rendu parjure vis-à-vis de *Nabuchodonozor.* » Si donc la religion permettait de rompre son serment, le roi *Zédechie*, ne se serait pas attiré la colère divine et qui plus est, les Irraélites avec *Josué* n'auraient-ils pas employé la dispense du serment qu'ils avaient prêté envers les *Gibons* dont ils avaient tant à se plaindre ? »

Il n'y aurait pas à s'étonner que les Juifs eussent été les ennemis des païens, dans le temps des talmudistes et des chrétiens dans les premiers siècles, car les haines et les persécutions que les païens exercèrent alors contre les chrétiens, et les milliers qu'ils mass acrèrent dans d'horribles tortures, furent aussi employés par les chrétiens contre les Juifs, et n'ayant point le pouvoir de venger ces tyrannies, les Juifs ne trouvaient d'autres moyens pour apaiser leur vengeance que de se borner à confier à leurs livres, les sentiments dont ils étaient remplis contre leurs ennemis jurés, qui suçaient leur sang et ne méditaient que des projets contre leur vie.

Il est faux que la religion juive ordonne de regarder les chrétiens comme des ennemis; loin de là, il est de rigueur de prononcer trois fois par jour, dans les synagogues, cette formule : « Répands ta bénédiction, ô Dieu de nos pères! *sur l'univers entier;* il est ton ouvrage, et *tout ce qui respire*, ta puissante main l'a formé. »

Les chrétiens donc doivent être pour les Juifs des frères, car ils pratiquent, comme eux, les commandements écrits dans le Pentateuque de Moïse, ils croient à l'amour du Créateur, à la création du monde par la volonté de Dieu, à la récompense et à la punition dans l'autre monde, et que la loi a été donnée du ciel dans les mains de Moïse. Selon les paroles mêmes de leur législateur, ils ne doivent trangresser en rien et observer à la lettre les lois de la *Thorah*. L'apôtre Jacob dit[1] « que celui qui pratique la loi entière, excepté un seul commandement, mérite le châtiment de Dieu, comme s'il avait trangressé toute la loi. »

L'attente du Messie, s'il y a encore des Israélites, qui, après dix-huit siècles, en conservent quelque espoir, ne peut pas être nuisible à la société parmi laquelle ils vivent, et, d'ailleurs, les législateurs juifs défendent rigoureusement de se laisser entraîner par les recherches sur le temps dans lequel doit venir le Messie, et de plus, ils prononcent la malédiction sur la tête de tous ceux qui veulent

---

[1] Epist. Jacob, ch. 2, v. 10.

interpréter cette croyance par des endroits obscurs de la sainte Écriture.

Et ailleurs : que le temps du Messie ne se fera distinguer que par la délivrance du joug de l'oppression et de l'esclavage, et que Dieu seul est le vrai Messie et le Sauveur (voyez le Traité sanhédrin, pag. 19 et 97. Berachoth, pag. 34, et Maïmonides Halachath malachime, chap. 11, § 2).

Il est juste aussi de penser que, dans cette attente chimérique peut-être de l'arrivée du Messie, les Israélites ne furent que plus patients et plus dociles à supporter tous les maux qui les accablaient incessamment, et que jamais ils n'ont compté sur le bouleversement chez d'autres nations; mais ils tendaient leurs bras vers l'avenir plus heureux, annoncé par le prophète Isaïe qui dit dans le chap. 2 : « Tous les instruments de guerre seront anéantis, les peuples ne s'entrepersécuteront plus, » etc. Ainsi, au lieu d'accuser on devrait plutôt admirer cette race de Jacob, qui n'a jamais désespéré de la justice humaine : inébranlable dans l'adversité, elle tourne ses regards vers ce Dieu tout-puissant qui enfanta des prodiges, et dit : « *Le temps viendra, le jour s'accomplira.* »

Si les Juifs d'une éducation incomplète, sans morale bien

---

1 « Les institutions du peuple juif sont toutes fondées sur le principe de son avenir, de sa conservation et sur ceux du *Décalogue*, le plus ancien monument de morale universelle (Voyez ce que dit Moïse. Exod. cap. 25. Levit. 19, Deuter. 22). Ils les observaient lorsque nos aïeux mangeaient encore des glands dans les forêts de la Gaule. Presque toujours sans territoire, errant incertain de conquérir un domicile, ce peuple a dû s'isoler des autres nations, et il l'est encore ; *trop peut-être pour ses défauts, pas assez pour ses vertus.* » (Des Juifs au 19e siècle par M. Bail, 1816, pag. 21).

fondée, ont changé tout-à-coup leur croyance en une incrédulité générale et formelle[1], le mépris et la haine des chrétiens n'en disparaîtraient pas moins.

Mais ceux qui, malgré leur usure, cherchent, par l'assistance mutuelle, à diminuer la dureté de leur sort, à pourvoir leurs pauvres et à suivre la religion de leurs ancêtres, pourront-ils jamais observer une indifférence complète les uns envers les autres. Chacun se considérera toujours comme ayant des devoirs personnels à remplir, et comment admettre alors que tout crime lui rapportant des intérêts lui semble chose permise?

La haine et le mépris qu'ils supportent à présent patiemment, dans l'espérance d'une récompense éternelle, enflammeraient en lui le sentiment de la vengeance, qui par la crainte une fois inoculée deviendrait d'autant plus malicieuse et perverse. Telles auraient été les suites de l'incrédulité, et en vérité quels avantages pourraient-ils en résulter pour le genre humain ?

Nous avons déjà démontré plus haut que les préjugés et les abus principalement conservés par les Juifs Polonais sont inhumains, insensés, nuisibles. Mais quel est l'ami de la vérité qui puisse se vanter d'avoir trouvé sa religion exempte d'altérations nuisibles apportées par les hommes? On connaît suffisamment aujourd'hui le souffle infect de l'hypocrisie et de la superstition dans toutes les doctrines

---

[1] Ce sont les résultats des ordres du roi de Prusse et de l'empereur de Russie ; le premier donne à chaque Juif prosélyte 100 écus, et le second 150 roubles. Nicolas les exempte aussi de la conscription. Ainsi, est-ce que ce n'est pas vrai : que le Juif renonce tout à-fait à sa croyance et que les deux puissances veulent s'acheter un honnête coreligionnaire pour 100 écus ou 150 roubles ? Que le lecteur le justifie lui-même !

religieuses,₁ pour pouvoir démêler la vérité du mensonge.

Nous croyons avoir assez démontré ici qu'il est très dangereux pour les deux partis, d'éloigner les Juifs de leur croyance et surtout les Juifs polonais. Mais ce qui aurait été le plus conforme au but, c'est d'épurer entièrement la religion juive des adjections rabbiniques, reformer l'éducation pour qu'ils puissent devenir des citoyens utiles, des fonctionnaires intègres. Ces grandes réformes, surtout cette purification, ne peut et ne doit arriver que par les Israélites eux-mêmes, car aucune force, aucune ordonnance, aucune compensation, aucune oppression ne peut agir dans cette grande action : au contraire, plus les chrétiens et principalement l'Etat voudra opprimer l'esprit de la religion juive, plus celui-ci se révoltera contre lui. « Heureux est l'Etat, dit Mendelsohn dans sa Jérusalem, qui réussit à gouverner le peuple par l'éducation seule, c'est-à-dire à inspirer en lui de telles mœurs et de tels sentiments, qu'il soit obligé par lui-même, et non par le frein des lois. »

Des lois ne peuvent changer aucun sentiment; des punitions, des récompenses arbitraires ne produisent point de principes et ne perfectionnent point les mœurs. Ni la

---

1. Nous trouvons dans le *Constitutionnel*, du 11 juillet 1845, dans la lettre de la communion chrétienne de Breslau : « Nous avons assisté de loin au spectacle affreux de Trèves, nous avons vu l'Église romaine mener les peuples à la superstition la plus dégoûtante, et la dernière épargne du pauvre devenir la proie de l'avidité de ses prêtres, et nous avons dit dans notre cœur : non, ce n'est pas la religion de Jésus-Christ, ce n'est pas la religion catholique, ce n'est qu'une grimace abominable! — Et nous avons cherché la vraie église catholique, partout sur la terre, entre cette infinité de sectes différentes qui divisent les peuples civilisés, et nous avons trouvé çà et là quelques débris de la vraie Église, mais l'Église catholique tout entière, nous ne l'avons pas retrouvée. Si elle avait jamais existé dans sa pureté depuis le temps des apôtres, elle s'était abîmée sous la terre ».

crainte, ni l'espérance n'est point le juge de la vérité. La connaissance, le jugement et la persuasion sont les seules choses qui produisent des principes, qui par l'estime et le bon exemple peuvent passer en bonnes mœurs.

Nous parlons ici dans l'intérêt des sociétés de l'Europe, surtout dans l'intérêt de la Pologne, comme dans celui d'une nation intéressante à plus d'un titre, en respectant tous les cultes et ne considérant la question que sous le rapport de l'homme social : nous nous flattons d'y avoir apporté toute l'impartialité qui est le cachet de la bonne foi.

V

On croit généralement que le talmud constitue le plus grand obstacle à la réforme et à la civilisation des Israélites; tournons donc notre attention vers ce talmud, si décrié.

Le talmud renferme :

1° Pirouschim, c'est-à-dire : explications et commentaires sur la *Mischnah*; les interprétations des mots, et la manière de discuter de la *Mischnah*, ou de la *Bible*; éclaircissements sur la chronique et les temps des rois israélites et païens; sur les confins du monde, des pays, des villes et des mers; explications sur des endroits et versets contradictoires de la Bible; et explications de quelques sciences, telles que le règne végétal, les mathématiques, l'astronomie, l'anatomie, etc. Aussi y a-t-il l'indication des remèdes et des conseils pour la santé.

2° Possekim, c'est-à-dire : définitions des opinions des rabbins traitant de quelque loi, ou de l'explication de la *Mischnah*.

3° Guéséroth, ou Thakonoth, c'est-à-dire : des améliorations temporelles et occasionnelles que l'on a faites après l'auteur de la *Mischnah*.

4° Hagadath, ce sont des discours sur la Bible, contenant des dissertations sur les bonnes mœurs, les bons exemples et beaucoup de mystères touchant la théologie (cette science est rendue mystique, pour qu'elle soit cachée au peuple.)

Un certain nombre de prosélytes Juifs ont écrit, pendant l'Inquisition, contre le Talmud : cela provenait de ce que les prêtres les accusaient (même les chrétiens) d'incrédulité ou de tiédeur en fait de foi chrétienne; c'est pour cela que les prosélytes Juifs s'empressèrent d'écrire contre le Talmud, pour démontrer qu'ils ne tenaient pas à la religion juive.

Si les savants et les sages chrétiens, qui aiment la vérité et la justice, connaissaient la valeur réelle du Talmud, ils l'auraient sans doute apprécié comme l'ont fait de sages chrétiens, p. ex., les savants Wolff et Lightfoot, etc.

Dans les derniers temps, beaucoup d'endroits du Talmud ont été traduits dans d'autres langues, et l'on peut se convaincre de sa morale[1]. L'abbé Chiarini se vanta en 1829

---

[1] Le traité *Abboth* est traduit de nos jours en plusieurs langues de l'Europe. Ce traité s'appelle *Abboth* (pères), à cause des plus grands savants de la nation ; car, un grand s'appelle dans la Bible et dans le Talmud, *Ab* (père). De là s'appellent chez les chrétiens, les plus grands de l'ancienne Église (*Pères de l'Église*), ou mieux patriarches.

Sont aussi traduits par des savants chrétiens, les six volumes de la *Mischnah*, et plusieurs traités du Talmud en langue latine (publiés dans et 1830, dans les journaux, qu'il avait le projet de traduire le Talmud en français, pour montrer aux yeux de tous ses absurdités. Qui oserait entreprendre (car l'abbé Chiarini est déjà mort), de traduire tout le Talmud, tous ses nombreux volumes ! Un seul homme, pourra-t-il entreprendre un ouvrage aussi gigantesque ? Mais, il serait bien à souhaiter qu'une assemblée instruite et savante dans toutes les branches des sciences, traduisît le Talmud dans une langue quelconque de l'Europe.

La vérité est que ce qui s'est passé de nos jours relativement au Talmud, en ce qu'il s'est multiplié contre lui beaucoup d'adversaires qui s'efforcent d'y trouver des choses absurdes et ridicules, est arrivé, autrefois à la loi mosaïque et aux prophètes, (c'était avant que le christianisme se fût répandu dans le monde), ainsi que le lecteur peut s'en persuader, dans les livres de *Flavius Joseph*, contre *Apian* et *Lissimachus*, qui ont écrit contre la loi de Moïse.

Le philosophe *Celsus* a aussi écrit contre la religion chrétienne, et il s'est efforcé de détruire aussi la religion mosaïque sur laquelle est fondée la religion chrétienne. [1] Beaucoup d'historiens Grecs et romains ont écrit contre la loi mosaïque et contre les Juifs, et encore aujourd'hui les savants chrétiens cherchent à trouver des taches dans la loi de Moïse [2].

---

le XVIIe siècle). Quelques traités de la *Mischnah* se trouvent aussi traduits en langue allemande.

[1] Voyez *Alexandre* contre *Celsus*, la chronique du prêtre *J. B. Bossuet*, l'autre volume qu'a ajouté *J. A. Cramer*, et l'histoire de l'Église du père *Schreck*.

[2] L'abbé *Millot*, dans son histoire (premier livre), méprise les Juifs et leur loi, et pourtant, il tenait beaucoup à la religion chrétienne, qui dérive de la loi juive.

Maintenant, si ces écrivains étaient alors aussi empressés d'écrire contre la loi de Moïse et contre les prophètes, il n'y a pas à s'étonner qu'on ait écrit, longtemps après, aussi contre le Talmud.

Voltaire, et encore beaucoup d'autres, ont écrit même contre la religion chrétienne, en l'accusant de beaucoup d'erreurs qui n'existent point. [1]

Les adversaires du Talmud, comme Eisenmenger et Chiarini se sont réjoui de trouver dans le Talmud quelques blâmes exagérés, prononcés par quelques rabbins contre les païens, qui vécurent alors sans mœurs, sans civilisation, comme des bêtes, et qui étaient soupçonnés de toutes sortes d'impiétés, vols, meurtres, adultères, etc. Mais malgré tout cela, les talmudistes n'en ont pas moins ordonné de les saluer, de leur faire du bien, s'ils sont dans l'indigence, de visiter leurs malades, d'enterrer leurs morts parmi ceux d'Israël et de pourvoir à leurs nécessités comme à celles de tous les pauvres Israélites. [2] *Maïmonides* finit un passage par les paroles précieuses qui suivent : « Il est dit dans les *Psaumes* : Dieu est bon pour tout le

---

[1] On accusait les chrétiens d'être ennemis de tout le genre humain; que dans leurs assemblées ils tuaient un enfant pour le manger, après l'avoir fait rôtir et couvert de farine, et avoir trempé leur pain dans son sang. On disait, qu'après leur repas commun, où ils mangeaient et buvaient avec excès, on jetait un morceau à un chien attaché au chandelier, que ce chien en sautant renversait la seule lampe qui les éclairait, et qu'ensuite, à la faveur des ténèbres, tout ce qu'ils étaient d'hommes et de femmes se mêlaient indistinctement comme des bêtes, selon que le hasard les assemblait. (Just. Apol. p. 50, Hist. Eccles; Eus., Athen. S. Justin, Fleury; abbé Nonnotte).

On disait communément : « Un tel est un honnête homme, c'est dommage qu'il est chrétien. » (Tertull. Apol).

[2] Tract. Guitine, ch. 61.

monde, et sa miséricorde est sur toutes ses créatures. Et ailleurs : les chemins de la *thora* (loi) sont agréables, et tous ses sentiers sont pacifiques. » Le talmud a ordonné non-seulement d'avoir pitié de ceux qui sont faits à l'image de Dieu ; mais aussi de compâtir aux bêtes des champs, comme dit le Pentateuque : « Ne ferme point la bouche du bœuf pendant son battage aux blés. » Aussi les talmudistes ont-ils ordonné de faire manger les oiseaux et les animaux de bon matin, avant les hommes. Le tourment des animaux est défendu dans la *thorah*, ainsi qu'il est dit : « Pourquoi as-tu battu ton âne. » Et c'est par la même raison que les Israélites tuent les bestiaux et les oiseaux avec un couteau finement aiguisé. Les sages et les bons parmi les païens étaient toujours autant estimés par les sages du Talmud que les savants Israélites. Ils ont même dit qu'il faut les saluer de cette bénédiction : « Que soit loué celui qui a partagé sa sagesse à ceux qui le craignent. »

Quant aux *Hagadoth* et *Medrachim*, traditions ou légendes, et les applications du texte de l'Ecriture, voici l'opinion des talmudistes mêmes : « Ces *Hagadoths* ne sont pas dignes d'être lues. »[1] R. Jéhoschouah ben Levi dit : « Celui qui étudie les Hagadoths n'en tire aucun fruit ; celui qui les éclaircit perd son temps, et celui qui les comprend n'en a point d'utilité. » Et ailleurs : « Je ne me suis jamais occupé d'Hagadoths ; en y lisant un jour, j'ai dit : il vaudrait beaucoup mieux que ces livres n'existassent pas. »[2] R. Seïra est aussi contre les livres des hagadoths[3] ; R. Chiia disait en voyant les livres d'Hagadoths : « Leur auteur mérite

---

[1] Trac. Sopherim.
[2] Tract. Sabath.
[3] Tract. Masseroth.

qu'on lui coupe la main. » Et les rabbins même qui vécurent longtemps après le Talmud, en avaient des opinions contradictoires. Les cabalistes seuls y tiennent et disent : qu'il y est caché sous chaque légende, de profonds mystères qui ne peuvent être déchiffrés que par celui qui en aurait obtenu la clef par le Saint-Esprit, ou moyennant la tradition qu'il en sait de son maître.

Moïse Maïmonides dit : « Les opinions sont diverses à l'égard des explications allégoriques de l'Ecriture (*Derochéths ou Agadoths*), les uns y tiennent, en disant que ce sont les vraies explications de l'Ecriture; les autres au contraire les trouvent absurdes, parce qu'elles n'ont point, selon eux, le vrai sens du texte de l'Ecriture. Les premiers cherchent absolument à affermir leur opinion dans la conviction où ils sont que ces explications doivent être reçues aussi littéralement que les lois de l'Ecriture. Mais, aucun de ces partis ne s'aperçoit que ces explications ne sont que des fictions, qui étaient en usage dans ce temps-là, comme encore aujourd'hui chez les poètes; comme le poète de chaque siècle enveloppant la vérité dans des fables, présente les animaux parlants, ou même les choses inanimées agissantes et parlantes : en quoi chacun peut aisément voir que l'auteur de ces fables n'a point cru ou n'a pas voulu nous faire croire que l'histoire qu'il nous raconte se soit passée telle en réalité, mais que ce n'est que la représentation de la morale qui en est la suite, et pour qu'elle soit plus agréable et plus facile à concevoir. Ainsi faisaient les talmudistes. Ils appliquaient souvent une morale, qui n'est pas rendue bien intelligible, dans l'Ecriture, à un texte de l'Ecriture même, ou bien ils se servaient d'une autre fiction. »

Voici encore ce qu'il dit; dans la préface de son commentaire sur la *Mischnah* : « Il y a différentes opinions sur les paroles de nos sages dans les *Hagadoths*. Beaucoup de personnes que je connais, ou dont j'ai lu les écrits, y croient littéralement, ils n'y veulent point reconnaître un autre sens, et y prennent l'impossible pour le possible. [1] »

Salomon Maïmon, qui certes n'était point partial à l'égard des talmudistes, et qui a pensé et écrit sans aucun intérêt, dit dans sa biographie :

« C'est singulier qu'à côté de toutes les extravagances des rabbins, quant à la partie pratique, qui sont les lois et les cérémonies, la partie théorique ou la théologie juive se soit conservée si purement, encore jusqu'à présent. Qu'Eisenmenger [2] dise ce qu'il veut, on peut pourtant démontrer, par des raisons irréfutables, que toutes les images et représentations de Dieu et de ses qualités, n'ont d'autre

---

[1] Traité Sanhédrin.

[2] Cet homme a ramassé (dans son Judaïsme découvert, Kœnisgberg, 1711, 2 t. in-4), tous les endroits du Talmud et de tous les livres juifs écrits longtemps après, sans distinction de leurs auteurs, ni du temps où ils furent écrits, et les confondit dans sa haine fanatique. Il sépare des morceaux du Talmud de leur suite et les présente ainsi pour les montrer ridicules. Les écrits des meilleurs auteurs peuvent paraître absurdes, présentés d'une certaine façon (Voyez Peter Beer, Histoire des Juifs). Les prédécesseurs d'Eisenmenger, comme Radawski et l'abbé Chiarini firent comme lui, et crurent faire beaucoup pour leur gloire, en s'efforçant de rendre le Talmud ridicule.

Michaélis, chrétien de naissance et ennemi déclaré des Juifs ne put s'empêcher, en lisant le livre d'Eisenmenger de s'exprimer ainsi : « *Le judaïsme dévoilé* par Eisenmenger, dit-il, est plein d'hostilité et d'injustices, et si quelqu'un osait écrire de ces choses d'une des trois religions reçues dans l'Etat romain, on nommerait un tel écrit *un libelle*, et nous, Luthériens, n'aurions pas été plus acquittés par les Anabaptistes de Munster. »

Mirabeau, Dohm, et l'abbé Grégoire appellent l'écrit d'Eisenmenger: Un recueil de contes calomnieux, un arsenal de mensonges, etc.

fondement que dans l'effort de rendre les idées de la théologie conformes à l'esprit commun.

» Ils suivirent en cela la maxime qu'ils avaient fondée dans la sainte Écriture. C'est que : *l'Ecriture se sert du langage vulgaire*, parce que les sentiments et les actions religieux et moraux ne sauraient être répandus que de cette manière, qui est le but immédiat de la théologie. C'est pour cela qu'ils présentent Dieu à l'esprit commun, comme un roi terrestre qui délibère avec ses ministres, c'est-à-dire avec les anges, sur le gouvernement du monde. Mais ils cherchèrent à dégager l'idée de Dieu de toute représentation physique vis-à-vis de l'esprit éclairé, en disant que : Les prophètes ont beaucoup hasardé en présentant le Créateur d'après notre propre effigie, comme il est dit : « Il avait sur le trône une figure semblable à celle d'un homme[1]. »

« J'ai mis à découvert, sans aucune partialité, tous les abus des rabbins, à l'égard de la religion, mais je ne dois point cacher non plus leur bon côté et leur rendre impartialement, à leur tour, la justice qu'ils méritent. Que l'on compare la description des récompenses du Juste, de *Mahomed*, à celle des talmudistes, etc. Voici l'opinion des talmudistes à ce sujet : « *Il n'y a en haut* (dans le séjour des bienheureux), *ni à boire, ni à manger, mais les justes, des couronnes sur leurs têtes, assis et se réjouissent de la vue de la divinité*[2]. » Eisenmenger cherche, dans son ouvrage, à rendre ridicule la doctrine platonique que soutiennent les rabbins, par une fausse explication. Mais, quelle chose ne peut pas être rendue ridicule au moyen de son procédé ?

---

[1] Ezéchiel, ch. 2. v. 16.
[2] Tract. Sanhedrin.

Il se moque, en disant que les sages confondent les rois avec les stoïciens; Dieu ne fait rien selon eux, sans consulter les anges, c'est-à-dire que la toute-puissance n'agit pas immédiatement sur la nature, mais elle agit moyennant les forces mises dans la nature, aussi, dit-il de la doctrine, que tout y est enseigné par la divinité, outre la pratique de la vertu; mais qu'un théologien raisonnable dise, s'il y a dans cela quelque absurdité ou quelque impiété? »

» Celui qui a pénétré dans le vrai esprit du Talmud, qui est familiarisé avec la manière des anciens en général et en particulier des orientaux, qui connaît les rapports des vérités de théologie, de morale et même de physique avec la fable et l'allégorie; qui a fait une étroite connaissance avec les exagérations orientales à l'égard de tout ce qui doit intéresser les hommes, et qui enfin veut agir avec les talmudistes, de la même manière que ces derniers faisaient, à l'exemple du R. Mayer, qui avait pour maître un hérétique et dont il a dit à ce propos : « Il trouva une noix, en mangea le noyau et jeta l'écorce. » Celui-là, certes, ne trouverait point dans le Talmud les extravagances que ces messieurs sont disposés à y trouver.

« En ce qui concerne la morale talmudique, je ne sais, vraiment, ce que l'on y trouve à redire, excepté, peut-être, dans quelque cas, où elle est, en effet, un peu exagérée. Elle est le vrai *stoïcisme*, mais elle n'exclut point les autres principes. Sa sainteté s'étend même jusqu'aux pensées. Ils appuient cela, selon leur usage, sur l'endroit suivant : « Que tu n'aies point de Dieu idolâtre en toi[1]. »

» Ils disent : quel Dieu idolâtre peut demeurer dans le cœur humain, si ce ne sont pas *les mauvaises passions*.

---

[1] Psaum, ch. 8. v. 10.

» Ils ne permettent pas de tromper un païen même par des paroles : comme, par exemple, de se servir à son égard d'une formule d'honnêteté : « Je suis bien aise de vous voir en bonne santé. » Cette expression est défendue, si elle n'est pas prononcée par le vrai sentiment du cœur.

» Les exemples des Juifs qui trompent les chrétiens ou les païens, que l'on rapporte ordinairement contre ce peuple méprisé et rejeté de tout le monde, ne démontrent rien du tout, car ceux qui trompent n'agissent point d'après les principes de leur morale. Les talmudistes interprètent la loi : « Tu ne dois rien désirer de tout ce qui appartient à ton prochain ; qu'on doit même éloigner de soi jusqu'au désir de le posséder. Bref, pour rapporter tous les principes précieux de la morale talmudique, il faudrait écrire des volumes[1]. »

Nous trouvons dans le Talmud[2], le suivant :

« Un jeune homme, d'une beauté éblouissante, vint un jour trouver le R. Simon-le-Juste, pontife à Jérusalem ; ce jeune homme avait l'air noble, la physionomie ouverte ; il portait l'empreinte d'une âme pure. Les cheveux extrêmement beaux de ce jeune homme, et qui descendaient sur son cou en boucles naturelles, charmaient beaucoup le pontife. « Rabbi, dit le jeune homme, je veux faire vœu d'abstinence. — Comment, mon fils, es-tu privé de ton bon sens, répondit Simon, qu'elle est la cause qui te force à altérer ta santé et à immoler tes beaux cheveux ? — Je veux être vertueux, reprit le jeune homme, et la beauté de mes cheveux m'en empêche, et c'est pourquoi je veux faire ce vœu. » Le pontife fut étonné de ce langage, et le jeune

---

[1] Voyez la Biographie de Salomon Maïmon, liv. 1. ch. 16. §. 8.
[2] Traité Nasir.

homme continua : « Je gardais tranquillement les troupeaux de mon père, j'aimais Dieu, mes parents et mes semblables, je nourrissais bien mes troupeaux et je m'en trouvais très bien. Mais, un matin, je menai mes troupeaux à la fontaine, pour les y abreuver, et pendant qu'ils se rafraîchissaient et buvaient, je regardai autour de moi et tout à coup j'aperçus mon image dans le miroir de l'eau. Insensé! me chuchotta doucement ma vanité, — ne te connais-tu pas enfin toi-même? Mon regard resta fixé sur mon image à la surface de l'eau, et quelque chose, que je ne connaissais pas encore, remua dans mon cœur. Plein d'admiration pour ma beauté, je contemplai les boucles de mes beaux cheveux; je les laissai tantôt dans leur position naturelle pendre sur mes épaules, et tantôt flotter, au jeu du zéphir, autour de mon cou. Pendant que j'étais dans cette attitude, une brebis se glissa vers cet endroit pour arroser de cette eau rafraîchissante son palais altéré par la soif. Elle huma un peu d'eau en troubla la source, et mon image disparut. Je frappai la pauvre brebis de mon bâton de pâtre en la maudissant d'une malédiction horrible, qui n'avait jamais profané mes lèvres; et chassai cette brebis de mon troupeau. Elle s'en éloigna patiemment et resta tremblante, dans une position qui paraissait me reprocher mon injustice. Alors, mon âme revint à elle et apostropha ma belle enveloppe, en disant: « Indigne que tu es! n'oublie donc point ton origine, ni ta fin, et sache que le peu de ta beauté est passager, et que tu ne laveras pas de sitôt la tache de l'action que tu viens de faire. Alors, le repentir déchira mon âme, et je jurai, en pleurant, de sacrifier ma beauté et de pratiquer la vertu. Je veux ainsi faire vœu d'abstinence; que ces cheveux, ornement de ma tête, tombent sous le rasoir, et que les roses de mes joues palissent par l'abstinence du vin. Je ne veux point être beau, mais bon. » A ces paroles, le pontife, le baisa sur le front et s'écria : « Que beaucoup de tes semblables fassent vœu d'abstinence en Israël. »

Quelle pure morale ! Nous défions tous les Eisenmenger, tous les Chiarini et leurs semblables de rapporter une morale plus pure. Nous pourions citer des exemples innombrables du Talmud et des Medrachime, s'il était à propos de le faire ici.

Nous convenons qu'il y a dans le Talmud beaucoup d'endroits qui paraissent des paradoxes (dans quel livre ancien n'en trouve-t-on pas?) et dont les nouvelles explications forcées sont encore plus absurdes que les questions mêmes qui ont besoin de ces explications. Il y a des endroits qui sont très choquants à l'oreille, quant à la morale ; il y a des choses qui ne méritent point d'être dites et conservées ; il y a aussi des endroits qui ne sont d'accord ni avec l'histoire générale, ni avec l'histoire naturelle[1]. Mais il faut concevoir que le Talmud est une collection de décisions, de discours, de dissertations, une encyclopédie de toutes les sciences qui proviennent de plus de 1,000 auteurs qui vécurent sous l'empire de circonstances diverses, dans un espace de temps de huit cents ans (savoir, depuis Siméon Justus, le premier Thanaïte, jusqu'au R. Simuna, le dernier des Saburaëns).

---

[1] Voyez Traité Sanhedrin, p. 02. Trac. Sotha. p. 10. Trac. Baba Métzia p. 84. Trac. Guitin, p. 5. Trac. Baba Bathra. p. 74. etc.

VI

Mais il existe un obstacle réel et unique, savoir : *les rabbins polonais*. Nous connaissons suffisamment les Israélites en Pologne et leur fanatisme religieux. Nous n'ignorons pas non plus quelle influence extraordinaire les rabbins exercent sur leur esprit, et nous pouvons affirmer hardiment qu'un seul mot du rabbin serait plus efficace que toutes les œuvres des plus savants reformateurs laïques. Une simple déclaration de quelque rabbin polonais, mais déclaration franche, spontanée, sans paraître arrachée par la contrainte, serait capable de renverser tout l'échafaudage des préjugés et créer en quelque sorte une nouvelle vie religieuse, selon la pureté des lois de Moïse, et relève de la sorte un peuple de deux millions et demi du mépris et de l'oppression.

Tout rabbin en Pologne possède un pouvoir illimité; il est le chef, la tête de la synagogue, le guide du peuple, leur juge en matières criminelles et civiles; ses décisions sont du dernier ressort et ne souffrent aucune opposition. Lorsque le rabbin ordonne le jeûne, pendant trois jours, tous les Juifs y obéissent scrupuleusement, et privent même de la nourriture des enfants en bas âge, pour mettre le produit de cette sorte d'épargne à la disposition du rabbin. Et pourrait-il en être autrement chez les Juifs polonais? Abandonneront-ils leur code *Schoulchan Arouch*, adopté par les rabbins de l'Europe presque entière, et observé de père en fils, sans altération? Or, les Juifs polonais, en dehors de cette doctrine rabbinique, ne sachant presque plus rien, ne sauraient qu'obéir aveuglément à ce Code, dont l'autorité n'a jamais été contestée par eux. Et, d'un autre côté, il était difficile et même impossible jusqu'ici d'exiger que les rabbins en agissent autrement, eux qui, en soutenant ce Code et par son autorité, se trouvaient tout puissants!

Il s'agit donc avant tout de trouver le moyen d'engager les rabbins d'abord à abandonner leur système, en cessant de maintenir en vigueur le dit Code. Nous entrevoyons deux moyens pour y parvenir:

1º Un traitement convenable, payé aux rabbins par les caisses municipales, pour qu'ils n'aient besoin de flatter personne, ou de s'humilier pour de l'argent et surtout pour ne pas être soumis au Code des préjugés, qui est leur moyen d'existence!

2º L'influence intellectuelle des Israélites éclairés, quant à la réforme dont pourrait être susceptible la religion juive, nous ne l'abordons pas, l'abandonnant aux théologiens éclairés, qui sauront modifier le Code de *Schoul-*

chan Arouch, de manière à ce que les enfants d'Israël reviennent à leur foi pure [1].

Quant aux mesures à proposer au gouvernement, nous ne pouvons rien dire à cet égard, de plus sage, de plus juste, de plus efficace que ne l'a dit et proposé l'illustre *Czacki*. Cet historien érudit, cet homme d'état distingué autant que patriote éclairé, a étudié à fond la grande question de l'émancipation des Israélites. Son travail à cet égard, et les réformes qu'il propose, méritent le plus sérieux examen de la part de tous ceux qui par leur position peuvent influer sur le sort des millions d'habitants dont nous nous occupons, bien qu'un demi-siècle se soit écoulé depuis la publication de son travail, il y a très peu à y changer, très peu à ajouter à ses idées, à ses conseils. Les travaux scientifiques et historiques de *Czacki*, lui acquirent une grande estime de la part de ses contemporains; son plan de réforme pour les Israélites, lui donne droit à la reconnaissance générale. Il viendra un jour où les Polonais et les Israélites élèveront un monument à la mémoire de cet homme illustre. Nous ne pouvons que rappeler ici ce que nous avons dit dans la première partie de notre ouvrage; et engager les hommes d'état et les gouvernements à consulter le livre de Czacki.

Israélites de France, d'Angleterre, de Hollande, de Belgique et d'une partie de l'Allemagne! vous qui jouissez d'une pleine liberté; vous qui possédez tous les moyens matériels et intellectuels, pour influencer les gouvernements et les peuples; c'est vous que Dieu a destinés à opérer une réforme salutaire parmi les Israélites de Pologne;

---

[1] Nous nous étonnons que les savants rabbins français et allemands, n'aient encore rien fait pour *modifier* ce code.

c'est de vous que l'Europe doit attendre l'accomplissement de cette grande œuvre; c'est sur vous que pèse le sort de deux millions et demi de vos frères! Vous êtes au comble du bonheur et de la gloire; mais pouvez-vous vous réjouir de votre félicité, en voyant vos frères plongés dans l'erreur, misérables et méprisés?

Vous n'avez plus à lutter que contre le très petit nombre restant de vos ennemis; à peine en paraît-il un, persifflant votre foi, la plume à la main, vous savez le terrasser, et la vérité, méconnue à travers tant de siècles, triomphe de leurs injustes attaques. Vous savez trouver le moyen de réfuter et de flétrir les moindres agressions, même personnelles, vous avez des défenseurs devant les tribunaux, des théologiens parmi le clergé, des représentants dans les parlements, des orateurs partout où il en est besoin, des écrivains dans la presse, des officiers dans les armées, des soldats sur les champs de batailles, des artistes dans les beaux arts, des professeurs dans les universités, des conseillers auprès des gouvernements, des banquiers dans les finances; et vos frères en Pologne n'ont que le mépris; ne doivent-ils donc pas attirer votre attention?

Ainsi, il ne vous manque rien pour porter secours à vos frères des bords de la Vistule et du Niémen; vous pouvez aisément élaborer des plans raisonnables et exécutables afin d'en venir à une réforme parmi les Israélites de Pologne, les gouvernements même despotiques et les Polonais ne refuseront point d'y coopérer; ces derniers surtout, ayant éprouvé des malheurs se garderont de maltraiter les enfants de la même patrie.

Israélites éclairés! ne voyez-vous pas des chrétiens sacrifiant des millions pour envoyer des missionnaires dans tous les coins de la terre, afin de convertir les incrédules, de les civiliser et de les rendre heureux ; et vous, vous ne pouviez pas envoyer des hommes de mérite de votre religion en Pologne pour y civiliser et rendre heureux vos frères?

Les missionnaires chrétiens sont obligés de parler à chaque individu qu'ils veulent convertir, de lui inculquer les mystères de leur religion, et de lui faire concevoir toutes les doctrines théologiques, tandis que les savants Israélites n'auraient qu'à éclairer les rabbins en Pologne et de les engager à devenir missionnaires eux-mêmes parmi les populations.

Les chrétiens ne se lassent pas de renouveler leurs missions dans l'intérêt de leur église, et souvent dépensent, à cet effet, des sommes énormes ; et vous, vous n'auriez qu'un seul sacrifice à faire, car il est plus facile de nettoyer et conserver un vieux verger, produisant naturellement de beaux fruits que d'en planter un tout nouveau!

Et vous, prédicateurs Israélites, parlez aux enfants de Jacob et à vos frères, ouvrez par votre doctrine éclairée le cœur de ceux qui dédaignent l'humanité ; n'épargnez pas vos conseils à ceux qui ont la bonne volonté d'être utiles à leurs frères. C'est sur vous, comme sur les gardiens de la sainte religion que pèse le devoir d'applanir les voies pour la sainte mission en Pologne.

Et vous, philosophes pleins de lumières, et écrivains distingués du XIXe siècle ; vous qui montrez à l'univers le chemin du progrès et du bonheur ; vous qui défendez de tout votre pouvoir l'humanité, n'épargnez pas vos plumes en faveur de deux millions et demi de vos semblables!

Il est peut être excessif, le droit que nous nous sommes arrogé en faisant cet appel ; mais nous pouvons assurer nos lecteurs que tout homme consciencieux à notre place, après avoir examiné, vu de près pendant bien des années, et étudié l'état des Israélites en Pologne comme nous l'avons fait, ne manquerait pas, à coup sûr, de penser et d'écrire comme nous. Au surplus, nous sommes convaincu qu'autant que les Israélites de Pologne ne seront pas émancipés leurs coreligionaires des pays civilisés, et particulièrement de l'Allemagne, ne pourront atteindre à une réforme complète; car toute réforme religieuse doit débuter sur le point capital, c'est-à-dire par la masse; or, où est la plus grande population israélite, si ce n'est en Pologne. Dans toute l'Europe il n'y en a pas autant que dans ce pays. C'est donc là que la réforme religieuse doit être tentée d'abord. Et dès que deux millions et demi d'Israélites, après avoir rejeté tous les préjugés et commentaires créés par les hommes, professeront la foi pure de Moïse, alors, sur toute la terre, pourra se propager l'imposante vérité.

TABLE ALPHABÉTIQUE.

Voir la table des matières à la tête de l'ouvrage.

	Pages
A	
Aaron de Kazimierz,	25
Abd-el-Rahaman,	3
Abh,	177
Agrippa,	2
Akiba, R.	161
Alexandre (roi),	17
Idem, emp.	79, 83, 84, 85, 87, 88 et 184
Alphonse,	169
Amoth,	3
Am Haaratz.	185
Arbé Pesachim.	196
Arbah Kanphoth,	173
Assuerus,	5 et 191
Astarot,	159
Auguste III,	34
B	
Bartalacci,	231
Berkowicz,	115, 135
Beniowski,	115, 135
Boscht,	255, 283
Berachia,	255
Béné Hechalah Dichsiphine,	288
Berlisonowa,	288
C	
Casimir-le-Grand,	4, 6, 12, 19, 27, 54, 125, 225
Casimir Jagellon,	233
Cabbalistes,	31, 32
Carthésianisme,	32
Carmoly,	3
Cabbala,	165, 167
Cahen,	136
Chaldéens,	159
Chazanim,	177

	Pages
Charles XII,	227
Chacham,	233
Chassid,	281
Châteaubriand,	310
Celsus,	323
Chiarini,	84, 322
Chérime,	173
Chiloukim,	163, 164
Chiia, R.,	325
Chlopicki,	91, 94, 110
Ciceron,	104
Clauzel,	294
Club démocratique,	135
Constantin (gr.-duc),	80—85, 92
Comendoni,	24, 25
Crémieux,	135, 138
Crouspédoï,	168
Czacki,	38—54, 72, 228
Czartoryski,	112, 113, 137, 138
Czynski,	82, 93, 95, 134—138
D	
Dam,	167
David,	191
Dellemba,	11
Dembrowcki,	280
Deraschoth,	326
Dibitz,	77
Dziennik Narodowy,	133
E	
Eben-Haukel,	5
Echo-Miast,	148
Effendi,	250
Ehreb,	176
Eisenmenger,	324, 327, 328
Elohime,	260
Elohime Kedoschime,	261
Ele,	261
Elaul,	177

	Pages.		Pages.
Eliias Gaôn,	36	Job,	313
Esther et Mordechaï,	191	Johanan Zakaï,	160
Esterka (Esther) 5, 6, 12, 13,	225	Joseph II,	134
Esséniens,	159	Isaak Lurie,	288
Ezdrasz,	159	Juda Saint,	162

F   **K**

Frank,	34, 254	Kahal,	74, 200
Fleury,	221, 310	Kalmanson,	76, 203
		Katharine II,	235, 144
	G	Kabak,	89
		Kaïsievicz,	147
Gaôn,	166	Kantorowicz,	209
Gastold,	235	Karabelnik,	212
Gabaïmes,	220	Karaïte, Karaïme,	226 à 242
Gornicki,	36	Katégor,	283
Godard,	76	Khazar,	3
Gorecki,	134	Kilinski,	75
Grabowski,	28	Kladen,	151
Grégoire,	217, 327	Kmitta,	17
Guézéroth,	322	Kochawski,	87
Guemara,	162	Koscher,	175
		Kosciuszko,	82
	H	Kollontay,	311
		Krakowiecki,	94
Hagadoth,	322	Kriegi Pielgrzyma,	133
Hasdaï Halevy,	313		
Haratsch,	252		**L**
Henri de Valois,	21, 73		
Henri-le-Barbu,	152	Ladislas IV,	30
Herszel Joszelovitz,	78	Ladislas Jagellon,	14
Helkias,	159	Lafayette,	136
Hernisch,	105	Lelewel,	29, 147
Hilel,	160	114 — 116, 131, 134, 147	
Horovitz,	105	Lenochri Thaschich	218
Hourvitz,	76, 177	Léopold I,	154
		Leibzoll,	154
	J	Lilienthal,	143, 144
		Lolehével,	29
Jagellon,	15, 20, 21	Louis	13, 73
Jacob Polak,	163	Loevensohn,	204
Jacob Lévy,	175	Luther,	23
Japha,	161	Lubliner,	222
Jacob, apôtre,	316		
Jésuite, 22, 23, 26, 30, 33, 69,		**M**	
	72, 90, 148		
Jean Casimir,	30	Maciejowski,	17
Jean III,	33	Malachowski,	29, 211
Jeschiba,	185	Marc Saul,	3
Jérémie,	196, 198	Marc Joseph,	3
Jehoschouha ben Lévy,	325	Massandi,	3

	Pages.		Pages.
Machzor,	177	Parias,	55
Mahomed IV,	247	Paszkiewiez,	146, 233
Maïmonides,	195	Parzouphims,	259
Malczewski,	310	Pamalie chel Mahlah,	283
Maïmon Salomon,	327	Pelka,	5, 43
Mendelsohn,	69, 178, 179	Peringer Gustave,	227
Medrasch,	167, 325	Pestel,	87
Mésuze.	173	Peschate,	289
Menasché ben Israël,	216, 313	Philistins,	159
Meyer R.	329	Pharisiens,	159
Michel de Brzesc,	24	Pharaon,	191
Mieczyslas,	1, 4, 152	Pirouschims,	321
Mischnah,	162	Pidion,	286, 295
Minhaguim,	175	Plato,	196
Michel, grand-duc,	109	Plater,	205
Mikeva,	281	Potocki (Guér Zedek)	35
Miod,	388	Potocki Stanislas,	75, 76
Mirabeau,	310, 327	Possekims,	322
Millot,	323	Przyluski,	17, 19
Mordechaï,	16, 228	Przechrsty,	28
Mohabite,	191	Przeclas Majecki,	25
Mordechaï et Esther,	191	Puszet,	106, 107
Morawski,	94, 102		
Moïse ben Raphaël,	249	**R**	
Moïze Mikoutzy,	313		
Muszynski,	25	Rakiezana,	5
		Raschy,	182
N		Rabbinistes,	226
		Rabbins (les) de Pologne,	333, 334
Napoléon,	198	Rey de Naglowicz,	19
Nathan Benjamin,	245	Rozniecki,	80, 89
Nachri,	313	Rouach,	261
Néophyth,	27, 29	Rumin,	87
Némira,	5, 13	Ryléjew,	87
Néhémia,	16	Rzewouski,	310
Féschamah Jéthérah,	176		
Nisan,	191	**S**	
Nicolas,	86 à 89, 109, 141, 143	Sabbatian,	20
		Salomon Dr.	161
Niemcewiez,	202	Sabath,	176
Nowa Polska,	133	Samuel Hachassid,	177
		Sadducéens,	159, 228, 232
O		Sanhedrin,	198
		Salomon, fils d'Aron,	227
Olam Hàtohou.	289	Sabanski,	149
Olam Hatikon,	289	Salomon Posner,	107, 108
Ostrowski,	9, 205, 95 à 101, 303 à 208	Sckamaï,	160
		Schoulchan Arouch,	168, 170
Oubéchouko Othéhém,	180	Schabbéthy Zévy,	244 à 253
		Schor,	279
P		Schéchinah,	289
Parnassimo	220	Schupport,	227

Sephiroth,	16, 167	Tugendhold,	9, 201, 204, 233
Sephiré,	176	Tyberiath,	162
Sécher Léchorban,	189		
Selden,	227	**U**	
Seïra R.,	325		
Séhoudah Sehelischith,	287	Uwarow,	143
Seïr Anphine,	288		
Sephardims,	294	**V**	
Siman ben Schetach,	315		
Sigismond,	17, 234	Vespasien,	160
Simuna,	332	Victor Hugo,	301
Sigismond Auguste,	19, 24, 27	Voltaire,	324
Simond-le-Juste,	330, 332		
Simon Gintzberg,	25	**W**	
Skarga,	147		
Soar,	164, 165	Wilson,	105
Spinoza,	31	Witold-le-Grand,	233
Stanislas-Auguste,	58, 203	Wladimir,	4
Stern Abraham,	77	Walfius,	228
Surowiecki,	53—63	Wolff,	322
Szaniowski,	33	Wolowski,	279
Szleszkowski,	26		
Szon,	106, 107	**Y**	
Szeptycki,	154		
Szokalski,	149	Yom Kipour,	
		Yaïn Adom,	167
T			
		Z	
Talmud,	321		
Takanath,	322	Zalkind Hourvitz,	76
Tephilin,	172, 231	Zaïonczek,	84
Thamouse,	177	Zadik,	284
Thelath Chadinon,	261	Zedechi,	315
Tischri,	191, 212	Zéphardéï,	167
Tomicki,	23	Zimomislas,	3
Torquemada,	300	Zizés,	173
Towianski,	296	Zoärites,	255
Trigland Jacques,	228	Zuchowski,	10
Trubecki,	87	Zuchary,	140

FIN DE LA TABLE ALPHABÉTIQUE.

www.ingramcontent.com/pod-product-compliance
Lightning Source LLC
Chambersburg PA
CBHW060054190426
43201CB00034B/1493